金善宝农业现代化发展研究院丛书

丛书主编：陈利根

乡村振兴学术观察 （2021~2022）

刘祖云　杜焱强　编著

让 时 间 赋 予 它 力 量

社会科学文献出版社

SOCIAL SCIENCES ACADEMIC PRESS (CHINA)

金善宝农业现代化发展研究院丛书
总　序

中国现代化离不开农业农村现代化。长期以来，党中央坚持把解决好"三农"问题作为全党工作的重中之重。习近平总书记指出，"三农"工作在新征程上仍然极端重要，须臾不可放松，务必抓紧抓实。党的二十大报告提出，坚持农业农村优先发展；加快建设农业强国，扎实推动乡村产业、人才、文化、生态、组织振兴。这些重要论断，充分彰显了我们党把推进乡村振兴摆在全面建设社会主义现代化国家突出位置的战略考量。面对世界百年未有之大变局，以中国式现代化推进中华民族伟大复兴，"三农"向好才能全局主动。

当前，全面建设社会主义现代化国家，最艰巨、最繁重的任务仍然在农村，最广泛、最深厚的基础同样也在农村。解决好发展不平衡、不充分的问题，迫切需要补齐农业农村短板，推动城乡协调发展；构建新发展格局，迫切需要扩大农村需求，畅通城乡经济循环；应对国内外各种风险挑战，迫切需要稳住农业基本盘，守好"三农"基础。

面向国家重大战略需要和区域发展需求，江苏省首批新型重点高端智库——金善宝农业现代化发展研究院于2015年在南京农业大学成立。近年来，金善宝农业现代化发展研究院广泛组织专家走进"三农"，围绕农业农村领域的战略性前瞻性问题，聚焦粮食安全、乡村经济、土地管理、社会治理、环境保护、农耕文明等方面开展了持续观察和深入研究，形成了一系列引领理论创新、具有实践价值的智库成果，积极助力国家和区域农业农村现代化进程与社会转型发展。

为充分发挥智库在农业农村发展和乡村振兴研究中的政策咨询作用，更好促进智库成果的转化应用，2022 年，金善宝农业现代化发展研究院启动了"金善宝农业现代化发展研究院丛书"出版专项计划。丛书汇集本院组织开展的相关调查研究和前沿探索成果，以真切鲜活的第一手资料，透析当前农业农村重点热点问题，呈现乡村振兴面貌图景，提出了促进"三农"发展的诸多新视角、新观点、新路径。期待丛书的出版，能为相关领域的学术研究和公共决策带来启发、提供参考。

服务"三农"、造福社会是南京农业大学的使命责任。在农业农村一线做研究解难题，把论文写在大地上，始终是南农人的优良传统和价值追求。面向中国式现代化的宏伟蓝图，金善宝农业现代化发展研究院将结合南京农业大学优势特色，汇聚"三农"领域高端人才，致力于产出一批服务"农业强、农村美、农民富"的智力成果，在新时代新征程上，谱写出更多"大学服务大地"的精彩篇章！

"金善宝农业现代化发展研究院丛书"出版专项计划是一个全新的尝试，希冀社会各界倾力指教、学术同行批评指正。在项目实施与丛书编写过程中，江苏省委宣传部给予了悉心指导，并得到了相关主管部门和有关单位领导、专家的大力支持，同时，各项目负责人及成员付出了大量心力，在此致以谢忱！

南京农业大学党委书记

金善宝农业现代化发展研究院院长、首席专家

陈利根

卷 首 语

在信息与知识爆炸的年代，能够产生重要社会影响的知识产品，可能只有两条路，一是制造"爆款"，二是通过持续做一个主题引起社会关注。后一条路，就是学者的道路。

因此，我希望带领我的团队，在国家乡村振兴的战略背景下，持续地对中国乡村振兴的战略议题进行年度反思性的关注与研究，以形成一个具有学院派风格的持续性的知识产品。

因此，我决心做10年，一直到退休。

"乡村振兴学术观察"的出版今年已到第4个年头了。离我决心做10年，还未完成一半的任务。到今天才开始真正感觉到持续做好一件事的难度，才开始真正理解"让时间赋予它力量"这句话的分量。

一开始，做学术观察是相对比较顺利的，尤其是2018年的学术观察，在2019年5月就正式见书了。到2020年时，就遇到了新冠肺炎疫情，因为2019年书稿的写作、出版正好是2020年1～5月，这时正是疫情最重的时期。

突如其来的疫情，使原定的出版时间2020年5月被一再延迟，一直到2021年4月才出书。

2019年的出版延误，又直接带来2020年写作与出版的延误。

在学术观察写作与出版的过程中，一件最困扰人的事情就是出版经费的落实，这给我们每年出版一本带来了极大的压力。

在本书出版的过程中，非常感谢南京农业大学公共管理学院学科建设经费的支持，尤其是得到冯淑怡教授的大力支持。2019年与2020年两年的出版都得到了她的鼎力帮助，在此表示真诚的感谢。

"乡村振兴学术观察"2021～2022年度的出版，又获得了南京农业大学金善宝农业现代化研究院的资助，在此表示真诚的谢意。

同时，在"乡村振兴学术观察"出版过程中，还有许多帮助过我们的人，在此一并致谢。

目　　录

个案实录

思想评论

实践观察

实践观察之一：
2021 乡村振兴战略实施的"十大事件"

沈费伟[*]

事件一
2021 年 2 月 21 日，2021 年中央一号文件
提出全面推进乡村振兴

入选理由

《中共中央　国务院关于全面推进乡村振兴加快农业农村现代化的意见》是 21 世纪以来第 18 个指导"三农"工作的中央一号文件，凸显了新发展阶段党中央对农业农村工作的高度重视。文件指出，民族要复兴，乡村必振兴。要坚持把解决好"三农"问题作为全党工作重中之重，把全面推进乡村振兴作为实现中华民族伟大复兴的一项重大任务，举全党全社会之力加快农业农村现代化，让广大农民过上更加美好的生活。在脱贫攻坚目标任务已经完成的形势下，我国"三农"工作重心从脱贫攻坚向全面推进乡村振兴转移。在这一重要的过渡时期，中央一号文件为实现巩固拓展脱贫攻坚成果与乡村振兴的有效衔接、开启农业农村现

---

* 沈费伟，管理学博士，杭州师范大学公共管理学院副教授、硕士生导师。

代化新篇章做出了具体谋划部署，也为今后一个时期"三农"工作指明了前进方向。

社会影响

2021年中央一号文件既立足当前，对本年度必须完成的任务进行部署，又兼顾长远，明确"十四五"时期的工作思路和重点举措，为全面推进乡村振兴提供连续稳定的政策环境。文件明确指出，把乡村建设摆在社会主义现代化建设的重要位置，全面推进乡村产业振兴、人才振兴、文化振兴、生态振兴、组织振兴，充分发挥农业产品供给、生态屏障、文化传承等功能，走中国特色社会主义乡村振兴道路，加快农业农村现代化，加快形成工农互促、城乡互补、协调发展、共同繁荣的新型工农城乡关系，促进农业高质高效、乡村宜居宜业、农民富裕富足，为全面建设社会主义现代化国家开好局、起好步提供有力支撑。同时，在新冠肺炎疫情影响及国际局势动荡的特殊时刻，2021年中央一号文件有助于统筹发展和安全，夯实稳住农业基本盘，守好"三农"基础，为我国整体发展创造稳定环境。

事件二
2021年2月25日，国家乡村振兴局正式挂牌

入选理由

国家乡村振兴局由国务院扶贫办整体重组而来，归口农业农村部管理，主要负责巩固拓展脱贫攻坚成果，统筹推进实施乡村振兴战略有关具体工作。国家乡村振兴局的挂牌既是中国脱贫攻坚战取得全面胜利的一个标志，也是全面实施乡村振兴，奔向新生活、新奋斗的起点。面对新形势、新任务，成立新机构做好组织保障工作是应有之义。国家乡村振兴局一方面要着力巩固脱贫攻坚成果，健

全防止返贫监测帮扶机制，分层分类实施救助保障，坚决守住不出现规模性返贫的底线；另一方面要全面推动乡村振兴落地，组织开展乡村振兴重点帮扶县帮扶和东西部协作，实施乡村建设行动，协调推进乡村治理体系建设，实现脱贫攻坚与乡村振兴的有效衔接。

社会影响

乡村振兴是一项全局性的工作，涉及农业农村现代化的全局、产业升级、传统产业与现代产业的衔接、城乡关系的协调、人口布局调整等方面，面临的任务更为复杂和艰巨，需要采取最有力的举措、汇聚更强大的力量。国家乡村振兴局作为全面履行乡村振兴职责的国家局，职责范围更加广泛，任务更为多元，必然需要理顺与包括农业农村部在内众多涉农部门的职责关系，实现有效分工协作，确保形成工作合力，为全面推进乡村振兴提供坚实的组织支撑。

事件三

2021 年 4 月 29 日，第十三届全国人民代表大会常务委员会第二十八次会议通过《中华人民共和国乡村振兴促进法》，自 2021 年 6 月 1 日起施行

入选理由

乡村振兴，法治先行。脱贫攻坚取得胜利后，要全面推进乡村振兴，这是"三农"工作重心的历史性转移，对法治建设的需求也比以往更加迫切，更加需要有效发挥法治对于农业农村高质量发展的支撑作用、对农村改革的引领作用、对乡村治理的保障作用、对政府职能转变的促进作用，为新阶段农业农村改革发展提供坚实的法治保障。《中华人民共和国乡村振兴促进法》（以下简称《乡村振兴促进法》）的公布施行，标志着乡村振兴工作进入了全面依法推进的新阶段。作为"三农"工作领域一部固根本、稳预期、利长远的基础性、综合性法律，《乡村振兴促进法》与党中央一号文件、乡村振兴战略规划、《中国共产党农村工作条例》等共同构建了实施乡村振兴战略的"四梁八柱"，强化了走中国特色社会主义乡村振兴道路的顶层设计，夯实了良法善治的制度基石。

社会影响

《乡村振兴促进法》是充分总结"三农"法治实践、完善和发展中国特色"三农"法律体系的重要成果，对于促进乡村产业振兴、人才振兴、文化振兴、生态振兴、组织振兴和推进城乡融合发展，具有重要的里程碑意义。法律确定的促进措施是全方位的，包括产业发展、人才支撑、文化繁荣、生态保护、组织建设、城乡融合、扶持措施、监督检查等内容，既是乡村振兴的必然要求，也是乡村振兴的重要组成部分。《乡村振兴促进法》规范了各级人民政府及有关部门在实施乡村振兴战略中的行为和应当承担的责任，为促进农业全面升级、农村全面进步、农民全面发展提供法治保障。

事件四

2021 年 7 月 1 日，中国人民银行等六部门联合发布《关于金融支持巩固拓展脱贫攻坚成果　全面推进乡村振兴的意见》

入选理由

全面推进乡村振兴对农村金融服务提出了更高的要求，农村金融体系应加快改革步伐，更好地适应农业农村改革发展的需要。《关于金融支持巩固拓展脱贫攻坚成果　全面推进乡村振兴的意见》（以下简称《意见》）围绕巩固拓展脱贫攻坚成果、全面推进乡村振兴，就金融服务乡村振兴战略的总体要求、重点领域、体系设计、激励约束、组织领导等方面内容进行了规划部署。通过创新金融产品和服务，健全金融组织体系，完善基础金融服务，引导更多金融资源投入"三农"领域，助力农业高质高效、农村宜居宜业、农民富裕富足，为加快构建以国内大循环为主体、国内国际双循环相互促进的新发展格局提供金融支撑。

社会影响

《意见》提出要分层次、有梯度地调整优化金融帮扶政策，确保对脱贫地区和脱贫人口的金融支持力度总体稳定，切实巩固脱贫攻坚成果。持续推进脱贫地区乡村振兴，支持脱贫地区通过发展产业、改善农业农村基础设施等夯实发展基础，稳步提升发展水平。金融部门应当主动对标国家所需、积极发挥金融所长，坚决履行好金融服务乡村振兴的使命责任。一方面，健全适合乡村振兴发展的金融服务组织体系，积极引导涉农金融机构回归本源，增加农村金融供给。另一方面，强化金融产品和服务方式创新，拓宽乡村振兴融资来源，发挥普惠金融服务乡村振兴的积极作用。

事件五
2021 年 7 月 27 日，最高人民法院印发《关于为全面推进乡村振兴加快农业农村现代化提供司法服务和保障的意见》

入选理由

人民法院是全面推进乡村振兴、加快农业农村现代化的重要法治力量，必须主动适应形势任务变化，大力弘扬脱贫攻坚精神，充分发挥审判职能作用，以着力满足新发展阶段"三农"问题对司法工作提出的新需求为着力点，努力为全面推进乡村振兴、加快农业农村现代化提供有力的司法服务和保障。《关于为全面推进乡村振兴加快农业农村现代化提供司法服务和保障的意见》根据党中央对新发展阶段优先发展农业农村、全面推进乡村振兴的总体部署，围绕促进农业高质高效、乡村宜居宜业、农民富裕富足的目标任务，从统一思想认识、促进农业高质高效、打造乡村宜居宜业、保障农民富裕富足、坚持强基导向、深化改革创新等六个方面，提出了二十六条贯彻意见。

社会影响

近年来，全国人民法院立足法定职责，发挥审判职能作用，为脱贫攻坚战取得全面胜利提供有效司法保障，在决胜全面建成小康社会、实现第一个百年奋斗目标进程中展现司法担当。新形势下，人民法庭将紧扣"三农"工作重心从脱贫攻坚历史性转移到全面推进乡村振兴后的新任务、新要求，在服务乡村产业振兴、维护农民合法权益、推动乡村文明进步、保护农村生态环境等方面，以司法手段更好巩固拓展脱贫攻坚成果、全面推进乡村振兴、加快农业农村现代化。

<h2 style="text-align:center">事件六</h2>

2021 年 9 月 3 日，中央网信办秘书局、农业农村部办公厅、国家发展和改革委员会办公厅、工业和信息化部办公厅、科学技术部办公厅、国家市场监督管理总局办公厅、国家乡村振兴局综合司联合发布《关于印发〈数字乡村建设指南 1.0〉的通知》

入选理由

数字乡村既是乡村振兴的战略方向，也是建设数字中国的重要内容。加快推进数字乡村建设，既是巩固拓展网络帮扶成果、补齐农业农村现代化发展短板的重要举措，也是深入贯彻新发展理念、加快构建新发展格局、实现乡村全面振兴的关键一环。《数字乡村建设指南 1.0》根据《数字乡村发展战略纲要》的有关要求，结合国家数字乡村试点工作重点任务部署，系统搭建了数字乡村建设的总体参考架构，明确了各类应用场景的建设内容、建设主体任务、注意事项等关键要素，分别从省、县两级层面给出指导性建议。此外，还总结提炼了地方探索出的有益经验和做法，使总体参考架构与应用场景相互融合、建设模式与典型案例相互呼应，对数字乡村建设的可参考路径进行了系统的阐释和较为详细的指引。

社会影响

《数字乡村建设指南 1.0》明确了数字乡村建设总框架，具体包括信息基础设施、公共支撑平台、数字应用场景、建设运营管理和保障体系建设等内容，提出乡村数字经济、智慧绿色乡村、乡村数字治理、乡村网络文化、信息惠民服务等五大数字场景应用建设，涵盖了乡村建设的方方面面，为全国推进数字乡村建设绘制出总体"施工图"。各地区在使用该指南时，要结合本地实际，选择适配本地资源禀赋和经济基础的内容进行参考，切忌生搬硬套、盲目跟风。在推进数字乡村建设过程中，要稳步有序推进，合理设置阶段性目标任务和工作重点，杜绝搞大融资、大拆建、大开发。

事件七
2021 年 3 月 12 日，《中华人民共和国国民经济和社会发展第十四个五年规划和 2035 年远景目标纲要》正式对外发布

入选理由

在 2021 年 3 月 12 日公布的《中华人民共和国国民经济和社

会发展第十四个五年规划和2035年远景目标纲要》中第七篇专门提出"坚持农业农村优先发展　全面推进乡村振兴"，并重点论述了乡村振兴的"十四五"远景目标纲要，其中包含"提高农业质量效益和竞争力""实施乡村建设行动""健全城乡融合发展体制机制""实现巩固拓展脱贫攻坚成果同乡村振兴有效衔接"四大方向建设规划，对于今后一个阶段的农业农村工作做出了进一步明确。走中国特色社会主义乡村振兴道路，全面实施乡村振兴战略，强化以工补农、以城带乡，推动形成工农互促、城乡互补、协调发展、共同繁荣的新型工农城乡关系，加快农业农村现代化。

社会影响

全面建成小康社会和全面建设社会主义现代化强国，最艰巨、最繁重的任务在农村，最广泛、最深厚的基础在农村，最大的潜力和后劲也在农村。《中华人民共和国国民经济和社会发展第十四个五年规划和2035年远景目标纲要》为今后五年中国的农村发展指明了科学正确的方向，有助于全面推进乡村振兴战略实施。目标纲要坚持乡村振兴和新型城镇化双轮驱动，从城乡融合发展和优化乡村内部生产生活生态空间两个方面，明确了国家经济社会发展过程中乡村的新定位，提出了重塑城乡关系、促进农村全面进步的新路径和新要求。

事件八
2021年11月2日，国务院印发《"十四五"推进农业农村现代化规划》

入选理由

农业农村现代化的内涵体现在促进农业高质高效、乡村宜居宜业、农民富裕富足。推进农业农村现代化是全面建设社会主义现代化国家的重大任务。《"十四五"推进农业农村现代化规划》对"十四五"时期推进农业农村现代化的战略导向、主要目标、重点任务和政策措施等做出全面安排，增强农业农村对经济社会发展的支撑保障能力和"压舱石"的稳定作用，持续提高农民生活水平。这不仅是落实党的十九届五中、六中全会精神和国家"十四五"规划纲要要求的具体安排，也是首部将农业现代化和农村现代化一体设计、一并推进的规划。

社会影响

"十三五"时期，我国粮食等重要农产品供给能力和农业质量效益等方面都得到稳步提升，农业现代化建设取得了明显成效。站到新的历史起点上，《"十四五"推进农业农村现代化规划》以实施乡村振兴战略为引领，以共同富裕为目标，以农业现代化和农村现代化为路径，聚焦提升粮食等重要农产品供给保障水平、提升农业质量效益和竞争力、提升产业链供应链现代化水平、建设宜居宜业乡村、建设绿色美丽乡村、建设文明和谐乡村、巩固拓展脱贫攻坚成果、有效衔接全面推进乡村振兴等任务，力争到 2025 年，农业基础更加稳固，乡村振兴战略全面推进，农业农村现代化取得重要进展。到 2035 年，乡村全面振兴取得决定性进展，农业农村现代化基本实现。

事件九
2021 年 12 月 14 日，国家乡村振兴局、中华全国工商业联合会印发《"万企兴万村"行动倾斜支持国家乡村振兴重点帮扶县专项工作方案》

入选理由

"万企兴万村"行动是动员广大民营企业踊跃投身农业农村

现代化发展、积极参与巩固拓展脱贫攻坚成果和全面推进乡村振兴的重大举措，生动体现了中国共产党领导和中国社会主义制度的优势。《"万企兴万村"行动倾斜支持国家乡村振兴重点帮扶县专项工作方案》指出，以"万企兴万村"行动为平台，动员引导民营企业与重点帮扶县开展帮扶对接，帮助发展产业，参与乡村建设，促进就业创业，开展消费帮扶，救助困难群众，助力重点帮扶县巩固拓展脱贫攻坚成果，防止发生规模性返贫，尽快补齐区域性发展短板，在全社会营造民营企业参与乡村振兴的良好氛围。

社会影响

2015年启动的"万企帮万村"精准扶贫行动完成了第一个5年目标，已成为中国民营企业参与脱贫攻坚的主要形式、重要平台和社会扶贫的著名品牌。随着脱贫攻坚转入乡村振兴，"万企帮万村"升级为"万企兴万村"行动，由"帮"而"兴"，意味着民营企业反哺农村的侧重点发生了重大转变。"十四五"期间，将通过重点民营企业对接、东西部协作对接、省内民营企业对接三种渠道，力争实现民营企业与160个重点帮扶县的对接全覆盖，通过"帮县带村"等形式，逐步向行政村延伸。"万企兴万村"行动领导小组各成员单位要坚持顶层设计与鼓励基层创新相结合，既要加强统筹协调，又要注重因地制宜、分类指导。要引导民营企业遵循市场规律，坚持互利共赢，促进行动长远发展。

事件十

2021 年 12 月 5 日，中共中央办公厅、国务院办公厅印发《农村人居环境整治提升五年行动方案（2021—2025 年）》

入选理由

改善农村人居环境是实施乡村振兴战略的重点任务，是农民群众的深切期盼。相较于此前的《农村人居环境整治三年行动方案》，《农村人居环境整治提升五年行动方案（2021—2025 年）》在总体目标上，从推动村庄环境干净整洁向美丽宜居升级；在重点任务上，从全面推开向整体提升迈进；在保障措施上，从探索建立机制向促进长治长效深化。同时，此次行动方案强调持续开展村庄清洁行动，健全农村人居环境长效管护机制，充分发挥农民主体作用，引导村集体经济组织、农民合作社、村民等全程参与农村人居环境相关规划、建设、运营和管理。

社会影响

《农村人居环境整治提升五年行动方案（2021—2025 年）》坚持以人民为中心的发展思想，践行绿水青山就是金山银山的理念，深入学习推广浙江"千村示范、万村整治"经验，以农村厕所革命、生活污水垃圾治理、村容村貌提升为重点，巩固拓展农村人居环境整治三年行动成果，全面提升农村人居环境质量，为全面推进乡村振兴、加快农业农村现代化、建设美丽中国提供有力支撑。通过农村人居环境整治，可以推动实现乡村宜居宜业，培育文明乡风，提升乡村治理水平，促进农民农村共同富裕，为乡村产业发展拓展空间。由此，以农村人居环境整治"小切口"推动乡村振兴"大战略"。

实践观察之二：
数字农业赋能乡村振兴逻辑机理与实现路径

刘志颐　李　洁[*]

一　引言

党的十八大以来，党中央高度重视发展数字经济，将其上升为国家战略。2022 年 1 月，国务院专门印发《"十四五"数字经济发展规划》，协同推进数字产业化和产业数字化，赋能传统产业转型升级，培育新产业、新业态、新模式。农业是最基础的传统行业，我国农业数字经济与工业、服务业等行业和领域相比，起步晚，数字经济对农业、工业、服务业的渗透率分别为8.9％、21.0％和 40.7％，农业的数字化转型速度明显慢于其他产业[①]，但发展潜力巨大。据统计，到 2025 年我国农业数字经济规模将达 1.26 万亿，占农业增加值比重将达到 15％[②]，数字农业发展前景向好，未来拥有较为广阔的空间。

"数字农业"这一概念最早于 1997 年由美国科学院工程院在

　＊　刘志颐，法学博士，农业农村部对外经济合作中心，副研究员；李洁，女，会计硕士，农业农村部对外经济合作中心，助理研究员。

　①　中国信息通信研究院：《中国数字经济发展白皮书》，www. caict. ac. cn。

　②　《中国互联网＋智慧农业行业市场前瞻与投资战略规划分析报告 2021—2026年》，中研信息研究网，www. zyxxyjs. com。

信息技术在农业领域综合和全面应用中首次提出，利用全球定位系统、卫星遥感、地理信息系统、计算机技术、通信和网络技术、自动化技术等高新技术，与农学、生态学、土壤学和植物学等涉农基础学科有机结合，从规划决策、种植养殖到加工仓储、物流消费等全过程的模拟、监测、判断、预测和建议，实现智能化、产业化、高效化生产。数字农业是集合概念，主要由三个核心部分组成，包括四项数字农业核心技术、精准农业和智慧农业[①]。其中，四项农业核心技术包括物联网、区块链、人工智能和大数据，除此之外，还有云计算和5G等技术。物联网技术以先进设备实现"物物相连"，属于数控系统，可以实现对农作物生长环境的联动反馈、实时监测；区块链技术具有分布式存储、不可篡改、可追溯等特点，能够对实现信息防篡改和质量安全追溯；人工智能则应用于构建农业"智慧大脑"，包括专家系统和农业认知计算模型等，可以实现精准识别和智能分析决策；农业大数据是一个数据系统。精准农业是一种现代农业生产系统，是农业现代化的重要表现形式，主要基于信息和知识管理[②]，技术工具通常包括全球定位系统（GPS）、射频识别系统（RFID）、地理信息系统（GIS）、可变速率技术（VRT）和遥感（VS）技术，可以应用于耕地分析测绘、精准播种、水肥控制和植保无人机等。智慧农业是一个专家决策系统，强调智能化，需要经验模型作为基础支撑。

---

① 《加快数字农业发展 提升农业信息化水平》，《江苏农村经济》2020年第10期；孙豹、田儒雅：《中国数字农业发展现状与前景初探》，《农业展望》2021年第4期。

② 刘海启：《以精准农业驱动农业现代化加速现代农业数字化转型》，《中国农业资源与区划》2019年第1期。

在理论层面，对数字农业的研究内容主要包括数字农业的内涵①，以及"数字地球""数字经济""数字中国""数字乡村"等相关概念，农业物联网、大数据、区块链、人工智能等对农业生产的影响②、数字农业助力农业农村发展的路径和实践③④以及数字农业发展面临的挑战和对策⑤等，这些研究初步奠定了数字农业的研究基础。在应用层面，农业物联网、农业大数据、人工智能等关键技术以及精准农业、智慧农业等核心系统作为数字农业技术已经在农业领域得到了全面应用且取得了较为快速的发展⑥。英国政府设立 10 亿英镑的"产业战略挑战基金"，部分用于助力精准农业可持续发展⑦，澳大利亚研究提出应整合多学科研究机构资源，由农业与土地部门牵头建立大数据中心等基础设施，更好地进行农业数字革命，并提出四种应用场景。⑧ 我国在全面实施乡村振兴战略背景下，农业工程科技创新为乡村振兴战

① 卢钰：《"数字农业"及其中国的发展策略》，《山东农业大学学报》（自然科学版）2003 年第 4 期。
② 张在一、毛学峰：《"互联网＋"重塑中国农业：表征、机制与本质》，《改革》2020 年第 7 期。
③ 梁斌等：《数字农业农村建设的创新实践和问题探讨——以新疆生产建设兵团为例》，《中国农业大学学报》2020 年第 11 期。
④ 隗玮：《"数字农业"与我国农业的可持续发展》，《经济问题探索》2003 年第 11 期。
⑤ 吕小刚：《数字农业推动农业高质量发展的思路和对策》，《农业经济》2020 年第 9 期。
⑥ A. Dcr, et al., "Agriculture 4.0: Making it Work for People, Production, and the Planet", *Land Use Policy* 100, 2020.
⑦ E. Duncan, et al., "The Politics of Digital Agricultural Technologies: A Preliminary Review", *Sociologia Ruralis* 59, 2019, pp. 203 - 229.
⑧ A. Fleming, et al., "Foresighting Australian Digital Agricultural Futures: App. lying Responsible Innovation Thinking to Anticipate Research and Development Impact Under Different Scenarios", *Agricultural Systems* 190, 2021.

略实施提供有力支撑和高效服务[①]，农业数字化转型为提升农业质量效益和竞争力、优化乡村生产生活生态空间、健全城乡融合发展体制机制和政策体系、推动脱贫攻坚与乡村振兴有效衔接，为乡村全面振兴提供了实施路径。[②③]

但目前的研究成果存在不够深入和不够全面的问题，罕有系统阐释"数字农业"赋能"乡村振兴"的逻辑框架以及"数字农业"与"乡村振兴"之间的关系，也鲜少较为全面地总结数字农业赋能乡村振兴的具体实现路径，本文的创新点在于完成了数字农业促进乡村振兴的逻辑推演过程及数字赋能农业的三层次逻辑框架模型，阐述了基于价值融合的全面数字化与乡村振兴总体要求的耦合机制，全面汇总整理了数字农业在农业全产业链中的实践应用场景，在数字农业赋能乡村振兴的实现路径方面也贡献了一些较为新颖的观点。

二　从数据融合到价值融合——数字赋能农业的
基本逻辑框架

数字农业是全面推进乡村振兴的关键一环，也是实施数字农村发展战略的重要手段。数字农业与乡村振兴的逻辑推演在于乡村振兴的核心是产业兴旺，基础是乡村经济的高质量发展，农业作为乡村的主导产业，要实现传统农业向现代农业的转型升级，离不开数字农业对降低交易成本、优化要素配置、实现规模经济

---

①　隋斌、张庆东、张正尧：《论乡村振兴战略背景下农业工程科技创新》，《农业工程学报》2019 年第 4 期。

②　温涛、陈一明：《数字经济与农业农村经济融合发展：实践模式、现实障碍与突破路径》，《农业经济问题》2020 年第 7 期。

③　赵德起、丁义文：《数字化推动乡村振兴的机制、路径与对策》，《湖南科技大学学报》（社会科学版）2021 年第 6 期。

效益①等方面的支撑，数字技术赋能农业"点—线—面"三层次模型见图1。

1. 基础层：要素数字化下的数据融合

数字技术赋能数字农业发展的核心和基础是数据，数据与劳动、资本、土地、知识、技术、管理等共同构成生产要素。在基础层，主要是海量、多源、异构数据之间的融合与利用。从经济学视域来看，完整的社会生产过程包括生产、分配、交换和消费四大环节。针对农业产业，在社会生产过程中的生产要素是农业产业的基础。数字赋能农业层次结构的基础层向所有孤立的要素之间注入新的数据信息，向社会生产过程提供客观参考，社会生产过程进一步产生更多可供融合利用的数据。在这一层次，主要是数据在发挥作用，同时数据的规模和质量也决定了更高层次的数字化水平。数据作为一种生产要素，其采集、共享、交换、整合应用于各类涉农场景并成为不可或缺的要素，除本身价值外，还可以激发提升其他要素的附加值，比如通过归集农业自然资源、农业种质资源、农村集体资产、农村宅基地、农业经营主体等大数据，构建涉农基础数据资源体系，并将数据流向涉农主体，进行更加科学高效的乡村治理和农业"种养加"活动。

2. 架构层：产业数字化下的产业融合

在架构层，以数据要素为支撑的数字技术变革开始对整个产业的组织范式、分工方式、治理结构、价值尺度和发展方向产生颠覆性影响，使农业产业朝着信息化、数字化、智能化方向转型

---

① 张鸿、王浩然、李哲：《乡村振兴背景下中国数字农业高质量发展水平测度——基于2015—2019年全国31个省市数据的分析》，《陕西师范大学学报》（哲学社会科学版）2021年第3期。

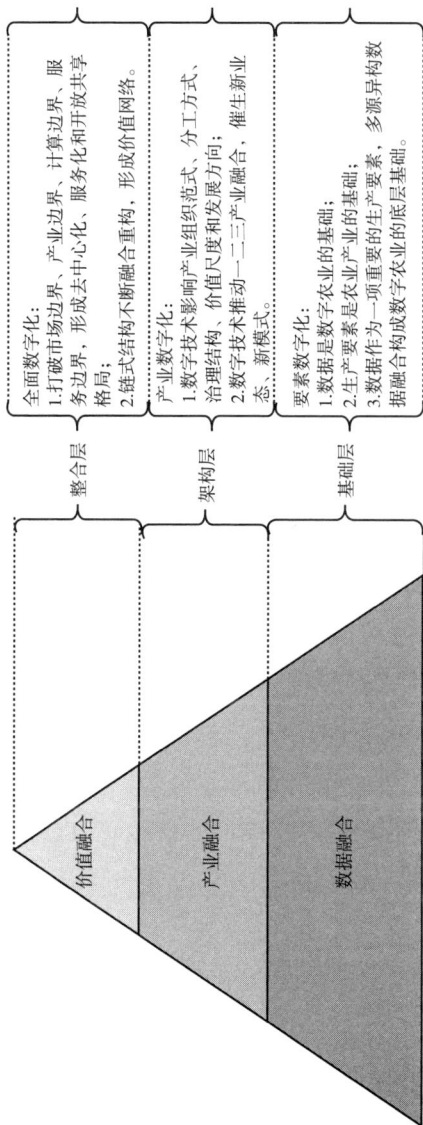

图 1 数字技术赋能农业"点—线—面"三层次模型

整合层

全面数字化:
1.打破市场边界、产业边界、计算边界、服务边界,形成去中心化、服务化和开放共享格局;
2.链式结构不断融合重构,形成价值网络。

架构层

产业数字化:
1.数字技术影响产业组织范式、分工方式、价值尺度和发展方向;
2.数字技术推动一二三产业融合,催生新业态、新模式。

基础层

要素数字化:
1.数据是数字农业的基础;
2.生产要素是数字农业的基础;
3.数据作为一项重要的生产要素,多源异构数据融合构成数字农业的底层基础。

价值融合

产业融合

数据融合

升级，有效推动农业供给侧改革和农业农村现代化。技术进步、要素禀赋和制度变迁是推动分工演进的三个关键要素①。由于数字技术的进步，以物资流为主导，以数据流、信息流为辅助的产业布局得到根本改变，数字价值链成为对标产品价值链的新概念，数据密集型产业成为对标劳动密集型产业的新概念，数据要素禀赋作为一项重要因素进一步改变产业资源配置与劳动分工，各级政府配套政策、相关制度演变，引导产业新业态、新模式的发展方向，也进一步降低成本、提高全要素生产率、消除信息不对称、提升产业附加值，促进城乡要素双向流通并促进涉农主体集约化、专业化发展，加快一二三产业深度融合，激发农业产业发展新动能。在这一背景下，农业产业催生出新型农民、新型农业经营服务主体，农民合作社、农业社会化服务组织、家庭农场等应运而生，智慧农业、生态农业、创意农业等创新型和订单农业、农业生产性服务业等社会化农业新业态、新模式不断涌现。

3. 整合层：全面数字化下的价值融合

在整合层，数字化将使生产生活的边界感越来越弱，可以打破要素市场、产品市场和金融市场的市场边界以及计算边界、产业边界、服务边界，形成去中心化、服务化和开放共享的新格局，生产、分配、交换和消费四大环节的边界被进一步打破，生产端与消费端、供给端与需求端深度融合且界限越来越模糊。所谓服务化，即产品交易不再是"一锤子买卖"的交付即止，而是一个持续输入和动态互动的过程，不再有产品的概念，只有服务的概念，从而打破服务边界；所谓去中心化，即打破 CPU、服

---

① 戴翔、张雨、刘星翰：《数字技术重构全球价值链的新逻辑与中国对策》，《华南师范大学学报》（社会科学版）2022 年第 1 期。

务器和数据中心边界，海量、多源、异构数据不断组合池化，满足多样化和高通量的计算需求，形成万物互联互通的格局，从而打破计算边界。在此基础上，全要素数字化将使不同产业和市场的融合持续深入，进而打破市场和产业边界，"互联网＋农业众筹""互联网＋农业＋金融"等模式即典型代表。最终，数字技术全面渗透到生产生活的方方面面，数字技术与社会、经济、教育、科学技术及生态环境等领域协同发展、充分融合，产业链、服务链、供应链等链式结构不断融合重构，不同价值链条彼此缠绕连接，数据流促进全价值链高效协同贯通，形成密不可分的内在价值网。

三 基于价值融合的全面数字化与乡村振兴总体要求的耦合机制

乡村振兴参与主体的主要活动环节的全面数字化，既是数字农业的内在要求，也为数字农业带来内生动力。在"乡村振兴—数字农业耦合系统"中（见图2），乡村振兴系统的5个维度按

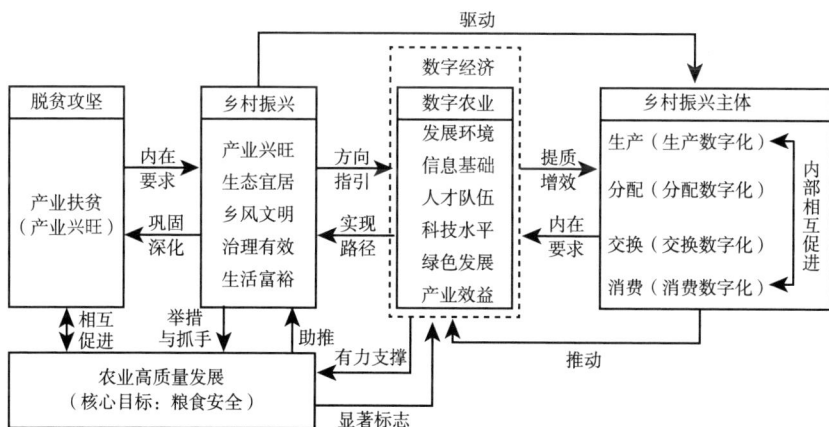

图2 乡村振兴—数字农业耦合系统

照党的十九大对乡村振兴的总要求确定，关于对数字农业的维度解构，重点参考了数字农业高质量发展的评价指标，从发展环境、信息基础、人才队伍、科技水平、绿色发展、产业效益6个方面出发，构建数字农业系统①。将数字农业和乡村振兴两个概念解构之后可以发现其内在要求总体一致。广义上来说，数字农业属于数字经济的一部分，数字农业最基本的特征是把数字化的农业知识与信息作为关键生产要素②，这就要求乡村振兴主体进行数字化赋能和改造。因此，乡村振兴主体经济社会活动的全面数字化既是数字农业的内在要求，也为数字农业带来内生动力，推动数字农业的发展。

数字农业6个维度中的发展环境是一个相对宏观的概念，指数字农业的整体发展基础与发展环境，包括生产力水平、投资水平等因素，是数字农业发展的基础条件。信息基础是指信息基础设施建设水平，是数字农业发展的根本保障。根据国务院新闻办公室数据，目前全国的行政村通光纤和通4G的比例已经双双超过了98%，光纤到达率和4G覆盖率已经基本实现了城乡无差别③，为数字农业触及乡村"最后一公里"创造了有利条件。绿色发展是实现数字农业可持续发展的重要实践，包括农机具的合理有效投入和水肥绿色无公害施用情况，产业效益既是数字农业发展的动力源泉，也是数字农业发展的成效结果，人才队伍和科技水平是数字农业发展的有力支撑。产业兴旺是乡村振兴的重点和基础，也是产业效益的最终目标，为产业发展提供方向指引，

---

① 戴翔、张雨、刘星翰：《数字技术重构全球价值链的新逻辑与中国对策》，《华南师范大学学报》（社会科学版）2022年第1期。
② 阮俊虎等：《数字农业运营管理：关键问题、理论方法与示范工程》，《管理世界》2020年第8期。
③ 《国务院新闻办就数字中国建设峰会有关情况举行新闻发布会》，新闻办网站，www. gov. cn/xinwen/2020 - 09/17/content _ 5544237. htm。

产业效益提升也是产业兴旺的实现路径。生态宜居与绿色发展的关系与之类似，人才队伍建设与科技水平提升带动乡村文明日益发展、乡村治理机制日益完善，高素质人才流入为乡村注入一汪清泉活水，与乡贤人才共同带动乡村涵养新风美德，乡风文明与治理有效为"引才、引智、引技"提供了方向性参考，信息基础、发展环境对乡村振兴的 5 个维度要求都有促进作用，产业、生态、文明、治理与富裕都离不开基础条件与发展环境的保障。需要特别说明的是，乡村振兴系统与数字农业系统的耦合共生并非维度要素一一对应的，而是在各自系统内部互相促进的基础之上，乡村振兴为数字农业的发展提供战略指引和行动指南，数字农业是实现乡村振兴的有效路径。此外，脱贫攻坚是乡村振兴的内在要求，乡村振兴是脱贫攻坚成果的巩固和深化，数字农业是农业高质量发展的显著标志，也为其提供有力支持，作为农业高质量发展核心目标之一的粮食安全也与脱贫攻坚、乡村振兴及数字农业之间存在相互促进的内在联系。

四　数字农业赋能乡村振兴路径探索

通过整理国内外数字农业的应用场景，数字农业的实践应用已覆盖农业种养、流通、销售、金融及乡村环境整治和乡风文化建设的方方面面（见图 3）：以数据资源融合保障乡村振兴数字底层支撑；以数字产业融合激发乡村振兴产业动能，以产业升级带动增产增收与生活富裕；以数字价值融合重塑乡村振兴价值体系；以数字农业精准化生产筑牢乡村振兴粮食安全防线，巩固拓展脱贫攻坚成果，这一数据融合—产业融合—价值融合的框架体系是实现乡村振兴的必由之路。

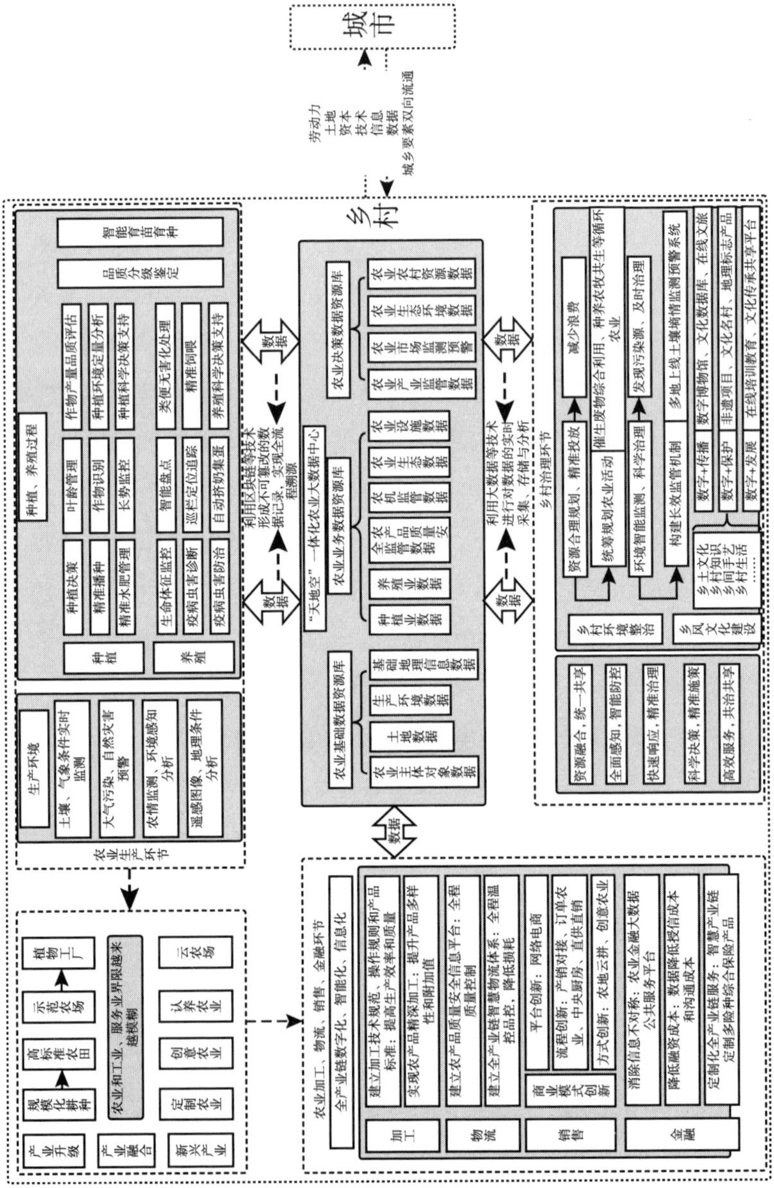

图 3　数字农业实践应用概览

1. 以数据资源融合保障乡村振兴数字底层支撑

（1）整合数据要素，构建数字农业核心资源库

数据是数字农业的核心资源库，每个农事环节均会产生海量结构化及非结构化数据，将海量的多源异构数据变为有价值的可利用的资源，是充分释放数据潜力的关键一步。将数据建立可视化模型并与其他数字技术相结合，可以有效解放农事活动生产力，完成实时记录与分析、远程监督与遥控。在数字农业的应用过程中，数据库资源的构建需要整合数据要素，包括数据采集、数据过滤、数据挖掘和数据应用。在具体实践过程中首先通过传感器、农业机器、遥感系统、全球定位系统等收集各种农业相关的数据，运用人工经验总结或异常值检测算法对海量的原始数据进行有效过滤，从而排除原始数据中的异常或错误数据，再通过深度学习或人工智能算法等对数据进行抽取或关联，将抽象的数据变为实实在在的具有指导意义的知识、经验和操作准则。在采集农业基础数据、业务数据和决策数据的基础上，未来还需进一步完善数据中心及云端平台建设，提升数据库的准确性、全面性和可用性，依托全国一体化的算力和算法网络，加强云网协同与算网融合，建设集约、高效、融通的数据平台，充分释放数据潜力。

（2）建立技术标准，实现数字农业规范化发展

农业产业的规范化发展是农业做大做强的基础，为此需要建立严格的技术标准，促进包括数字农业在内的农业规范化发展。未来应因地制宜，逐步建立符合地方农情特色的技术标准，以农业综合通用标准、农业生产标准和农业保障标准为主框架，以数字农业相关的技术标准为核心，落实数字技术在农业全产业链中的运用标准，包括但不限于数据的技术标准、数字化生产全流程标

准、数字化检验检疫标准、数字化服务标准等，并进一步深化细化，制定数字农业领域的装备标准、农业遥感探测标准、农业大数据标准、农业云计算标准、农业物联网标准和农业移动互联标准。①

（3）完善数据机制，助力数字农业可持续发展

数据是一把"双刃剑"，要确保数字农业的可持续发展，不能忽视信息不对称，各方获取数据难易程度不同，交易机制和产权保护机制滞后等导致的信息孤岛、数据壁垒、数字鸿沟，及隐私曝光、责任模糊和确权等各种各样的问题，应遵循数据产生及其市场运作的底层逻辑，以实现数据产业健康可持续发展、维护数据权益相关方利益平衡为目标，以核心方数据赋权为准则，合理划分边界，形成"共建共治共享"的格局②。在数据共享方面，通过建立数据共享平台、完善数据保护机制等明确共享责任，推动数据有序合规流转；在数据产权方面，明确数据权利归属，充分释放数据价值，促进数据公平开放共享；在数据保护方面，对于具有绝对知识产权的核心数据，建立有效的保护机制，主要涉及数据加密工具，数据泄露检测，数据使用的权限管理，数据使用责任划分；在数据交易方面，尽可能建立农业数据的统一交易平台，为数据价格设定标准，使数据以公开透明的方式进行使用权和所有权的交易和转让，同时通过政府干预提高农民等群体对数据的可得性，避免数字鸿沟的产生。

2. 以数字产业融合激发乡村振兴产业动能

（1）优化数字产业资源空间布局，实现集约化与生态化重整

传统农业存在"靠天吃饭"和散、乱、小的无序低效状态等

---

① 熊恒多等：《以农业标准化打造中国都市农业武汉样板——武汉农业标准体系建设的现状与发展对策》，载 2021 年《第十八届中国标准化论坛论文集》。

② 彭辉：《数据权属的逻辑结构与赋权边界——基于"公地悲剧"和"反公地悲剧"的视角》，《比较法研究》2022 年第 1 期。

主要问题，数字农业技术的发展将有助于改善农艺环节的可分性、农事活动的可交易性以及质量监督的可考核性，拓展与深化农业分工空间。[1] 一要在数字农业较为发达的地区先行先试，打造数字农业应用样板工程，将乡村生产资源统一整合调配，摆脱细碎化作业，建立云上农业实验场、植物工厂，实现精准环控和数字模型的集成应用，同时为育种栽培、土壤改良、数字农业生产管理等各环节提供解决方案，实现科学化分工和规模化种养殖，从而科学统筹安排日常活动、尽可能避免重复劳作、提高劳动生产率，利用植保无人机和卫星定位农机设备等将种养殖活动工厂化、产业化。二要依托数字技术源源不断产生的全量数据进行产业分析、指挥、决策，从而为产业发展提供科学规划与合理布局、掌握发展现状并预测未来趋势、监控预警相关风险、评估发展质量、统筹调度配置资源要素等全面精准的服务。三要依托数字农业技术实现农业产业"虚拟"集聚，在产业融合发展、灵活就业、数据生产和提高集聚行业的竞争性等方面发挥优势。[2] 持续推动数产融合进程，建设数字供应链，由数字农业产业集群发展形成产业区域增长极和产业高地，通过集聚前沿产业，打造功能性平台，降低产品和服务的交易成本，实现高端要素集聚，促进产业高质量发展。

（2）开发数字农业新生态，实现服务化延伸

数字农业基于精准化、服务化的基本逻辑有助于加速实现农业绿色低碳生产、智能网络协同、服务延伸与价值增值，同步实现成本节约与效率提升，加速农业现代化进程，为满足绿色化生

---

[1] 罗必良：《论服务规模经营——从纵向分工到横向分工及连片专业化》，《中国农村经济》2017年第11期。

[2] 谭洪波、夏杰长：《从地理集聚到线上集聚——数字贸易重塑产业集聚理论与模式》，《财经问题研究》2022年第6期。

产、集约化经营需求提供可行途径①，还可以激活农业数据要素资产，孵化数据服务这一新兴产业。传统农业与工业和服务业融合难度较大，数字农业为农业与工业、服务业的融合提供了无限可能，越来越多的农业、制造业和服务业呈现融合发展态势，催生了集农产品种养加、科教文旅和康养娱乐等于一体的农业新业态和新模式。在此基础上，一要建立去中心化的全产业链供需平台，为农业服务化与定制化需求对接提供渠道，不断解决长尾消费场景的产业化覆盖问题，使小众需求得以满足，通过多样化的方式连接生产者与消费者，重塑两者之间的关系甚至推动两者之间的身份出现不断转换，激发农业产业新动能。二要搭建云上线下一体化消费场景，打破地理隔离，开发新型农产品，充分发掘农业农村历史价值、文化价值、科学价值和教育意义，让农民分享更多产业增值收益，带动农民生活富裕。注重既销售产品与服务，又包含体验与享受，例如发展"无人经济"，建立云上农事实验基地，通过物联网和虚拟现实技术使消费者身临其境，远程遥控操纵智能农机为农田施用水肥、锄草除虫，农产品收获后依托数字物流平台送货上门。三要依托数字现代综合管理体系，打造田园综合体，将农业生产生活生态深度融合，一二三产业深度融合，农业与文化旅游业深度融合，以特色农产品、特色自然景观、特色风土人情等基础资源为依托，形成"一村一品"或"一镇一品"，带动资源要素流入乡村，带动产业融合与集群发展，形成特色村、特色镇，进一步发展成为特色综合体，集农产品种养加、科教文旅和康养娱乐等于一体，集新农村、新农业、新农人为一体，集产业链各环节为一体，形成生产—消费闭环。

---

① 殷浩栋等：《智慧农业发展的底层逻辑、现实约束与突破路径》，《改革》2021年第11期。

（3）挖掘数字农业新价值，实现资产化与资本化开发

作为人均产出较低的经济部门，农业资源实现合理而高效的产业内转移或转移至工业，是消除资源禀赋约束、提高劳动生产率以及将资源优势转变为产业优势的必要条件。将农业与工业、服务业深度融合，以农业农村资源为依托和抓手，尽量将第二、第三产业引入农村，同时阻止农业产业链的增值收益流出农村，可以有力助推要素跨界流动、资源集约配置，将农业农村资源实现效用最大化。一要依托现有农业资源流转制度，实现承包合同、流转合同的网签等数字化管理手段，充分汇总采集相关数据，为数字化高效治理创造条件。二要根据已有数据统计分析，利用数字技术挖掘资源价值点，搭建资源线上流转平台，稳步推进农业资源资产化和资本化，提高农业资源流转效率，促进农业资源的合理流动，把优质农业资源转化为产业资源，把资源优势转化为产业优势，着力提升乡村三产融合发展增加值占 GDP 的比重，促进乡村高质量发展。三要将政策引导与市场配置相结合，引进、培育高附加值的头部企业，特别是以虚拟产业等新型服务业为主的涉农企业入驻乡村，打造乡村综合体，树立地域特色品牌，整合上中下游一体的产业链、供应链与价值链，因势利导助推乡村振兴。

（4）搭建农业产业互联网平台，实现高质量发展

国家统计局第三次农业普查数据显示，中国 98％的农业经营主体为小农户，70％的耕地面积的经营者也是小农户[①]，规模小、分布散、实力弱，就会造成种养殖成本高，收益率低。农业产业互联网用"平台思维"将整个产业连接起来，产业链上下游

---

① 国家统计局：《国家统计局第三次农业普查》，www. stats. gov. cn。

企业互利共生、资源共享，形成利益共同体。[①] 农业产业互联网平台能有效集中产业资源，形成规模效应，从而实现降本增效。一要通过打通产业链的生产、加工、物流、销售和金融等环节，同时借助丰富的信息促成产业链上下游企业合作，将消费端数据高效传导到生产端，实现产需精准匹配，促进农业供给侧结构性改革。二要借助平台优势使供应链各个环节的商品流、信息流和资金流实现实时传输共享和精准对接匹配，更好地发挥比较优势、打造特色品牌，提高产业链的效率和数字化水平，通过一二三产业的融合提升农产品附加值，加快农业转型升级。三要依托平台的海量信息，运用数字技术进行产业全生命周期项目管理、结成产业战略联盟，从而破解农业供应链的痛点难点。

3. 以数字价值融合重塑乡村振兴价值体系

（1）以数字乡村衔接智慧城市，促进城乡要素自由流动

加速推动城乡数字化"一盘棋"建设，依托数字技术进行城乡治理体制机制改革，寻求城乡协同治理方案，破除城乡二元体制，弱化城乡居民身份壁垒与信息鸿沟，将地理分化和差距通过数字平台的重整逐步缩小，完善资源共享机制，形成以城带乡、共建共享的数字城乡融合发展格局，打造公共治理"有为政府"与乡村振兴"有效市场"，促进城乡信息、资金、人才等要素自由流动和合理配置。以数字化平台统筹乡村文化资源，利用大数据等数字技术将乡土文化、乡村知识、乡间手艺和乡村特色生活等进行采集与整合，开展"数字＋传播、保护、发展"一条龙的乡风文化建设，建立数字博物馆、文化数据库、在线文旅平台等

---

① 苟延杰：《产业互联网视角下农业供应链金融模式创新研究》，《四川轻化工大学学报》（社会科学版）2020 年第 2 期。

传播乡土文化，推广非遗项目、文化名村、地理标识产品，通过互联网平台进行乡土文化传承宣讲，推动乡村文化触达城市甚至走向世界。

（2）拓宽去中心化数字场景，推动全球多主体农业价值共创

数据（技术）融合和产业融合是有形的，然而当数据（技术）和产业的红利充分释放之后，农业农村更高层次的价值融合与价值共创才是乡村振兴需要探索的终极目标，才能推动价值链融合重塑与社会综合效应提升。在规划决策、种植养殖、加工仓储、物流消费等的全程农事活动中，以物联网、大数据、人工智能为核心的整合技术可以使海量主体充分参与并留痕，使全球农业价值体系实现共建、共治、共享，从而为农业农村插上全球化的翅膀。为迎接全球化农业农村价值融合的未来趋势，一要搭建多主体互动和价值创造的平台，促进信息、知识和资源的互联互通，基于区块链技术，打破区域和互信机制上的障碍，建立乡村文化价值的共享生态系统，推动全球乡村文化开放多元交流与发展，既是提升乡村文化的国际认同感，也是提升乡村居民的自我认同感。二要建立开源社区，构造深度学习框架和神经网络，共建 AI 农业底层生态，推动全球多元化主体共同参与模型训练与优化，提高智能化水平，推动全球农业共同治理。三要在产业与城乡可分性越来越弱及虚拟技术不断进步的情况下，依托数字孪生技术复刻虚拟乡村，着力开发虚拟乡村的"元宇宙"。

4. 以数字农业精准化生产筑牢乡村振兴粮食安全防线

（1）数字农业促进粮食增产提质，保障粮食供给有效

从中长期看，我国粮食供求仍将处于一种紧平衡态势，粮食安全是农业农村工作的重中之重。依托数字农业技术进行农业生产环节改造，保证粮食安全，不仅有利于守好农民根本收

入来源的基础防线，促进农民富裕，更有利于全面巩固拓展脱贫攻坚成果，有效衔接乡村振兴战略的推进实施。种子和耕地问题是保障粮食安全的关键。一要解决种源问题，推动"经验育种"向"精准育种"转变。依托数字农业中的生物传感和数字孪生等技术，通过植物仿真模拟和数据感知规划、采集、分析植物的生长过程，实现智能育苗育种，有效缩短培育周期，降低培育成本，提升培育质量。二要优化土地资源配置，提高土地质量，依托地理信息遥感一张图，通过卫星遥感、地理信息系统、全球定位系统、物联网等技术，实现耕地识别测绘、土壤监测、水肥科学施用、环境污染预警、产量预测、精准播种，从而进行科学耕种决策，合理分配耕地与作物品种，确定播种量和播种间距，科学改良土壤环境，有效整治盐碱地等问题土地。三要指导科学种养，利用数字农业扎实的算法能力和强大的样本数据库，实现产量和消费的精准预测。在大数据平台上搭建农产品产量监控及需求预测模块，推动农业供给侧结构改革，使产销有效衔接，促进供需均衡。运用数字农业技术指导农事活动，提高种植、养殖过程的科学性，从而提高农产品的质量和产量。

（2）数字农业助力粮食品监测溯源，保障粮食质量安全

农产品从田间到餐桌经历生产加工、仓储物流等多个环节，供应链环节复杂，参与主体众多，信息壁垒与信息不对称明显，运用物联网技术和人工智能中的计算机视觉技术，对农产品质量进行感知和监测，进行质量鉴定和质量分级。运用区块链技术，打破固有的数据中心化情况，各个供应链节点和参与者均能上传不可篡改的信息，非对称加密技术和时间戳技术保证数据的安全性和唯一性，实现农产品的全流程溯源，一方面有效增进了参与主体之间信息的互联互通和彼此信任，提高流转效率，消费者通

过扫描产品的二维码即可进行验证。另一方面基于区块链下的可信赖数据资源可以对产业链各个环节进行整合分析，从而助力参与各方进行科学决策，根据现有需求与供给情况合理安排产业链活动，助力供需均衡。同时，利用区块链技术的智能合约，实现合同自动履行，降低违约风险。

实践观察之三：
"双循环"新发展格局下农业服务贸易推动乡村振兴的路径与策略

刘　晴[*]

脱贫攻坚战取得全面胜利后，我国"三农"工作重心转向全面推进乡村振兴，农业经济转向高质量发展阶段，单纯依靠增加传统生产要素投入难以满足农业和粮食高质量发展需求[①]，这就必然要求在实现乡村振兴的过程中，不断探索推动农业发展的新路径。《中共中央关于制定国民经济和社会发展第十四个五年规划和二○三五年远景目标的建议》提出，要加快构建以国内大循环为主体、国内国际双循环相互促进的新发展格局，并对"十四五"时期我国经济发展，包括全面推进乡村振兴战略和路径做出重大调整。从国际大循环来看，农业服务贸易作为近年来农业贸易领域快速发展的新动力，可以在提升国内农业产业链、价值链、供应链现代化水平、推动数字农业、跨境电商等新技术、新业态在农业领域的应用等方面发挥重要作用，并通过引领和带动农业发展方式转变，推进现代农业、绿色农业持续发展。

---

[*] 刘晴，管理学博士，农业农村部对外经济合作中心助理研究员。
[①] 李明文、王ँ华、张广胜：《农业服务业促进粮食高质量发展了吗——基于272个地级市面板数据的门槛回归分析》，《农业技术经济》2020年第7期。

一　"双循环"新发展格局下农业服务贸易与乡村振兴的关系厘定

1. "双循环"新发展格局下全面推进乡村振兴需要加快发展农业服务贸易

　　"十三五"期间，我国农业综合生产能力不断提升，逐渐实现了从改造传统农业到建设现代农业的转变，2020年粮食总产量达到66949万吨，人均占有量超过470千克，果菜茶肉蛋鱼等产量居世界第一。[①] 2021年，我国历史性地解决了农村绝对贫困问题，"十四五"时期，我国社会经济和农业发展处于重要战略机遇期，全面推进乡村振兴面临的任务将更加困难和复杂。农业发展面临着农业基础设施相对落后、土地和水要素禀赋不足、部分关键农业科技缺乏、"农业芯片""卡脖子"问题尚未解决、部分农产品对外依存程度较高等问题。根据中国社会科学院农村发展研究所发布的《中国农村发展报告2020》，预计到"十四五"期末，我国粮食缺口可能达到1.3亿吨，其中"谷物（三大主粮）缺口约为2500万吨"[②]。从外部环境来看，"十四五"时期面临的不确定性和不稳定性持续提升，自2020年新冠肺炎疫情在全球蔓延以来，贸易保护主义和单边主义对世界经济和传统国际农业贸易投资合作的负面影响逐步显现。农业是我国深化对外开放、畅通双循环发展的重点领域，农产品贸易在平衡我国贸易收支、保障农产品供给等方面发挥了重要作用，农业服务贸易作

---

① 农业农村部发展规划司：《农业现代化成就辉煌全面小康社会根基夯实》，www.moa.gov.cn。

② 《〈中国农村发展报告2020〉发布》，中国社会科学网，www.cssn。

为农业对外合作的重要领域和迅速发展的新动能，可以成为新时期推动农业对外开放、促进产业转型升级的重要途径。因此，推进乡村振兴，需要加快发展农业服务贸易，拓展和畅通国内国际双循环渠道，用好国际国内两个市场、两种资源，进一步增强产业链和供应链韧性，推动农业转型升级。

2. "双循环"新发展格局下农业服务贸易的发展为乡村振兴提供强支撑

习近平总书记在 2021 年中国国际服务贸易交易会全球服务贸易峰会上指出，"服务贸易是国际贸易的重要组成部分和国际经贸合作的重要领域，在构建新发展格局中具有重要作用"[①]。同年商务部出台《"十四五"对外贸易高质量发展规划》，将"创新发展服务贸易"作为重点任务，要求优化服务进出口结构，推动农业生产等专业服务"走出去"，进一步指明了发展农业服务贸易的重要性和必要性。在"双循环"新发展格局下，随着中国农业"走出去"质量不断提高、中国国内农业发展需求不断增长，与国外农业市场资源持续加强对接，我国农业服务贸易持续增长的潜力更大，对推动乡村振兴可发挥重要作用。

（1）农业服务贸易的内涵

目前农业服务贸易缺乏明确的定义和分类，国内外相关研究主要集中在服务贸易、农业服务业尤其是农业生产性服务业本身，难以反映农业服务贸易的特点和规模。根据 2002 年联合国等多个国际组织制定的《国际服务贸易统计手册》，将国际服务

---

① 《习近平：共享服务贸易发展机遇，共促世界经济复苏和增长》，中国政府网，www.gov.cn。

贸易的含义从"某一经济体中居民和非居民之间进行的服务贸易",扩大至包括境外的国外分支机构提供的服务价值,制定了系统的计量方式,但并未设置单独的农业类别。国内学者将农业服务贸易定义为"向国外提供或购买与农业相关服务的贸易形式,即农业服务业的进出口"[①]。参照农业农村部关于农业生产性服务业及国家统计局关于农业服务业的定义,本文将农业服务贸易的内涵理解为中国在境内及境外设立的主体或者分支机构向国外出口或进口与农业相关服务的贸易形式,表1显示了中国农业服务贸易类别、内容及代表案例[②③]。

表 1 中国农业服务贸易类别、内容及代表案例

主要类型	贸易内容	代表案例
农资类服务贸易	包括对种子种苗培育、批发和技术指导、畜牧良种繁殖活动、鱼苗及鱼种场、水产良种场和水产增殖场活动、农机作业及维修(如为农业生产提供农业机械并配备操作人员等)、农药贸易等	2020 年,江苏扬农化工股份有限公司、山东潍坊润丰化工股份有限公司等为代表的企业出口农药数量及出口金额有较大增长
农业技术类服务贸易	包括农业技术或某项技术的使用权利、有偿的技术服务和人员培训等	兰州高新技术新能源有限公司引进德国太阳能集热发电混合能源系统项目,助力建设美丽乡村多能互补清洁能源供暖示范点

---

① 焦点、李春顶:《中国农业服务贸易的内涵、核算与发展对策》,《农业经济问题》2022 年第 2 期。
② 《2020 年我国农药出口再创新高》,中国贸易救济信息网。
③ 《引进德国先进技术落地甘肃》,光明网。

主要类型	贸易内容	代表案例
农产品加工和仓储保鲜类服务贸易	包括农产品加工、仓储、保鲜活动	中信集团组作为总承包商，承包了白俄罗斯全循环高科技农工综合体项目，计划建设14座工厂，通过现代化生物技术深加工农作物籽粒，生产不可替代的氨基酸和高产高技术平衡配合饲料和饲料添加剂①
金融保险类服务贸易	包括金融保险服务，如为农业企业"走出去"或者境外农业项目提供金融保险服务	国家开发银行于2009年起对安哥拉财政部两期发放共计40亿美元主权类外汇贷款，支持其农业等重要行业发展②
农业信息和营销类服务贸易	包括农业信息、农产品物流、农产品营销服务等	中粮国际在阿根廷圣达菲省建设的铁路专用线，将提布斯港口与外部铁路线相连，可将粮食直接运输至公司自有码头③

注：①《白俄罗斯总统召开会议研究全循环高科技农工综合体项目建设进展》，中华人民共和国商务部网站，www.mofcom.gov.cn。

②国家开发银行：《主权类外汇贷款》，www.cdb.com.cn。

③中粮国际：《中粮国际在阿根廷启用新的运粮铁路专用线》，www.cofco.com。

资料来源：作者整理，其中农业服务贸易内容和分类参考了农业农村部关于农业生产性服务业的统计范围和分类方式，可参见农业农村部《农业农村部办公厅关于开展农业生产性服务业专项统计的通知》，www.moa.gov.cn。

（2）中国农业服务贸易的发展特点

农业服务贸易随着农业服务业和经济全球化的产生而出现，并结合数字技术、跨境电商等新技术、新业态，极大地改变了农业生产、流通和交易方式。中国农业服务业发展较快，农业生产性服务业已有较大规模，农机农药等优势产品大量出口国际市场，但整体看中国农业生产性服务业的投入率要明显低于其他世界主要经济体[1]，农业服务贸易整体处于初级发展阶段，未来发展空间和潜力较大。

农业服务贸易整体处在初级发展阶段，规模较小但涉及领域较广。"十三五"期间，我国服务贸易和农产品贸易均迎来了快速发展。2020年，我国服务贸易总额为 45642.7 亿元，农产品贸易额为 2468.3 亿美元（合人民币约 16118 亿元），但由于缺乏专项统计，农业服务贸易数据的统计和获取存在较大困难。国内学者通过农业生产性服务占第三产业的比重，估算我国服务贸易总额。[2] 按照该计算方式，根据 2021 年中国统计年鉴数据，2020 年我国农林牧渔专业及辅助性活动产值[3]为 7029.8 亿元，第三产业产值为 553976.8 亿元，农林牧渔专业及辅助性活动产值占第三产业产值比重为 1.27％。参照该比重和 2020 年我国服务贸易总额，2020 年农业服务贸易额度估计为 579.66 亿元，在我国农产品贸易额中约占 3.60％。

传统出口优势产业贸易规模较大，但价值较低，处于产业结

---

[1] 梁银锋、陈雯婷、谭晶荣：《全球化对中国农业生产性服务业的影响》，《农业技术经济》2018 年第 7 期。

[2] 焦点、李春顶：《中国农业服务贸易的内涵、核算与发展对策》，《农业经济问题》2022 年第 2 期。

[3] 农林牧渔专业及辅助性活动指对农、林、牧、渔业生产活动进行的各种支持性服务，但不包括各种科学技术和专业性技术服务活动，2018 年前名称为农林牧渔服务业。

构转型阶段。中国农业生产资料、农药、农业机械、部分农业技术、信息技术等在国际农业服务贸易中具有比较优势，但缺乏有国际竞争力的企业和品牌，面临着中低端产能过剩、高端供应不足等问题。从农药、农机等传统出口优势行业贸易情况来看，我国农药产业链齐全。① 根据农药检定所数据，2020 年我国生产的农药超 60% 出口国际市场，出口额为 116.8 亿美元，代表企业包括江苏扬农化工股份有限公司、山东潍坊润丰化工股份有限公司等，顺差 110 亿美元，但出口产品形式主要以原药为主，缺乏具备国际影响力的农药品牌，价格和利润率相对较低，且按照《生物多样性公约》中有关农药化肥减量化要求，为保护生物多样性、推动绿色生态发展②，许多技术落后、污染较大的农药企业将逐渐被淘汰，企业必须转型升级以达到新的环保要求。农机贸易同样处于转型阶段，根据中国海关数据，2020 年中国农业机械产品贸易出口额达 87.47 亿美元，其中主机产品出口 57.80 亿美元，同比增长 15.8%，说明我国高价值大型农机主机产品出口呈增长态势，产品结构正在优化升级。

数字技术、智慧农业、生态农业、跨境电商等新业态、新技术、新模式在农业服务贸易中的应用逐渐增强。近年来，我国数字技术、农业绿色技术发展较快，农业跨境电商、线上科技培训、技术指导为贸易提供了更多服务形式，同时为我国农业服务贸易发展持续提供动力。以无人机领域领先企业深圳市大疆创新科技有限公司为例，自开启全球市场战略后，大疆在境外的无人机销售数量超过 1 万台，累计作业量超过 1 亿亩次，2021 年大

---

① 武丽辉等：《〈鹿特丹公约〉农药管控趋势及中国农药履约成效分析》，《农药》2021 年第 11 期。
② 刘鑫等：《〈生物多样性公约〉下有关农药化肥减量化要求及我国的对策建议》，《生态与农村环境学报》2021 年第 9 期。

疆慧飞UTC课程被纳入菲律宾国家技能培训项目，为参加者提供全方面的植保机操作理论知识和实操飞行课程。[①] 大疆的海外无人机课程体现了中国农业科技的先进性，输出了中国标准，为农业国际合作开拓了新领域。

（3）农业服务贸易为乡村振兴提供新动力

随着中国农业贸易规模不断扩大、农业服务业持续发展，我国农业服务业贸易投资合作迎来新的契机，并在增加国内农业产值、促进农业转型升级、提高农业竞争力等方面发挥重要作用。从农业服务贸易的需求端看，随着我国农业企业"走出去"，对高水平农业科技、信息服务、金融服务和咨询服务等农业技术服务需求会持续增加，尤其是对项目科研、境外发展规划和重点国别信息等的直接需求。从供给端看，农药、农机等出口优势产业继续向境外转移产能，以及数字农业、精准农业、跨境电商等新业态、新技术在农业服务贸易中的应用不断增强，将推动服务贸易结构转型，促进产业提挡升级。在"双循环"新发展格局下，要推动国内循环与国际循环相互结合，以国内要素循环为主体，利用国外的市场和资源来支持和调节国内农产品生产和农业发展。[②] 随着乡村振兴的全面推进和新技术、新业态在农业跨境投资贸易中不断应用，中国农业服务贸易将逐渐向高端化、品牌化、智能化方向发展。而农业服务贸易的发展将推进我国农业产业发展和开放水平提升，推动国内市场和国际市场更好联通，促进国内市场需求持续升级和供给能力不断提升，推动和引领农业发展方式转变，为全面推进乡村振兴、促进农业高质量发展持续提供内生动力。

---

① 《农业服务贸易——"不起眼"的大生意》，《南方农村报》，www.nfncb.cn。
② 陈甫军、晏宗新：《"双循环"新发展格局的经济学理论基础与实践创新》，《厦门大学学报》（哲学社会科学版）2021年第6期。

二 "双循环"新发展格局下农业服务贸易
助力乡村振兴的路径分析

在"双循环"新发展格局下，推动农业服务贸易高质量发展，要探索以外带内、以内促外、内外互通的发展路径，以提升农业产业链、价值链、供应链等现代化水平为目标，引领农业发展方式转变，促进农民收入增加，助力全面推进乡村振兴（见图1）。

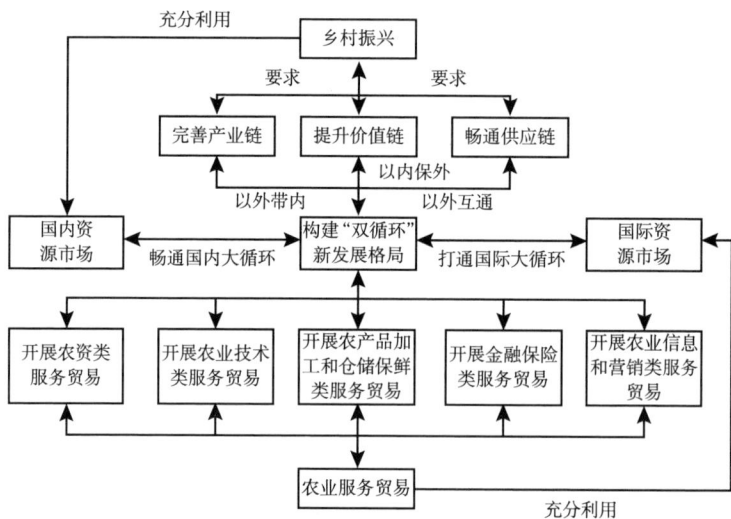

图1　"双循环"新发展格局下农业服务贸易助力乡村振兴的路径

1. 以外带内：完善产业链，推动产业转型升级

实现乡村振兴的关键在于提升农业生产质量和效率，在农业供给侧改革的政策背景下，通过发展农业服务贸易，逐步推动产业优势环节"走出去"，将国外先进技术产品和优质种质资源"引进来"，加快新技术、新业态在农业服务贸易和农业产业中的

应用推广，推动产业转型升级，加快农业增长方式转变，促进一二三产业深度融合，助力产业高质量发展。

推动优势产业"走出去"，促进国内农业平衡发展。农业服务企业境外投资和贸易的主要优势之一，在于随着跨国知识、技术和信息的传递，逐渐降低对我国原有资源和技术优势的依赖性[1]，培育出新的竞争优势。目前我国农业服务业处于结构转型升级的关键阶段，农机等部分环节供给趋于饱和[2]，要通过农业服务贸易继续将农药、农机、农业技术向外转移，缓解国内资源环境压力，将更多要素资源用于服务创新驱动和高端服务供给，促进国内产业提档升级。立足地方农业特色，加快农业加工、培训、咨询、营销等环节发展，扩大农业全产业链环节服务及服务贸易范围，实现农业服务业与农业、工业等在更高水平上有机融合，延长产业链条，推动农业产业形态深度调整和变革，助力全面推进乡村振兴。

引进和购买国外先进农业技术和优质种质资源，发展国内绿色农业。立足破解国内土地和水等资源要素禀赋缺乏的难题，围绕国内市场对高端绿色农产品的需求，引进国外先进农业技术和生产加工机械，推动精准农业、绿色农业、智慧农业发展，增加绿色生态农产品的供给，强化食物安全保障，减少对土壤和水源的污染，助力打造生态宜居的新农村。根据《2021 全球农业研究热点前沿报告》，中国在作物、农产品质量与加工、农业信息和农业工程学科等领域表现突出，但在植物保护、资源与环境、水产渔业等领域存在短板。[3] 从发达国家的发展经验看，农业现

---

[1] 〔以〕耶尔·阿哈罗尼、〔英〕里拉齐·纳查姆：《服务业全球化》，康昕昱译，上海人民出版社，2013。

[2] 芦千文、高鸣：《中国农业生产性服务业支持政策的演变轨迹、框架与调整思路》，《南京农业大学学报》（社会科学版）2020 年第 5 期。

[3] 《中国领跑 2021 全球农业热点前沿研究》，光明网。

代化和农业科技发展是各国实现乡村振兴的必由之路，各国基于国情和科技发展方向，发展出了各具特色的农业技术和发展路径，如日本的精细农业、美国的规模化农业和以色列的节水技术。通过学习借鉴发达国家的农业发展经验和先进技术，有利于我国加快现代农业发展进程，实现农业领域"弯道超车"，例如以色列由于农业自然资源匮乏，高度重视节水技术发展和信息技术应用，在生物育种、无土栽培、水肥一体化、计算机检测等领域取得了较大进展。其低压滴灌系统可实现95％的水利用率[①]，引进该类技术可有效优化我国水土资源配置，提高水资源利用效率，对于缓解我国部分地区降水量较少、降水季节分配不均等问题具有重要意义。而引进国外的种质资源可以提高我国种质资源的多样性，中信农业科技股份有限公司通过引进美洲玉米品种和PIC种猪，改善国内玉米种质资源品种同质化问题[②]，助推国内生猪产业产能提升。因此，先进农业技术和优质种质资源的引进，对于带动国内绿色农业发展、推动农业可持续发展意义重大。

要大力发展国内数字农业。农产品市场高度依赖交易和信息，影响农业生产者对土地、劳动力、资本等投入的决策以及消费者对农产品的选择。增强数字技术等新技术、新业态在农业服务贸易领域的应用，可以为农业服务贸易的各方行动者提供技术和信息支撑，提高市场交易和农业服务贸易效率，促进贸易高质量发展，尤其是目前新冠肺炎疫情仍然在全球蔓延，农业系统交易成本较高和信息不对称等问题暴露，数字技术的重要性进一步凸显。根据《中国服务贸易行业发展研究报告（2020）》，

---

① 《农业科技结出中以"一带一路"合作新硕果》，中国政府网，www.gov.cn。
② 黄朝武等：《中信农业着力构建"产业＋科技＋金融"综合发展平台——精准布局国内外种业市场》，隆平高科网站，www.lpht.com.cn。

2014～2019 年全球服务贸易市场准入门槛提升，但全球数字服务贸易领域限制程度低于服务贸易整体水平。[①] 运用数字化手段创新农业服务供给方式，建立全产业链数据服务平台，既能加强进出口农产品溯源管理，也可提高生产和交易环节的技术效率。通过搭建数字农业服务贸易交易平台，拓宽农产品服务贸易订单来源和渠道，推动企业通过数字网络提供农业服务贸易，降低农业交易成本，及时提供交易信息，提升交易效率和服务可贸易性，拓展新的营销渠道。推动农业系统的数字化转型，加强农业跨境投资贸易各环节的行动者之间的数字化连接，[②] 是将国内与国际农业服务业市场资源连接起来的有效路径。

2. 以内促外：提升价值链，促进农民收入增加

促进农民增收是推动乡村振兴、实现共同富裕的关键，2020 年我国农业增加值为 77754.1 亿元，贡献了国民生产总值的 7.7%，吸收了 17715 万人就业，但农村居民人均可支配收入仅 17131 元，为城镇居民人均可支配收入的 39.08%。目前我国城乡收入差距较大，实现共同富裕必须不断探索提升农业价值链的有效路径。通过农业服务贸易培育农产品全球价值链增值动力，开展国际营销活动，打造国际品牌，推动中国农业服务业参与更多价值链环节，是未来促进农民收入增加的重要途径。

加强产业上下游协作，培育农产品全球价值链的增值动力。国家的服务贸易发展水平取决于本国服务业的发展规模和程度[③]，

---

① 中国贸促会贸易投资促进部、中国服务贸易协会：《中国服务贸易行业发展研究报告（2020）》。中国商务出版社，2021。

② K. Schroeder, J. Lampietti, G. Elabed, *What's Cooking*：*Digital Transformation of the Agrifood System*（Washington, DC：World Bank Publications, 2021）。

③ 赵景峰、陈策：《中国服务贸易：总量和结构分析》，《世界经济》2006 年第 8 期。

要提高中国农业服务贸易水平，必须增强国内农业服务业和市场主体国际竞争力。目前我国农业产业链较短，限制了农业的获利空间[1]，农业服务贸易涉及的品种选育、农化服务、技术培训、加工贸易、品牌营销等环节均属于价值链中附加值较高的环节，可以带动产业向价值链高端延伸，提高企业效益和农民收入。通过加强农业产业上下游协作，引导农业"走出去"企业从聚焦种植环节向更多环节拓展业务范围，促进农业资本和技术向位于农业产业链两端的服务环节集聚，引导产业上下游企业加强协作，形成合力提升中国在农业研发、农资农机、加工仓储、营销及相关金融、保险、信息服务等方面的国际竞争力[2]，打造有世界影响力的农业企业和农产品品牌，推动农业向世界产业链、价值链中的更高地位攀升。

开展国际营销活动，促进农民收入增加。我国特色农产品种类众多，但存在部分农产品同质化严重、国内市场较为饱和、价格较低、对农民收入提升能力有限等问题。针对这一现状，通过在国际市场开展农产品营销和展示推介等服务活动，可以扩展销售市场，培育推广区域公用和地方特色农产品品牌，提升农产品价值，促进农民收入增加，推动产业持续发展。如广东自发展"12221"农产品市场体系[3]以来，开展了"广东喊全球吃水果"等营销活动，将荔枝、菠萝等农产品销往日本、欧盟、美国等国际市场，出口额大幅增长，截至2020年9月，广东荔枝出口货值9691.8

---

[1] 王博、毛锦凰：《论双循环新发展格局与乡村振兴战略融合发展》，《宁夏社会科学》2021年第2期。

[2] 焦点：《农业服务贸易：由贸易大国到贸易强国的新动能》，光明思想理论网。

[3] "12221"广东农产品市场体系指推出"1"个农产品大数据平台，组建销区采购商和培养产区经纪人"2"支队伍，拓展销区和产区"2"大市场，策划采购商走进产区和农产品走进大市场"2"场活动，实现品牌打造、销量提升、市场引导、品种改良、农民致富等"1"揽子目标。

万元，同比增长 52.6%，荔枝价格显著提高，在汕头市潮南区雷岭镇出口荔枝的价格比一般荔枝高 30%～50%；① 农民收入持续提升，在徐闻县菠萝主产镇，2020 年当地邮储银行农户储蓄金额为 23.8 亿元，而 2021 年 1～7 月已达到 26.5 亿元②。农民收入的增加可提高农民的获得感和幸福感，也能激发农民参与服务贸易的积极性，产生发展产业、建设美丽乡村的持续动力。

3. 内外互通：畅通供应链，推动农业持续发展

新冠肺炎疫情期间全球农产品供应链受到强烈冲击，面临巨大调整的可能，严格的疫情防控政策导致多个国家关闭国境，农产品流通受阻，大量农产品因为运输能力不足或者存储不当无法到达市场，农产品损耗增加，全球食品价格上涨。农业服务贸易有利于增加贸易的形式和增强农业经济的韧性，降低农业生产和农产品贸易受外部影响的风险；农产品仓储服务贸易发展有利于畅通全球农业供应链；农业跨境电商可以助力贸易恢复，线上农业技术交流培训可以解决人员流动受阻等问题。

打通境内外农产品通道，增强供应链能力。首先，通过加强农产品仓储和流通服务发展，增强供应链稳定性。引导企业参与全球农产品供应链建设，在关键港口码头、物流枢纽、铁路航空口岸等加强农产品仓储保鲜冷链等配套基础设施建设。其次，通过推动国内与国际农业物流通道对接，畅通国内国际双循环。充分利用中欧班列、陆海新通道等国际通道，完善境内枢纽港口口岸粮食物流基础设施建设，提升沿海港口粮食仓储物流能力，建

---

① 《看"粤"字号农产品出口如何"逆风起飞"》，《农民日报》，https://szb.farmer.com.cn/2020/20200908/20200908_004/20200908_004_1.htm。

② 《"三问"系列报道①"12221"的实效性是什么？》，https://gd.sina.com.cn/city/csgz/2021-11-25/city-ikyamrmy5010666.shtml。

设国内粮食批发市场和国际农产品冷链物流基地，畅通中国与国际的农产品物流，增强农业供应链循环能力。如中粮国际通过在巴西桑托斯、阿根廷罗萨里奥、美国圣路易斯、乌克兰尼古拉耶夫和罗马尼亚康斯坦察等全球重要粮食出口和内陆物流节点建设中转基地，在全球粮食产区与销区之间建立了完善的物流体系，同时加强与国内的港口码头、加工物流、品牌渠道的对接①，建立了国外产地到国内市场的稳定通道。

减少农产品损耗，保障供应链安全。在《国际粮食减损大会济南倡议》中指出，中国勇于承担大国责任，与世界多个国家一道，对全球降低粮食全产业链损耗提出了积极倡议。通过提高农产品生产、仓储、加工和流通等各个环节的管理质量，保障中国供应链畅通，提高产品加工转化率，增强粮食供给的稳定性，减少价格波动转化为出口收入大幅波动的可能性。② 在粮食服务贸易合作中，应加快境外粮食仓储加工设施建设，推广粮食产后减损技术，提高科学储粮能力，减少供应链上的粮食损耗，提升应对粮食价格波动的能力，以确保供应链安全。

三 "双循环"新发展格局下农业服务贸易助力乡村振兴的策略优化

目前我国农业服务业正处于重要转型阶段，应当抓住农业服务贸易发展的重要战略机遇期，建立公共服务体系，创新支持政策，培育大型农业服务贸易企业，推动跨境电商建设，打通国内外流通渠道，做好国际品牌营销，促进农业服务贸易高质量发

---

① 中粮集团官网，www.cofco.com。
② World Trade Organization，"World Trade Report 2021"，2021.

展，培育农业国际竞争新优势，提升农业现代化水平，助力全面推进乡村振兴。

1. 加强顶层设计，构建农业服务贸易政策体系

充分利用国家服务贸易创新发展示范区、中国国际服务贸易交易会、境外农业合作示范区和农业对外开放合作试验区等机制平台，针对农业服务贸易发展面临的难点、堵点，优先在农业贸易投资便利化、加快数字农业等新技术和新业态在农业服务领域的应用、一二三产融合发展等方面创设支持政策措施。培育具有国际竞争力和创新能力的大型农业服务企业，支持有条件的企业开展跨国并购和对外投资，支持行业龙头企业提高国际化经营水平，在全球范围内优化配置要素资源和市场网络，带动我国农业深度融入全球产业链、价值链和供应链。

2. 融合信息技术，优化农业服务贸易行业结构

加快农业服务贸易数字化进程，培育服务贸易新模式、新业态，推动传统优势出口行业结构转型升级，提升我国农业服务业综合竞争力。主动参与全球数字经济规则制定，利用好中国申请加入《数字经济伙伴关系协定》和《全面与进步跨太平洋伙伴关系协定》的战略机遇，办好世界数字农业大会，助力中国数字农业技术、标准和产品"走出去"。推动农业跨境电商建设，促进跨境电商平台与物流协调运营，支持更多企业通过数字网络提供农业服务贸易。充分应用现代信息技术成果，引导企业加强智慧农机投入，采集农业信息数据，开展精准作业管理和远程操作，引导企业向产业上下游延伸，鼓励企业从提供单一的服务进出口转向技术指导、品种规划、植保服务、智慧农业、农业金融、品牌塑造、市场营销等两种或者多种服务相结合的综合服务，持续

推动农业服务贸易行业结构优化升级。

3. 对接国际市场，创新中国品牌营销

立足国内农业特色产业，挖掘全球市场潜力，提供国际品牌营销服务，推动优势农产品和技术服务出口。根据联合国粮食及农业组织（FAO）《2020 年全球粮食展望报告》，预计 2021 年全球仅粮食进口就将达到 1.72 万亿美元，国际农产品市场潜力巨大。要加快农业国际贸易高质量发展基地建设，增强公共服务能力，主动对接海外市场标准，灵活适用贸易规则，打造农业服务业国际品牌。依托中国农业产业发展基础，充分利用跨境电商、境外展销中心、专项营销活动等多渠道开展品牌产品营销，提高开拓国际市场的能力。瞄准其他发展中国家提升农产品贸易水平需求，支持其他国家建设跨境电子交易服务体系，继续支持老挝构建农村电子商务体系，助力柬埔寨等国家构建农产品仓储体系，推动中国及相关国家的农产品贸易规模和水平提升。

4. 完善公共服务，建设农业服务贸易资源库

做好农业信息服务，围绕跨国农业企业经营决策和风险预警需求，健全国内外市场信息收集、整理和交易服务体系，促进基础数据共享，加强农业服务贸易相关服务研究，为企业开展农业投资贸易科技合作提供信息保障。从中国目前农业服务贸易统计和研究情况来看，还存在底数不清、分类不明等问题，应对接国际通行的服务贸易分类标准，在相应的类别里设置农业服务贸易的内容，明确定义和统计方式，逐步建立相关统计体系，进行更加精准的数据收集和整理，并建设好农业服务贸易资料数据库，为农业服务贸易发展提供基础数据和参考，推动国内农业服务业有序发展，加快乡村振兴的步伐。

乡村建设实践"国际观察"：数字乡村治理如何达成？

武小龙　张亚楠*

一　问题提出

数字乡村是乡村振兴的战略方向，更是数字中国建设的重要内容。自 2018 年中央一号文件《关于实施乡村振兴战略的意见》中首次明确"数字乡村战略"以来，"如何建设数字乡村"成为新时代必须回答的实践命题。在此形势下，2019 年 5 月，中共中央办公厅、国务院办公厅印发《数字乡村发展战略纲要》，作为第一份完整的乡村数字治理顶层制度设计，该文件对数字乡村的战略目标和重点任务做了初步厘清。此后，一系列有关数字乡村建设的规划指南相继出台，并对数字乡村治理的政策试点、参考架构、应用场景和行动计划等做出了总体部署，旨在通过释放数字技术的扩散效应、溢出效应和普惠效应，提升乡村数字治理水平及治理绩效，这为激发乡村治理内生活力、促进农业农村数字化转型奠定了坚实的政策基础。然而，在当下全面推进乡村振兴的实施阶段，数字乡村治理还依然存在主体角色不清、场景定

* 武小龙，南京航空航天大学人文与社会科学学院副教授，硕士生导师；张亚楠，南京航空航天大学人文与社会科学学院硕士研究生。

位不准、建设手段不明等困境与挑战。《2021全国县域农业农村信息化发展水平评价报告》显示，农村信息基础设施建设和农业生产信息化水平滞后的问题还相当突出，2020年全国县域农业生产信息化水平仅为22.5%，西部地区只有19.6%，特别是面向农业生产的遥感卫星、农机智能装备、大数据中心、4G和5G网络等方面的研发和应用还远落后于数字乡村发展的现实需求。因此，强化数字乡村治理过程的机制研究，对驱动乡村全面振兴和农业农村现代化转型有着重要的现实意义。

从研究进展看，围绕"如何推进和落实数字乡村治理"的议题，既有研究主要从六大维度展开了相应探讨。一是从"技术—生产"视角重点分析农民增收、乡村数字经济及产业发展融合问题，主要包括智慧农业、农村电商、数字普惠金融、乡村智慧旅游等研究内容。众多研究对数字农业的水平测度、创新模式、驱动机制及运营管理等展开了系统阐述，认为在"技术—应用"的逻辑驱动下，可有效实现农业生产的智能感知、精准执行及乡村产业的融合发展[1]；并指出农村电商和数字普惠金融对驱动农民增收及激发乡村内生秩序有显著效应[2]。二是从"技术—结构"视角深入探讨乡村治理制度和结构变迁的问题。本质上，数字乡村建设并不等同于现代技术在乡村治理场景中的简单运用，而是数字技术与乡村治理制度互相建构的结果[3]；不仅表现为对决策、管理、监督、自治等制度体系的重塑，更催生了乡村治理结

---

[1] 阮俊虎等：《数字农业运营管理：关键问题、理论方法与示范工程》，《管理世界》2020年第8期。

[2] 刘魏：《数字普惠金融对居民相对贫困的影响效应》，《华南农业大学学报》（社会科学版）2021年第6期。

[3] 沈费伟、叶温馨：《数字乡村建设：实现高质量乡村振兴的策略选择》，《南京农业大学学报》（社会科学版）2021年第5期。

构的变迁和"数治"。① 三是从"技术—空间"视角侧重研究乡村的数字化环境、空间规划及再造问题。比如,有研究对乡村地域系统诊断、乡村空间组织设计、资源环境承载力评价、地域模式类型甄别等关键规划技术做了系统建构。② 四是从"技术—传播"视角剖析数字文化的传承保护、内容供给、渠道建设及传播策略等问题。有研究认为,数字新媒介为乡村文化传播赋予了新空间,可以利用数字技术实现对乡村文化的收集整理、存储归档及创意策划,从而实现信息增值与文化数字化。③ 五是从"技术—权力"视角阐述技术对乡村权力关系及科层化影响的问题。有研究指出,数字乡村治理的实质是国家不断以科层化和信息化技术实现对乡村社会的改造④;最关键的是要通过数字技术与社会机制的协同增效,驱动乡村权力关系和公私领域不断演进⑤,从而实现智治主义、简约主义、人本主义的实践取向。六是从"技术—治理能力"视角研究乡村治理能力现代化的体系构建问题,包括技术能力、规范能力、组织能力、精准识别能力、多跨协同能力等维度的探讨。⑥

综上所述,已有研究初步揭示了数字乡村治理的重点领域、运行机制、风险困境、内生模式等基本内容,为构建数字乡村治

① 邱泽奇、李由君、徐婉婷:《数字化与乡村治理结构变迁》,《西安交通大学学报》(社会科学版)2022 年第 2 期。
② 胡守庚、吴思、刘彦随:《乡村振兴规划体系与关键技术初探》,《地理研究》2019 年第 3 期。
③ 丁和根、陈袁博:《数字新媒介助推乡村文化振兴:传播渠道拓展与效能提升》,《中国编辑》2021 年第 11 期。
④ 韩瑞波:《技术治理驱动的数字乡村建设及其有效性分析》,《内蒙古社会科学》2021 年第 3 期。
⑤ 张丙宣、任哲:《数字技术驱动的乡村治理》,《广西师范大学学报》(哲学社会科学版)2020 年第 2 期。
⑥ 佟林杰、张文雅:《乡村数字治理能力及其提升策略》,《学术交流》2021 年第 12 期。

理的分析框架奠定了坚实的理论基础，但仍存在可进一步拓展的学术空间。一方面，作为主流的解释路径，更多关注生产、结构、空间、传播、权力、治理能力等对乡村数字治理的影响，而从"技术—治理能力"角度的探究尚未引起足够重视。另一方面，宏观理论分析居多，典型经验总结和实践过程的研究还相对缺乏，尚不能有效解释"数字技术驱动乡村治理"的深层机制。基于此，本文拟以赋能理论为基础，以美国数字乡村为研究样本，重点从"技术—治理能力"的角度构建"赋能主体—赋能客体—赋能手段—赋能效应"的理论分析框架，对数字技术赋能乡村治理的过程机理展开分析与考察，旨在提炼出具有一定规律性的数字乡村治理的有效方案，从而为新时代中国推进乡村全面振兴及农业农村数字化转型提供有价值的经验启示。

二 赋能型治理：数字乡村建设的一个分析框架

1. 理论意涵：赋能理论的发展及研究应用

关于"赋能理论"的研究，源起于西方管理心理学和企业人力资源管理学领域，在《韦氏大学词典》中，主要将"赋能"释义为授予某人（某物）履行各种行为或职责的权力、权利或权威，或者是被授权做某事的过程状态。因此，与之相近的词汇还包括"授权""授权赋能""赋权增能"等概念。从研究渊源看，最早在20世纪20年代西方学界就对企业的"授权措施"展开了探讨，并将其看成全面质量管理（TQM）的核心方法，这为"现代授权理论"的发展完善奠定了重要基础。进入20世纪六七十年代，关于"赋权""增权""增能"的概念用语逐步出现，并逐渐取代了"授权赋能"的概念。20世纪80年代后，在经济社会发展和治理转型的驱动下，"赋能理论"开始真正在心理学、医学、组织管理学、社会学、经济学等实践领域得到广泛应用。

从不同学科的实践应用看，关于"赋能"的理解有一定的差异。心理学偏向于从个体认知、行为动机、工作环境等角度探究赋予他人"能力"及"能量"的过程①；在医学领域，赋能往往被认为是一个能更好地控制健康并采取决定和行动的动态过程，可以通过参与决策、改善关系和互动的方式为患者提供能力支持。②管理学和社会学中"赋能理论"的研究应用更为广泛。一方面，组织管理学侧重于从个体行为、组织激励和赋能类型的角度探究"授权赋能"的内在机理。在个体行为上，理解为激发内在活力、促进能力提升和增强自我效能感的过程；③在组织激励上，表达为一种权力赋能，主要通过赋予员工个体一定的支配、控制、参与及决策权，从而提升组织绩效。④在类型划分上，通常分为结构性赋能、心理性赋能、领导性赋能三大类，其中，结构性赋能（Structured Empowerment）着重强调通过制度体系构建的方式为个体赋权（资源享用及参与决策权）、增能（学习及创新

① W. Thomas Kenneth, A. Velthouse Betty, "Cognitive Elements of Empowerment: An 'Interpretive' Model of Intrinsic Task Motivation", *The Academy of Management Review* 15 (4), 1990, pp. 666 - 681.

② Hill Heather, Sarah Yeates, Jacinta Donovan, "You, Me, Us - Creating Connection: Report On a Program to Supp. ort and Empower Couples to Navigate the Challenges of Dementia (Innovative Practice)", *Dementia - International Journal of Social Research and Practice* 19 (7), 2020, pp. 2469 - 2476.

③ R. Blau Judith et al., "Empowering Nets of Participation", *Administrative Science Quarterly* 27 (3), 1982, pp. 363 - 379.

④ Barner Robert, "Enablement: The Key to Empowerment", *Training and Development* 48 (6), 1994, pp. 33 - 36.

能力）；① 心理性赋能（Psychological Empowerment）主要基于强化组织认同的方式，提升个体对自身工作价值、能力、控制力、影响力的心理感知及内在激励；② 领导性赋能（Leadership Empowerment）注重通过授予权力、赋予责任、共享愿景、扩大参与等方式实现个体潜能的目标提升。③ 另一方面，社会学角度重点聚焦妇女、儿童、老人、贫困者等弱势群体的赋能研究，旨在通过多种手段和方式增强案主的生存、生活及发展能力，这里赋能的目的不仅仅是降低弱势群体的无权感，④ 更是帮助无权者获得对生活的控制权、决定权及解决问题的行动能力。⑤ 换言之，社会学中的赋能，是对心理学或组织管理学中"授权"或"赋权"概念的进一步扩展，是要通过合适的渠道挖掘个体潜能、赋予个体实现目标的能力，体现了赋予资格和赋予能力的双重内涵。除此之外，"赋能理论"还在政治学、法学、经济学、新闻传播学、教育学等诸多领域逐步拓展应用，并涌现出"党建赋能""法律赋能""电商赋能""平台赋能""媒体赋能""场景赋能""技术赋能"等一系列研究成果，甚至形成了"授权赋能型治理"的新体系建构。⑥

---

① A. Conger Jay, N. Kanungo Rabindra, "The Empowerment Process: Integrating Theory and Practice", *Academy of Management Review* 13 (3), 1988, pp. 471 – 482.

② M. Spreitzer Gretchen , "Psychological Empowerment in the Workplace: Dimensions, Measurement, and Validation", *Academy of Management Journal* 38 (5), 1995, pp. 1442 – 1465.

③ Keller Tiffany, Dansereau Fred, "Leadership and Empowerment: a Social Exchange Perspective", *Human Relations* 48 (2), 1995, pp. 127 – 146.

④ Barbara Bryant Solomon, *Black Empowerment: Social Work in Opp. ressed Communities* (New York, Columbia University Press, 1976), p. 431.

⑤ Hermansson Evelyn, Lena Mårtensson, "Empowerment in the Midwifery Context, a Concept Analysis", *Midwifery* 27 (6), 2011, pp. 811 – 816.

⑥ 姜晓萍、田昭：《授权赋能：党建引领城市社区治理的新样本》，《中共中央党校（国家行政学院）学报》2019 年第 5 期。

综上分析，关于赋能理论的研究虽然在不同学科领域有所差异，但从本质上看，对治理领域中的赋能理解至少存在四个共通之处：一是，在赋能内涵上，赋能是对赋权的进一步扩展，拥有赋予权力资格和给予行动能力的双重含义；二是，在赋能对象上，赋能的本质是向行动主体（尤其是弱势群体）或应用场景赋予某种能力或能量；三是，在赋能目的上，赋能是要帮助被赋能者或者事物获得处理事务、控制生活和履行各种职责的权力、权利及能力；四是，在赋能方式上，赋能是通过改变权力结构、个体心理、组织网络、文化资源、政策制度等层面，最大限度激发被赋能对象的行动潜能。基于此，本文进一步提出"赋能型治理"概念①，因为治理领域（国家治理、政府治理、社会治理、基层治理等）中的赋能已不仅体现为单一治理资源的简单应用，而且是一个涵盖治理主体、治理客体、治理手段、治理效应的复合赋能系统。因此，本文对"赋能型治理"做如下界定：在治理资源要素的驱动下，以党政组织为核心的多元治理主体，通过政策、平台、数据、网络、新媒体等多重赋能手段，为治理对象赋予一定的权力、权利及能力，从而实现既定治理目标的系统化过程。

2. 框架建构："赋能型治理"与数字乡村的内在契合

乡村数字赋能是数字技术与乡村治理实践不断交织、迭代演进的过程。作为连接治理主体和治理客体的中间变量，数字技术已然成为向乡村赋能的重要引擎，在这一过程中，其内在机制已不能仅仅理解为"个体—组织—社区"或者"心理—结构—权

---

① 何得桂、武雪雁：《赋能型治理：基层社会治理共同体构建的有效实现方式——以陕西省石泉县社会治理创新实践为例》，《农业经济问题》2022 年第 6 期。

力"的简单表达，而是业已呈现一种"赋能型治理"的运作形态，涉及赋能主体、赋能客体、赋能手段、赋能效应四个核心要素。因此，厘清"谁来赋能、为谁赋能、如何赋能、赋能影响"的过程机制已尤为关键，这可为乡村全面振兴奠定科学基础。数字乡村"赋能型治理"的理论分析框架如图1所示。

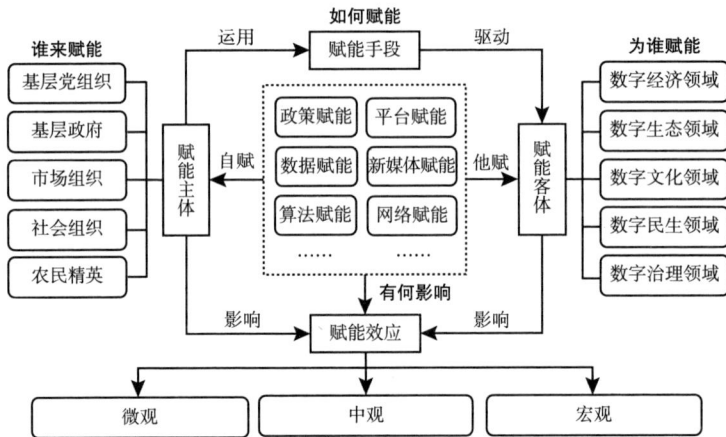

图1　数字乡村"赋能型治理"的理论分析框架

第一，赋能主体。这主要是明确"谁来赋能"的问题。大数据、物联网、云计算、人工智能等数字技术是驱动乡村数字治理的关键变量，但作为一种工具和诱因，需要在治理主体的合理利用下才能真正产生技术效能。因此，乡村数字治理本质上是一个"主体赋能"的过程，也即乡村多元治理主体利用数字技术这个中介变量实现既定目标的过程。在这一过程中，基层党组织是赋能核心，发挥着引领者与统筹者的作用；基层政府是运作主体，履行着数字乡村"元治理"及主导者的职责；市场组织是数字乡村资源配置的决定性主体；社会组织则发挥着协同与主体扩充的实际效用；农村精英是重要的参与主体。简言之，充分发挥"村庄主体性"是推动乡村数字赋能的重要保障，努力推动基层党组织、基层政府、市场组织、社会组织、农村精英等主体之间的协同合作，可有效增强数字技术在乡村治理实践中的溢出及扩散效应。

第二，赋能客体。这主要是定位"为谁赋能"的问题。赋能的本质是为行动主体（尤其是弱势群体）或应用场景赋予履行各种职责的权力、权利及能力。在乡村数字赋能中，这包含了两个层面的理解：一是，为基层党组织、基层政府、市场组织、社会组织及农民等主体赋能，以增强多元主体的服务能力与问题解决能力，也即是说，这些治理主体拥有双重身份，既是为他人（物）赋能的主体（他赋），同时也是被赋能的对象（自赋）；二是，为数字乡村的应用场景赋能，这是最为关键的赋能客体，主要包括数字经济、数字生态、数字文化、数字民生、数字治理等重点领域，通过应用场景的深化拓展，从而推动数字乡村在赋能实践中迭代更新。

第三，赋能手段。这主要是厘清"如何赋能"的问题。赋能手段是指采用多种抽象或具象化的工具或方法，调动人力、物力、财力、权力等资源进行"他赋"或"自赋"，从而激发内在活力和既定目标的方法。乡村数字治理中的赋能方法较为多样化，主要包含政策赋能、平台赋能、数据赋能、新媒体赋能、算法赋能、网络赋能等，比如，可通过授予权力、赋予责任、强化决策等政策赋能的方式推动政府部门形成统筹主导，可通过系统设计、数据整合等平台赋能的方式促进多主体之间跨层级、跨地域、跨事权的合作联动，可通过海量数据的实时监测与动态传输的赋能方式实现乡村事务的精准治理。

第四，赋能效应。这主要是分析"有何影响"的问题。重点包含微观、中观、宏观三个层面的影响。一是，对主体自身的影响。对于微观层面的几类主体而言，乡村数字赋能往往催生了部门之间的数字联动、农民数字素养的提升以及社会组织的数字协同。二是，对乡村治理能力的影响。中观层面上，乡村数字赋能通常能有效弥合城乡数字鸿沟，推进城乡数字的平衡发展，更能有效提升乡村数字治理的能力及水平。三是，对乡村数字建设的影响。宏观层面上，乡村数字赋能可有效推进数字乡村应用场景的拓展，可在乡村数字经济、数字生态、数字文化、数字服务、数字治理等领域形成数字扩散效应。

三 美国乡村数字治理的赋能主体及客体

美国乡村数字化建设起步较早，在数字技术赋能下，逐步形成了"多元共进矩阵型"的数字乡村治理模式。一方面，通过建立州一级的协作联盟体系，形成了多元行动者共同参与的协作赋能网络。另一方面，通过客体场景的有效开发，明确了数字经济、数字生态、数字服务、数字治理等赋能领域。

1. 赋能主体：政府、私营组织、第三部门及农村精英的联动

（1）政府：数字乡村治理的牵头者

美国乡村数字治理是一个涉及多主体（公共机构、私营部门、第三部门、居民等）协同参与的赋能过程。[1] 其中，地方政府承担着"元治理"及主导者的职责，主要通过立法保障和专项财政支持两大途径驱动乡村数字化赋能。

第一，通过政策法案赋能乡村治理数字化。从政策制度层面

---

[1] Marianna Markantoni et al. , "Do Community Empowerment and Enabling State Policies Work in Practice? Insights from a Community Development Intervention in Rural Scotland", *Geoforum* 97，2018，pp. 142 - 154.

驱动数字乡村治理是美国政府部门采取的关键举措之一。一方面，通过分析美国农村面临的挑战、风险及潜在问题，从乡村需求侧精准厘清数字乡村治理的工作要点和重点任务。比如，美国联邦农业部的主要职责就是通过对农业科学技术的研究、推广和数据统计，以满足乡村农业领域技术发展的实际需求；与此同时，一些与政府部门相关的农村政策及发展研究组织，则主要利用政策分析对美国乡村发展的问题挑战及发展机会进行系统化研究，致力于推进美国乡村地区的政策制定与数字化实践。另一方面，通过对政策法案的全面讨论、分析和研判，从政策供给侧精准出台数字乡村治理的行动计划。比如，早在19世纪中期，美国政府就开始注重引进欧洲的技术设备支持农业发展；20世纪30年代后，美国相关部门先后通过颁发《农村电气化法》《农业调整法》《农村电子服务准入法》《乡村发展政策法》等法案，对农业农村的现代化发展做出了有效的政策支持；进入21世纪，更是出台了《部落互联网扩张法案》《数字公民和媒体素养法》《州和地方数字服务法》《增加农村远程医疗法案》等，进一步明确了美国数字乡村的战略方向，为美国数字乡村治理提供了广阔的赋能空间。

第二，通过专项资金赋能乡村数字建设。网络基础设施是数字乡村的"硬件底座"，也是美国数字乡村治理的核心内容，由于一些农村位置偏僻且人口较少，美国城乡之间数字的"接入沟"和"使用沟"问题也显著存在。[1] 因此，美国政府在传统乡村基础设施的优化升级上给予了充足的资本支持，着力提升乡村宽带连接的连通性。比如，20世纪90年代后，美国政府部门每年提供10多亿美元的专项资金用于乡村农业信息网络建设，旨

---

① Whitacre Brian, Bradford Mills, "Infrastructure and the Rural—Urban Divide in High – Speed Residential Internet Access", *International Regional Science Review* 30（3），2007，pp. 249 – 273.

在通过技术应用发挥数字网络的普惠效应与扩散效应；在 2009 年美国国会通过的《美国复苏和再投资法案》中，要求拨付 25 亿美元的专项资金用于发展农村宽带网络。之后，美国联邦通信委员会（Federal Communications Commission，FCC）更是进一步提出了国家宽带计划、农村宽带问责计划、宽带数据收集计划等建设方案，以增强乡村互联网的接入能力、宽带部署质量和宽带数据的准确性。比如，在 2021 年 1 月 FCC 发布的"IT 策略行动"中，明确提出了缩小数字鸿沟、促进创新的行动目标，要求以客户满意度、网络安全、组织敏捷性和效能为评判标准，分阶段完成各项细分指标。

（2）私营组织：数字乡村治理的"助推者"

美国数字乡村治理离不开市场组织的推动，市场赋权往往决定了乡村资源要素的配置方式与运行机制，这种助推作用主要体现在盘活要素和激活主体两大方面。

一是，通过盘活资本要素增强乡村数字化能力。发挥市场组织在资源配置中的决定性作用是美国数字乡村治理的关键，这能有效实现数字乡村建设中主体激活、产业竞争和效率增进的目标。如，美国惠普公司就提出了"数字村"的倡议，该倡议的最初愿景是通过发挥多元资本的协作能力，创建一个"知情"、"连接"和"授权"的社区，以此缩小社区之间的数字鸿沟。在此基础上，惠普公司发起了以农村社区为核心的"惠普数字村"项目，该项目充分调动资本力量，帮助村庄建立技术性企业、完善教育体系、改善社区居民的健康状况，并且为相关试点数字村提供 500 万美元的援助以配备所需的数字设备和服务等。项目目标主要是通过建立高速宽带链接以缩小社区之间的技术能力差距，从而实现乡村社区数字化的可持续性发展。

二是，通过提供优质人才智库激活乡村数字治理主体。以

"惠普数字村"项目为例，一方面，在高速互联网接入的前提下，惠普数字村通过与当地教育局合作，在社区内进行通信技术培训，培养了一批掌握基本计算机技能的技术骨干，这些骨干人才进一步组成培训团队，继续培训出更多的数字人才。另一方面，惠普数字村推出"农村云计划"，通过多个网络提供商的伙伴结盟和技术支持，逐步建立起具有实时数据分析能力的"分布式云"社区部署体系，从而利用互联网技术实施计算机实时互动教学计划、计算机辅助写作计划等，从而为数字乡村建设激活更多的优质教育资源，真正驱动美国乡村社区的数字化转型。

（3）协会及农村合作组织：数字乡村治理的"协同者"

除了政府及市场组织，美国数字乡村的发展还得到了第三部门的支持，这主要包括农村合作社、农民协会、自助团体等。

一方面，农村合作社是数字乡村治理中的关键角色。美国顶尖合作社主要包括以提供农艺和谷物饲料等服务为主的阿格泰格拉合作社、以利用高科技农业工具的奥罗拉合作社和谷神星解决方案合作社。在数字乡村建设进程中，区域型合作社、股份制合作社、监管型合作社相互推进，对消除农村贫困、优化乡村经济和社会服务、促进农村数字化整体发展大有裨益。比如，在微观经济层面，合作社通过促进协调生产和主体聚合，让更多的成员能够有效参与竞争并从数字经济中获益[1]；在社会服务层面，可为特定乡村社会群体提供有针对性的数字教育培训或医疗保健，搭建社会资本网络等[2]。

---

① Robert P. King，F. Ortmann Gerald，"Agricultural Cooperatives I：History，Theory and Problems"，*Agrekon* 46（1），2007，pp. 40 - 68.

② Mwanajuma S. Othman，Elizabeth Oughton，Guy Garrod，"Significance of Farming Groups for Resource Access and Livelihood Improvement of Rural Smallholder Women Farmers"，*Development in Practice* 30（5），2020，pp. 586 - 598.

另一方面，农民协会和自助团体是数字乡村建设的扩充性角色。美国的农民协会具备相对完善的分级体系，从县到州、联邦一级，不同层级的农民协会可以共享农产品信息资源，为构建严密的农业数据库奠定组织基础，进而提升美国农业数字化水平。比如，全国农村教育协会（NREA）、加州农民协会等组织，利用其专业知识、人力、物力及财力资源推进农场数字化建设，结合其鼓励创新和变革的理念逐步推进农村数字化转型。

（4）农场顾问：数字乡村治理的"参与者"

乡村建设本质上是为农民而建，农村精英必然是数字乡村治理的重要参与主体。在美国的数字乡村建设中，农场顾问是农业领域公认的精英之一，也越来越被认为是智慧农业的潜在核心角色。[①] 美国的农场顾问分为独立顾问、受雇顾问两类，其中，独立顾问是指不受雇于单一的农场雇主，可以同时为多个雇主完成咨询任务；而受雇顾问则是为单一的农场雇主工作，并且严格按照雇主要求完成短期或长期咨询任务。一方面，农场顾问为农场经营提供技术指导，确保农业产量和质量能达到预期目标，同时，可通过智能预警有效规避不可抗力因素的干扰，保证农业生产的基本收益。另一方面，农场顾问也可以协助农场主申请政府资助项目，甚至会向州政府议员提出管辖农场时出现的问题以及建议，实现对农业治理的积极参与。此外，农场顾问还可以为农民制订多样化的培养计划，包括提供农场咨询、打造区域品牌、进行网络营销、开展种植培训、开发新作物或特色作物、开展风

---

① Eastwood Callum, Laurens Klerkx, Ruth Nettle, "Dynamics and Distribution of Public and Private Research and Extension Roles for Technological Innovation and Diffusion: Case Studies of the Implementation and Adaptation of Precision Farming Technologies", *Journal of Rural Studies* 49, 2017, pp. 1 - 12.

险管理教育和决策行动等，为农民传递科技知识和反馈生产信息，确保数字农业生产有序推进。

2. 赋能客体："数字＋N"的场景应用

（1）数字经济领域：以"数字生产"驱动乡村产业发展

美国乡村数字经济领域重点关注的是如何通过数字生产驱动乡村产业发展，这主要包括数字农业、农村电子商务、农村智慧旅游等方面。

一方面，数字技术驱动传统农业革新。农业科学技术的广泛应用，不仅实现了美国农场的"数字化革命"，更在农业领域创造了巨大的价值、效率和生产力。据估计，美国20％的农田和80％的大型农场已经实现整体农业流程数字化，每个农场平均约有50个物联网设备[①]；并且约有50％的行作物种植（row crop production）面积使用了引导系统。FAO发布的《2021年世界粮食及农业统计年鉴》数据显示，2020年美国农业产出排名世界第三，产出额高达3074亿美元。[②]

另一方面，数字技术激发农村电商活力。农村电商可对村民、家庭和社区的经济增能，成为美国乡村减贫和产业振兴的重要工具。比如，美国的条码技术以及"ERP技术"[③]为农村电商奠定了坚实的技术支撑；"Local Harvest""Farmigo"[④]等农业电子商务平台则大大提升了农产品线上销售和交付的效率。此

---

① 鲁飞：《智慧农业开启农业新时代》，《农经》2021年第Z1期。
② Food and Agriculture Organization of the United Nations，2021，"Statistical Yearbook - World Food and Agriculture 2021"，https：//www. fao. org/3/cb4477en/cb4477en. pdf.
③ ERP全称Enterprise Resource Planning，利用ERP物联网技术可以进行周密的成本管理和库存管理等活动，有助于推进市场需求的实时响应。
④ "Local Harvest""Farmigo"是两家美国的著名生鲜电商，"Farmigo"主要由farm、I、go三个单词组成，意思是连接农场和用户的电商平台。

外，有关数据显示，2019 年美国农村小企业 40％的销售额来自网上交易，近 20％的农村小企业对网络销售的依赖程度大大提升。[①] 美国商务部人口普查局数据也显示，2021 年第四季度美国电子商务零售额为 2185 亿美元，[②] 其中，农村电商在推动消费、就业、创业和减贫方面发挥了重要作用，有效缩小了农村经济与城市经济之间的差距，推动了农村社区可持续发展。

（2）数字生态领域：以"数字监测"增强乡村生态保护

美国乡村数字生态领域主要关注的是如何通过"大数据监测"打造可持续发展的乡村生态环境，重点包括农业种植环境、森林、土壤、湖泊、水源等方面的智能化监测。

一方面，在农业种植监测上，为推广绿色生产方式、提升农业管理效率，自 1990 年开始，美国相关部门就通过绘制土壤地图、产量地图和高程地图的方式，对土地进行网格化精密管理；同时，采用 GPS 技术和自动转向技术指导野外作业，通过使用嵌入式数据系统，监测设备效率、收集传感器数据，进而对存在的隐患问题及时防范预警，以增强对重要农产品全产业链的监督和管理。

另一方面，在林业保护监测上，主要通过智能管理、无人机种植和联网防火技术来监测森林生长和虫害管理，这些技术工具能实现信息的实时收集和传输，可有效避免因信息传输延迟或种植初期的信息失真而导致的损失。比如，"Crop‐CASMA"[③] 作

---

① A U. S. Chamber Technology Engagement Center, "Unlocking the Digital Potential of Rural America", https：//americaninnovators. com/wp‐content/uploads/2019/03/Unlocking‐the‐Digital‐Potential‐of‐Rural‐America. pdf.

② U. S. Department of Commerce, "Quarterly Retail E‐Commerce Sales", http：//www2. census. gov/retail/releases/historical/ecomm/21q4. pdf.

③ Crop‐CASMA，全称 Crop Condition and Soil Moisture Analytics，是一个"农作物状况和土壤水分分析"的应用程序。

为一个地理空间应用程序即可以远程监测土壤湿度和植被指数数据。同时，还利用卫星遥感技术、无人机、高清远程视频监控系统对农村生态系统的重点关注区域实施严格监测，并通过气候智能型林业实践（Climate‑Smart Forestry In Practice），利用全球和区域气候模型对农村区域进行气候敏感性分析及实时监测，以提高土地、水域、野生动植物和社区的抵御能力。

（3）数字民生领域：以"数字服务"推动乡村生活智慧化

美国乡村数字民生领域重点关注的是如何通过数字化服务推动乡村公共服务的高质量发展，这主要包含乡村公共基础设施的智能化改造，以及乡村教育、医疗、养老的智慧化服务。

在基础设施改造升级上，主要通过为社区提供直接贷款、贷款担保和赠款，推动村庄政务厅、卫生保健诊所、社区医院、消防救援站、成人和儿童保育中心、康复中心、公共建筑、学校、图书馆以及其他基础设施的数字化更新，从而改善农村居民的生活质量。在远程教育上，通过开发多样化的在线课程和访问海量的在线教育资源，为农村偏远地区的学生提供更加均衡的教育机会，同时通过线上互动交流，增强农村教育服务质量以及互动性。在远程医疗上，通过电子健康记录、远程患者监护系统、临床决策支持等云数据存储技术，有效保障了农村居民医疗服务的针对性与及时性。在智慧养老上，主要通过智能穿戴设备、家居设备和呼叫设备等，为农村地区老年人提供健康管理、随身监护等综合性养老服务，比如，利用无线传感器网络以及大数据决策，可以增强老年人独立性生活的能力，并达到降低摔伤、残疾等风险概率的目的。[①]

---

① Drobez Eneja et al., "Planning Digital Transformation of Care in Rural Areas", *20th IFAC Conference on Technology，Culture，and International Stability (TECIS)* 54 (13)，2021，pp. 750‑755.

（4）数字治理领域：以"数字协同"增进乡村治理效能

美国乡村数字治理领域主要关注的是如何通过数据协同促进治理机制重塑和流程再造，从而增进乡村治理效能，重点包括数字政务、智慧应急等内容。

一方面，在乡村数字政务上，通过乡村公共数字化平台的搭建有效推动数据资源共享。比如，美国政府在2012年提出了数字政府战略，并在2014年8月发布了《美国数字服务行动手册》，致力于通过"选择现代技术堆栈"和"使用数据推动决策"等方式推动数字政务变革。美国政府网（USA.gov）是政府信息和服务的在线指南，通过该平台所有公民可以了解美国的福利赠款贷款、政府机构和政府官员、就业和失业、货币和税收以及旅行和移民等多领域概况，为美国民众提供了全方位、宽领域、多层次的指南，乡村居民可以通过电子邮件或其他联系方式与相关部门进行互动，提高乡村政务处理效能。

另一方面，在乡村智慧应急上，通过构建"灾前—灾中—灾后"的数字应急链条增强乡村韧性。灾前阶段，各级政府通过复杂的应急管理系统进行立体性监测及预警。灾中阶段，各级卫生组织以及政府部门通过以云计算为基础的医疗技术，保证农村医疗保健工作及时、稳定、高效地运作，同时，居民可以通过应急广播、电视大屏、移动应用程序等手段紧急避难。灾后阶段，居民可前往灾难恢复中心，通过手机应用程序在线寻求紧急救助，获取紧急物资，加快灾后恢复进程。比如，美国国家农业统计局（NASS）使用遥感数据和地理空间技术对美国各地进行定量评估，可以实时监测农业灾害，数据库中储存了大量可用的地理空间数据、报告和元数据方便进行应急管理。

四 美国乡村数字治理的赋能手段

如何实现对乡村治理的"数字赋能"？这是美国数字乡村体系建构的关键。对于美国乡村而言，数字赋能的手段较为多样化，其中最核心的三大手段主要是：政策赋能、数据赋能与平台赋能。

1. 政策赋能：制度供给与乡村数字化建设

政策赋能是指政府通过出台一系列法律法案和行动计划，为乡村数字经济、数字生态、数字服务、数字治理等领域倾注治理资源，从而达到激发主体活力、驱动乡村数字化转型的目标过程。该过程既包含了较为直观的政策扶持和政策规制，也蕴含着更为深层的"能量空间"建构与释放。[①] 自工业革命以来，为推动城乡融合发展和乡村数字化转型，美国联邦政府积极制定乡村发展政策，通过一系列数字乡村政策的有效供给，赋能农村产业、基础设施、公共服务、数字生态、智慧治理等重点领域，为推进美国数字乡村建设营造了积极的政策环境。从政策供给的过程来看，美国联邦政府对数字乡村建设的政策赋能主要经历了初始、加速、转型、完善四大阶段，美国数字乡村建设的主要政策法案见表1。

---

① 朱天、唐婵：《政策赋能、业务扩容、系统转型——对县级融媒体中心建设中几个关键概念的观察辨析》，《新闻界》2020 年第 6 期。

表 1 美国数字乡村建设的主要政策法案

发展阶段	年份	政策文件	政策内容
初始阶段	1922	卡珀—沃尔斯特德法案	鼓励建立农村合作社,实行规范化和数字化管理
	1929	农业销售法	成立联邦农业委员会,开启数字化预算序幕
	1936	农村电气化法	建立和完善农村电气化基础设施
	1938	农业调整法(修订)	实行价格补贴;建立农业实验室;开发新的农业产品
加速阶段	1955	乡村发展计划	首次提出乡村发展计划,保障低收入人群体基本生活
	1964	经济机会法	开展"反贫困"活动,扩大财政支出,缩小城乡差距
	1965	公共工程和经济发展法案	成立经济发展管理局,专设部门对乡村开展数据管理,对落后地区经济援助,支持乡村重建
转型阶段	1972	农村发展法	第一个专门关注农村发展的法律,关注农场生产技术、机械技术、管理技术,提升农场运作效率
	1980	乡村发展政策法	统筹规划乡村发展,建立全方位的政策管理体系制度
	1987	农村再生计划	关注教育培训,信息化,失业,贫困等问题
	1989	农村电信服务准入法	修订《农村电气化法》,拓宽网络基础设施服务范围
	1990	粮食、农业、保育和贸易法	成立乡村发展署(EDA),重点扶持创业期中小农场,培育新型农民
	2002	农村安全与农村投资法	提供700多亿美元支持乡村计划和新兴数字产业发展
	2010	国家宽带计划	实施国家数字素养工程,新设"连接美国基金"(CAF)
	2014	美国农场法	大力推动农业机械化、企业化和服务社会化
完善阶段	2018	加强21世纪职业和技术教育法案	各州预留高达15%的赠款资金,用于农村地区或学生人数较多的地区的技术创新活动
		小型和农村社区清洁水技术援助法	2018~2022年每年拨款2500万美元,为人口少于7.5万人的社区的公共工程提供培训和技术援助
		21世纪综合数字体验法	要求创建公共网站并提供数字服务

发展阶段	年份	政策文件	政策内容
完善阶段	2019	部落互联网扩张法案	在农村地区实行普遍性的电信服务原则
		数字公民和媒体素养法	向州和地方提供赠款,促进媒体素养数字公民意识
	2020	农村2019年卫生诊所现代化法案	允许农村卫生诊所作为远程医疗服务的远距离场所
		可持续农业研究法	通过开发农业技术提供更多的农业生产解决方案
		州和地方数字服务法案	为在州、县,地方和部落建立数字服务提供支持
		宽带机会之窗法	联邦通信委员会对某些农村宽带扩展项目申请可优先处理
	2021	农村2021年连接推进计划法案	增加农村宽带评估和部署基金,用于建设宽带网络,缩小城乡宽带互联网接入覆盖率的差距
		增加农村远程医疗法案	建立试点项目,增加农村地区远程患者监测技术的使用
		农业弹性和现代化的未来法案	向地方政府和非营利组织提供赠款,开展促进农业现代化的项目,改善空气、土壤和水资源环境
		2021重建美国农村法案	向经过认证的农村地区提供五年可再生农村伙伴关系赠款,以推进农村振兴计划,增加技术援助

资料来源：根据美国国会政府网站相关资料整理。www.congress.gov。

第一，在初始阶段（19 世纪中期至 20 世纪 30 年代），重点通过政策立法赋能乡村电气化变革。早在 19 世纪中期，美国政府就开始注重引进欧洲的先进技术和设备，拉动农业农村经济发展。之后，由于受第一次世界大战影响，美国乡村发展面临严重的农业过剩危机，为解决这一问题，胡佛政府开始实施农业救济计划。比如，1922 年出台《卡珀—沃尔斯特德法》，开始探索农业合作发展以及数字化的管理新路径；1929 年出台《农业销售法》，成立联邦农业委员会，拉开了农业发展的数字化预算序幕；1936 年进一步出台《农村电气化法》，注重农村电气化设施的建设和完善，这也通常被认为是美国当代数字农村发展政策开端的标志，由此极大地加快了美国乡村地区电气化进程；此外，1938 年对《农业调整法》展开修订，作为美国历史上第一部永久性的农业立法，其中有关建立农业实验室、实行价格补贴等举措，对于稳定农业市场、推进农业农村的现代化发展起到了重要的赋能作用。

第二，在加速阶段（20 世纪 40～60 年代），主要通过农村信息化建设赋能乡村现代化。20 世纪 50 年代，美国联邦政府瞄准数字技术发展的契机，开始重视农村网络信息基础设施的搭建与完善，随着《农村电气化法》的实施，美国乡村地区的电气化进程加快，电话普及率不断攀升；与此同时，联邦政府积极修建高速公路网，推动城市向郊区延伸，带动了近郊乡村社区的数字化发展。此外，美国联邦政府又进一步颁发实施《乡村发展计划》和《公共工程和经济发展法案》，并成立经济发展管理局，致力于破除农村贫困、关注农村新兴产业发展，并旨在通过对落后地区进行经济援助和农业数据开放，支持乡村重建，提升乡村数字建设能力。

第三，在转型阶段（20 世纪 70～80 年代），重在通过完善政策法案赋能乡村建设法治化。20世纪60年代，美国乡村社会发展迎来重大转折点，迅速从农业转向非农业的社会结构，城乡平衡发展问题成了社会各界关注的焦点。为实现这一目标，美国联邦政府试图通过系统性的政策变革驱动乡村现代化，比如，1972年出台第一部专门关注乡村发展的法律制度《农村发展法》，正式开启了农村现代化建设的制度化进程；1980年，进一步出台《乡村发展政策法》，初步构建起了全方位的政策管理制度；此后，又颁发《农村再生计划》和《农村电信服务准入法》，这些对于深化拓宽乡村网络基础设施服务范围，解决农村教育培训、信息化建设以及反贫困问题起到了关键效用。应该说，这一系列法规的设立，为加快农村地区的现代化和数字化进程奠定了重要的法治基础。

第四，在完善阶段（20世纪90年代至今），重在通过多元化政策工具赋能乡村数字化。进入20世纪90年代，随着全球信息化建设的步伐加快，美国乡村数字化发展也进入成熟发展阶段，数字乡村的政策工具逐渐呈现多元化、系统化、网络化的形态。比如，2002年颁发《农村安全与农村投资法》，开始重视农村新兴数字产业的发展；2010年后，陆续提出《国家宽带计划》《美国农场法》《小型和农村社区清洁水技术援助法》《21世纪综合数字体验法》《部落互联网扩张法案》《数字公民和媒体素养法》等法案，旨在通过设立宽带基金、推动农业机械化、创建公共服务网站、实施普遍电信服务、提升居民素养等途径推动乡村数字化进程；此外，近两年又颁发《可持续农业研究法》《州和地方数字服务法》《农村2021年连接推进计划法案》《增加农村远程医疗法案》《2021重建美国农村法案》等，根本目的是通过农业技术的开发、数字服务的提供、宽带网络的发展、远程医疗技术的应用，增加对乡村的技术援助，驱动农村数字振兴。

2. 数据赋能：数据连接与乡村精细化发展

数据赋能是指在乡村治理系统中，创新数据的应用场景及技能和方法的运用，以获得或提升乡村整体的数字能力，从而实现以价值创造为导向的数据赋能乡村的过程。[①] 美国数字乡村建设主要涉及农业、生态、住房、教育、交通、卫生、安防等诸多公共领域，这些领域中的公共大数据（包括各类政府报告、研究报告、统计年鉴、普查数据等）能把人置于数据计划的中心，为农场主个体的公共话语赋权增能。同时，由于数据本身具有典型的事物连接、分析监测、预判协同的能力，海量的农业大数据又能够有效为农场主、农业、农村的发展带来正面的影响效应，从而促进乡村的精确化发展。

第一，在个体层面，重点通过数据连接，拓宽和增强农场主获取农业数据资源的渠道和能力。一直以来，美国的数字乡村建设较为注重农业大数据库的建立，旨在通过农业大数据管理，优化农场主决策、推进农业的科学化种植。[②] 在这个大数据资源库中，各种形式的数据都可以通过农业技术手段实现汇集，并能在信息、农业种植、农场主之间建立有效的数据连接，经过整理、汇集和连接的这些数据，最终可以被农场主顺利获取并进一步用于农场的科学决策。比如，美国农场主通常使用"Farm Plenty"管理程序，实现对作物生长的跟踪与监测，通过重要信息记录、趋势查看、问题识别等举措，可随时导入和导出数据，并及早对可能发生的疾病、虫害等严重危害问题进行事前干预，从而显著

---

① 孙新波等：《数据赋能研究现状及未来展望》，《研究与发展管理》2020 年第 2 期。

② P. Fulton John, Kaylee Port, "Precision Agriculture Data Management", *Precision Agriculture Basics*, 2018, pp. 169 – 188.

提升农场运作效率。此外，农场主还可以利用联邦政府的开放数据集进行农作物种植的计划、管理和保护，这些数据集主要包括国家气象局的天气预报数据、美国地质调查局的地形图和土壤类型数据、美国农业部自然资源保护局的土壤质量数据、美国农业部的作物产量数据，以及美国宇航局的天气和地球观测数据等，比如，农场主通过使用天气预报数据、农业 GPS 数据、作物种植数据等多个开放数据集，可以做出更加精准的农业决策。根据 Statista 数据公司统计显示，2016 年美国农民访问农业网站和访问农业应用的比例分别为 36％、26％[①]，这也从侧面反映出农民获取数据的能力得到进一步提升。

第二，在农业及乡村建设层面，主要通过数据共享、预测与分析，增强农业生产的问题识别、风险预警及乡村的精细治理能力。美国乡村的数字化建设，较为注重通过网络基础设施的接入，以增强农业农村的数据获取及共享能力。根据美国农业部公布的农业普查数据显示，2017 年美国有 204 万个农场和牧场，其中有互联网接入的农场占比从 2012 年的 69.6％上升到 2017 年的 75.4％，极大地增强了农场种养殖的数字优势。同时，为发挥农业数据的最大化效用，美国联邦政府还建立了多个科学研究中心及数据库，包括农业网络信息中心、农业在线访问中心、替代农业系统信息中心、食品和营养援助数据库、在线生产供应及分销数据库等，通过对这些数据资源的分析、研判，优化数字农村的发展决策，推动农业农村的精准化治理。此外，美国部分高校还成立专门的科学研究机构，为数字乡村发展提供智力支持，比如，艾奥瓦大学农村政策研究所专门对美国农村长期存在

---

① Statista Research Department，2016，"Most Popular Smartphone Activities Among Farmers in The United States in 2016"，https：//www.statista.com/statistics/698961/us‐farmer‐smartphone‐usage/.

的一些问题进行系统化整理，并且通过对大量调查数据的分析，为美国农业农村数字化转型注入数字力量。

3. 平台赋能：数据整合与乡村数智化治理

数字平台在数字乡村建设中扮演着建构核心的角色，这是以数字基础设施为建构前提，能够覆盖农业、生态、文化、公共服务、村务治理等各领域信息需求的综合性平台。以平台为导向的数字建设能够为乡村社会创造巨大的价值，主要包括公共数字平台和应用数字平台两大方面。在美国数字乡村建设过程中，平台赋能主要遵循"数据汇集—数据共享—数据应用—数据治理"的内在逻辑，利用多种数字平台的搭建，实现乡村数据资源的汇集与共享，从而推动乡村的数智化发展。

一方面，通过公共数字平台的打造，实现乡村各领域数据的全汇集，为偏远地区的农民拓展数字参与渠道。这主要是通过国家门户平台、新闻平台、社交平台的构建，突破行业间、部门间、群体间的"信息孤岛"障碍，将多领域的数据形成专题模块，从而向农场主及农村创业者提供动态的数据信息。如，1998年，美国建成第一个开放政府数据重大项目——OpenSecrets.org，提出向公众开放政府财政数据并接受公众信息反馈；2019年颁发《开放政府数据法案》，规定所有政府部门向公众开放除敏感数据之外的政府数据，确保公众拥有访问这些数据的权限。截至2022年5月，美国政府数据开放网data.gov平台上的数据集已增长到34万多个，涉及地方政府、农业、气候、老年人健康、能源等多个主题。此外，美国商务局还牵头搭建了连接众多领域的大数据平台，包括人口普查局、国家气象局GIS数据门户、美国国家海洋和大气管理局数据门户等网站，这些公共数据平台让更多的农民能够"有平台了解信息"，能够利用数据分析进行更优的数字生产和营销，从而激发农民数字参与、驱动乡村数字转型。

另一方面，通过应用数字平台的构建，赋能乡村各领域的数智治理。基于数字农业、数字生态、数字服务、数字治理等场景应用的考虑，美国乡村建设主要构建了一系列专题数字平台，目的是对乡村各个领域的数字化治理形成有效映射和支撑。比如，"农业时空大数据平台"的建立就为乡村数字化建设提供了全面支撑，这一数据平台主要包括云端数据大脑、农业大数据门户、农业大数据智能终端、乡村数字产业决策系统以及一些手机应用程序等，云端数据大脑主要是能够通过数据建模、应用场景搭建等方式进行农业事务的决策分析，农业大数据门户可为农场主等提供精准的涉农政务和市场行情信息，农业大数据智能终端则可实现政府、市场、生产之间农业数据的互联共享及可视化分析，乡村数字产业决策系统可以实现对农业发展趋势、电商发展趋势、农作物生命周期等方面的精准预判。此外，还通过创建农业信息帮扶平台为乡村创业人员提供扶助，比如，位处艾奥瓦州的社区学院通过整合在线网络平台，为农村创业者提供经验分享、咨询服务、信息资源和技术指导，以此激发乡村数字创新的内在活力。

五　美国乡村数字赋能的影响效应

从美国数字乡村的赋能过程来看，多元主体的协作赋能和客体场景的精准定位是乡村数字赋能的关键要素，特别是在政策赋能、数据赋能、平台赋能等手段的驱动下，数字技术的扩散效应、溢出效应和普惠效应在乡村空间得以充分释放，乡村数字治理也呈现微观、中观、宏观三个层面的影响效应，表达为农民数字素养的提升、城乡数字鸿沟的缩小、乡村社会的数字化转型。

1. 微观层面：提升农民数字素养

在微观层面，数字乡村治理最直接的目的是为农民主体赋能，提升农村居民的数字素养与技能是乡村数字建设的关键内容。[①] 就美国而言，乡村数字建设的直接效用主要体现为对农场主、农场顾问、普通居民等主体的影响，反映为这些农民群体掌握和运用数字技术的素养和能力的显著提升，主要包括数字技能、数字社交和数字政务素养。

一是通过数字培训提升农民的数字技能素养。一方面，美国联邦政府较为重视对农民展开知识教育培训，主要通过与高校、科研机构等主体的联动，向农场主提供技术指导与训练，这使得越来越多的农民有机会学习并掌握较为前沿的专业知识和数字技能，极大地增强了农场主在农业种植、养殖方面的数字应用能力。另一方面，美国联邦政府也试图通过技术教育法案的不断完善，为偏远地区农民的数字参与提供政策支持，如 2018 年颁发的《加强 21 世纪职业和技术教育法案》；同时，多种技术工具手段更新换代，这些都极大地提升了农民的数字化技能素养水平。

二是通过数据联网拓展农民的数字社交素养。一方面，由于长期以来美国农业大数据的标准化、联网化建设，这为广大偏远地区的农场主拓宽了便捷的数字信息获取渠道，通过数据的实时流通释放巨大的数据价值，更满足了农民了解农业资讯的基本需求，极大地增强了农民自身的数字社交能力。如不少农场主能够以信息需求者身份充分运用各种网络资源，主动收集各种有用的知识信息，以及懂得如何运用好这些信息去有效改进农场决策。

① 曾亿武等：《中国数字乡村建设若干问题刍议》，《中国农村经济》2021 年第 4 期。

另一方面，农场主可以通过 Twitter、Amazon、eBay 等社交平台进行网络互动、参与讨论和监督，进而在网络参与中提升自身的数字社交素养。如农民可以通过网络平台进行线上购物、远程医疗和在线旅游等活动，可以通过网络社交平台展开环保舆论监督、参与乡村数字生态环境的监测与保护等。

三是通过数据平台增强农民的数字政务素养。大数据平台的建立是驱动农民数字素养提升的重要变量，在美国联邦政府的推动下，多个农业大数据平台的建立以及政府数据的深化开放，提升了偏远地区的农民在数字政务方面的参与能力，越来越多的农民能够基于政务平台了解政府政务信息、提供政策意见、开展政策监督，甚至发表政治观点，这极大地提升了农民在政务服务、乡村安全等数字化治理领域的知识储备和政务参与素养。

2. 中观层面：弥合城乡数字鸿沟

数字鸿沟是个体或群体在获取信息通信技术方面与他人的差距[①]，本质上反映的是数字技术在接入、应用和普及方面的不均衡现象，主要受经济因素、人口因素、社会支持、技术类型、数字培训、信息基础设施等多重因素的影响。[②] 美国数字乡村建设最为重要的一个目的，是通过技术开发、数字硬件建设、大数据系统开发、数字培训等多元路径，填平乡村偏远地区的数字"接入沟"与"使用沟"，从而增加乡村各主体公平享有数字红利的机会，提升乡村的数字治理与智能化水平。

---

① Soomro Kamal Ahmed, et al., "Digital Divide Among Higher Education Faculty", *International Journal of Educational Technology in Higher Education* 17 (1), 2020, pp. 1 - 16.

② Lythreatis Sophie, et al., "The Digital Divide: A Review and Future Research Agenda", *Technological Forecasting and Social Change* 175, 2022, pp. 121 - 359.

一是城乡区域间数字鸿沟显著缩小。通过政策支持、数据系统开发、数字平台搭建等多种赋能手段，促进了美国农村网络通信基础设施的改善，乡村"数字盲区"问题得到有效消解，广大乡村地区和农村偏远贫困地区的居民在数字信息获取、分享和应用上的水平明显提升，通过互联网和大数据平台随时掌握各种实用知识信息、生活资讯和农业种植等都变为可能。2021 年美国联邦通信委员会公布的"第十四次宽带部署报告"数据显示，经过美国乡村数字化的大力推动，乡村居民未能获得宽带网络连接的比例已从 2016 年的 39％大幅下降至 2019 年的 12％①，3 年内降低了 27 个百分点。应该说，随着乡村地区电力、宽带、互联网等基础设施的接入，城乡数字鸿沟的差距进一步缩小，乡村的智慧化逐步成为可能。

二是群体之间数字鸿沟有效减小。为减轻数字鸿沟可能引发的对弱势群体的负面影响，一方面，美国联邦政府主要通过设立"数字包容基金"为农村低收入家庭和老年人学习数字技术提供支持，同时通过互联网医疗和在线教育资源的持续供给，有序弥合群体之间的数字鸿沟。另一方面，部分企业通过推出"适老化"的数字产品及应用软件，赋予乡村弱势群体一定的互联网学习和使用的能力，这也为弥合数字鸿沟产生了巨大的驱动力。此外，美国联邦政府还通过信息通信技术培训计划以及政务信息公开的方式，增强乡村居民主动使用数字资源的基本能力和自我效能感②，

---

① Federal Communications Commission，2021，"Fourteen Broadband Deployment Report"，https：//www.fcc.gov/reports - research/reports/broadband - progress - reports/fourteenth - broadband - deployment - report.

② Chohan Sohail Raza，Guangwei Hu，"Strengthening Digital Inclusion Through E-government：Cohesive ICT Training Programs to Intensify Digital Competency"，*Information Technology for Development* 28（1），2022，pp. 16 - 38.

这充分挖掘了乡村居民的数字潜力，提升了乡村各主体公平使用数字公共服务的水平，并推动乡村数字的整体化发展。

3. 宏观层面：促进农业农村数字化转型

从整个发展历程来看，政策支持、数据应用、平台支撑等是美国数字乡村建设的关键手段，通过数字世界和物理世界的无缝交互、深度融合及相互改造，充分释放出数字技术赋能乡村空间的经济社会价值，实现了农村基础设施建设、城乡基本公共服务、农村现代治理体系的根本转型。

一是农村基础设施趋向数字化。经过长期努力，美国乡村的数字设施日趋完善，特别是面向农业生产和农村生活的物联网、大型农机智能装备、遥感卫星、网络基站等能较好匹配乡村数字化的现实需求。比如，在农村偏远地区宽带网络设施上，通过不断完善服务基站建设，有效提升了农村宽带网络覆盖率，推动了数字基础设施迭代升级。美国联邦通信委员会最新数据显示，截至 2018 年 12 月，农村地区 77.7% 的居民和部落地区 72.3% 的居民均已拥有 25Mbps/3Mbps 的宽带服务水平[1]，宽带覆盖范围的扩大为美国农业农村转型提供了源源不断的驱动力。

二是城乡基本公共服务日渐均等化。在数字化的驱动下，美国乡村的数字化程度逐渐加深，"数据联网"和"电子连接"改变了以往农村完全闭塞的状态，使得美国农村生产力大幅提升，同时通过"远程医疗""在线教育"等多元化的数字渠道，保障了乡村偏远地区居民享有更加公平的医疗和教育机会，促进了城乡基本公共服务的进一步均衡。数据显示，2019 年农村地区的

---

① Federal Communications Commission. 2018. "Measuring Fixed Broadband Eighth Report", https：//www. fcc. gov/reports - research/reports/measuring - broadband - america/raw - data - measuring - broadband - america - eighth.

学生高中毕业率达 79.9%[①]，高于全国平均水平。

三是乡村治理体系实现现代化。通过智慧农业、乡村数字政务、智慧应急、数字公共服务等平台的搭建，美国乡村各个治理领域呈现"数智化"的发展态势，乡村治理体系和治理能力现代化基本实现，整体朝着数字化、电子化、智慧化的方向广阔迈进。比如，在智慧农业方面，通过大数据智能农业平台的分析和预测，推动了乡村高技术农业的精准化发展；在乡村数字政务方面，通过 data. gov、usa. gov 等数字政务平台的多功能互动，极大地提升了乡村事务办理的效率和服务质量；在智慧应急方面，通过 Compstat 警务管理系统在全域内的犯罪预警以及数据分析，显著提升了乡村公共安全。

六 结论与启示

经过近一个世纪的建设，美国乡村社会呈现科技化、智能化、敏捷化的治理形态。从赋能理论的视角出发，通过构建"赋能型治理"的分析框架，对美国数字乡村的"赋能主体、赋能客体、赋能手段、赋能效应"等内容进行了充分阐述，揭示了美国数字赋能乡村治理的过程机理。本质上，多元主体的协同、客体场景的开发、多重手段的赋能是美国数字乡村治理的关键要素，这为新时代中国数字乡村战略的落地提供了一定的经验启示。

1. 治理主体：健全数字乡村的组织机制

美国数字乡村建设成功的关键之一是建立了州一级的协作联

---

① UWA Online, 2019, "Rural Vs. Urban Education In America", https://online. uwa. edu/infographics/rural - vs - urban - education - in - america/.

盟体系，通过政府公共部门、私营企业、第三部门、农村精英等多元行动者的协同赋能，实现了对数字技术的有效运用并促进了乡村的根本转型。从这个层面看，乡村数字治理本质上讨论的是多元主体如何合理利用数字工具并赋能乡村的逻辑过程。由此，中国建立健全数字乡村的组织保障机制尤为重要。

第一，建立"省—市—县"数字乡村领导机制。和美国州一级的联盟体系不同，由于受地域范围、区域差异性、人口因素等变量的影响，中国的数字乡村治理需要在省、市、县三大层级强化统筹。一方面，需要明确省、市、县三级工作机制，厘清三大层级的权责清单，在省级范围做好数字乡村建设的统筹规划，协调农业农村、发改委、网信办、乡村振兴局等部门之间有序配合与数据共享，统筹制定本地区数字乡村的战略纲要、重点任务与行动计划。另一方面，成立市县域数字乡村领导小组，压实县级"一把手"的主体责任，围绕"建什么、如何建"的根本问题，统筹落实县域范围内数字乡村建设的编制方案、落实资金、整合资源、解决重点难点问题等各项工作。

第二，构建"一核多元"的协同治理体系。中国的数字乡村治理体系目前基本形成党委领导、政府负责、企业和社会组织协同、农村精英参与的结构形态，其中，党组织发挥着全面领导的核心作用，这是与美国多主体协作联盟体系的本质区别。一方面，党组织是乡村数字赋能的核心，重在推动数字乡村的顶层设计和协调各方的效用，比如，定期研究数字乡村治理问题、总体部署数字乡村人才建设、完善落实考评监督及任务分解等。另一方面，建立"政产学研"的协同联盟机制。在该联盟机制中，政府组织重点履行数字乡村建设的标准制定、资金支持、跨部门合作以及试点工作安排等职责，涉农企业和研究机构主要承担数字平台开发、技术指导和培训等任务，一些协会、联合会和数字乡村发展联盟等社会组织则可为乡村数字建设提供智库支持，农村精英则重在落实具体农业项目的建设及生产经营。

第三，明确多层次的数字人才培育体系。数字乡村是"为农民而建"，发挥农民的主体性和参与性尤为关键，这需要通过系统化人才培育机制的建立，为农民数字技能的提升奠定保障基础。一方面，要充分利用企业、高校和研究机构的优势，扩大对乡村数字技能课程的开发和农业科技知识的普及，为培养农业技术人才和应用人才提供支撑。另一方面，有必要强化农村电商人才培训，通过建立农村电商创业孵化工程，打造县域农村电子商务公共服务平台，利用电子商务网络课或专题培训共享数字资源，通过理论与实操的有效结合激发农民主体的数字潜能。

2. 治理客体：明确数字乡村的应用场景

数字乡村治理是一个"数字＋N"的场景应用过程，美国数字乡村建设的重点主要包含了农业经济、乡村生态、民生服务、乡村治理四大领域。对中国而言，由于中国基层治理的重要性以及乡村历史文化的悠久特性，当下数字乡村建设的内涵更为丰富，进一步明晰数字乡村建设的重点领域和改造路径，是实现乡村数字化和精准化治理的关键。

一是需要厘清乡村应用场景的类别及内容。从《数字乡村建设指南1.0》中可以发现，中国数字乡村的应用场景重点包含经济、生态、文化、民生、治理五大领域。在数字经济领域，主要包括数字农业、农村电商、数字普惠金融、乡村智慧旅游等内容，重点探究如何通过"数字生产"驱动农民减贫、农业精准发展、农村经济现代化转型；在数字生态领域，主要强调通过数字监测技术的运用，维护农村的人居环境、农田养殖环境以及湖泊、森林、土壤等生态资源环境；在数字文化领域，重在关注如何通过数字资源库的建立，实现乡村传统文化资源的传承接续与可视化保护；在数字民生服务领域，主要研究如何通过数据平台的搭建为乡村教育、医疗、养老、交通等提供智能化服务；在数字治理领域，重在分析如何通过智慧党建、智慧政务、智慧应急、网上村务等建设，提升乡村治理效能。总之，继续深化拓展五大领域的数字化建设内容，是实现乡村数字化的根本保障。

二是推进乡村应用场景的"分类性"与"差异化"改造。由于我国乡村之间有着显著的地域差异性，发展不平衡现象尤为突出，不同类型的乡村更是具备不同的发展潜力与地方特色，因此，遵循乡村自身特色、信息化基础和村庄演变规律，采取分类推进和差异发展的策略是推进数字乡村建设内在要求。也就是说，乡村的数字化建设并非意味着要在经济、生态、文化、民生、治理五大领域同步推进，更不能是"一刀切"或者"贪大求全"的发展，而是要结合村庄固有的特色、资源和经济基础，有选择、有重点地推进数字乡村有序改造。对此，在《数字乡村建设指南1.0》中，也明确提到了"集聚提升类、城郊融合类、特色保护类、搬迁撤并类"四类村庄的数字建设要求，比如，城郊融合类村庄主要注重城乡产业融合、基础设施互联与数字一体化建设，特色保护类村庄则较为注重乡村文化的数字化开发、利用与保护。此外，还需明确的是，数字乡村治理的重点更多是要为弱势村庄或者一般农业型村庄提供数字生产和生活的基本保障。

3. 治理手段：完善数字乡村的赋能机制

美国数字乡村治理主要是通过政策赋能、数据赋能、平台赋能的方式，驱动了农业农村的数字化转型，新时代中国乡村的数字化建设，亦有必要在政策体系、硬件设施、数据平台的支持下，实现对乡村的有效赋能。

一是完善政策体系的赋能效应。自 1933 年美国第一部政策法案《农业调整法案》出台以来，美国联邦政府先后在不同时期颁发了一系列推动乡村数字化建设的计划和行动法案，从最初的农业机械化、农村电气化等"单一政策"，到 21 世纪关注农民数字素养、数字服务、数字安全、远程医疗的多元政策体系，为乡村数字化转型奠定了重要的法律基础。就中国而言，自 2018 年中央一号文件首次明确"数字乡村战略"以来，中央各部门先后印发了《数字乡村发展战略纲要》《数字农业农村发展规划（2019—2025 年）》《2020 年数字乡村发展工作要点》《关于开展国家数字乡村试点工作的通知》《2020 中国数字乡村发展报告》《数字乡村建设指南 1.0》《数字乡村发展行动计划（2022—2025 年）》《2022 年数字乡村发展工作要点》等一系列文件，为推动我国乡村数字化建设奠定了重要方向。当然，我国的数字乡村建设仍处于初步探索阶段，目前仅有一部《中华人民共和国乡村振兴促进法》作为支撑。因此，进一步研究并出台覆盖数字经济、数字生态、数字文化、数字民生、数字治理五大领域的细则法案，是推动我国数字乡村建设落地的根本保障。

二是通过"硬件升级"与"软件研发"赋能乡村数字化。数字乡村建设的核心，是要通过网络化、信息化和数字化建设，实现数字技术在农业农村中的应用融合。一方面，需要推进乡村"数字设施"的接入与改造。比如，在网络基础设施上，要重点加大农村宽带、移动互联网、云计算中心、物联网等基站的建设力度，提升乡村网络的普遍接入能力；在数字农业设施上，要注重农业机械化装备、农业科技创新中心、卫星天基等核心硬件的建设，强化智慧农业终端设施的供给能力；在传统基础设施改造上，更要有序实现气象、交通、水利等设施的数字化升级，增强农民生产生活的感知预判和预测防范能力。另一方面，需要研发适应"三农"发展的公共数据平台和应用支撑软件平台。比如，可通过建立农业大数据中心平台，有效促进农业生产的数据共享；可通过模块化、标准化的"三农"应用平台的研发，支持各类涉农服务实现可视化与智能化；可通过助农服务大数据平台的设计，统筹生产、销售、服务数据，实现乡村产业的长效性发展。总之，在数字设施和系统平台的双轮驱动下，真正为数字乡村建设增能赋权。

.

理论观察

西方乡村建设学术专著引介

——《城市化水平判定：国际比较中定义城市、市镇和农村的方法手册》

杜焱强　王继应[*]

一　引言

城乡界定是一个全球性问题。尽管"城市"和"农村"是各国应用极为广泛的名词，但长期以来，各国在城乡界定问题上自说自话，全球并没有一个关于城乡界定标准的统一定义。[①] 这对进行国际比较、提高城市农村统计数据的质量，进而支持国家政策和投资决策等构成了严重挑战。联合国可持续发展目标和其他几个全球议程都呼吁为城市和农村地区编制统一的界定方法，譬如落实《新城市议程》的行动框架和《改善农业农村统计的全球战略》等也都指出需要进行城乡界定。正是在此背景下，六大国际机构[②]合作开发界定方法，并于 2021 年发布 Applying the Degree of Urbanisation：A Methodological Manual to Define Cities，Towns and

* 杜焱强，南京农业大学公共管理学院副教授，硕士生导师；王继应，四川大学公共管理学院硕士研究生。

① OECD/European Commission，*Cities in the World：A New Perspective on Urbanisation* (Paris：OECD，2020)。

② 六大国际机构即欧盟、联合国粮农组织、联合国人居署、国际劳工组织、经济合作与发展组织以及世界银行。

Rural Areas for International Comparisons，在此将其翻译为《城市化水平判定：国际比较中定义城市、市镇和农村的方法手册》（以下简称《方法手册》）。《方法手册》开发过程历时六年，经过多次专家会议与实地测试等，于 2020 年初获得联合国统计委员会批准。

该手册制定了一套统一的方法，并基于每一平方公里的基本单元来界定城乡（单元的人口密度、人口规模以及每个单元与相邻单元的连续情形），这是向世界各国提出的具有实操性的统计改革。该手册旨在补充而不是取代各个国家统计局和各部门对城乡界定所使用的定义，它的设计主要是为数据生产者、提供者和统计人员提供指导，使他们有必要的信息来执行该方法并确保其数据收集的一致性。全手册共有 11 章，前 2 章介绍开展此工作的背景、原因以及过程，第 3～4 章介绍此方法的优势以及同官方统计分类原则相比较来论证此方法的合理性，第 5～6 章提出了城乡界定方法，第 7 章介绍此界定方法的二级分类和城市功能区的界定方法，第 8 章为特殊地理问题的具体处理方法，第 9 章为城市化水平和城市功能区同可持续发展目标具体指标的对应，第 10 章为应用此方法的工具与培训材料，最后一章为结论。

《方法手册》于全球首次提出一种城乡界定方法，如按城市化水平分类，界定了城市、市镇及人口半稠密区和农村地区，并且产生了一系列更详细的概念，如大都市地区、通勤区、密集城镇、半密集城镇、郊区或城郊地区、村庄、分散的农村地区和大多数无人居住的地区。这为各国进行城乡界定提供了方法借鉴，例如 Dijkstra 等认为这样一个新的统一定义能够揭示全球的城市化状况，提出应该将《方法手册》应用于全球。[①] 该方法的应用

---

① L. Dijkstra et al. ，"Applying the Degree of Urbanisation to the Globe：A New Harmonised Definition Reveals a Different Picture of Global Urbanisation"，*Journal of Urban Economics* 125，2021。

将有助于推进国际比较，系统掌握城市和农村的发展概况，实现全球可持续发展。而《方法手册》在城市与农村两者之间增加了"市镇与人口半稠密区"，与我国国情相符。[①] 因此，《方法手册》为我国推进城乡界定提供了一种新思路和新方法，具有借鉴意义。

二 城乡划分的主要实践及其理论争议

1. 我国城乡划分的演变

新中国成立以来，随着经济社会的发展，以及历次人口普查和行政建制调整的推进，我国城乡划分标准经历了数次演变。以城乡划分的正式文件为标志，我国共经历了 4 次（1955 年、1999 年、2006 年和 2008 年）城乡划分的演变（见表 1）。历次划分中我国主要将城乡分为城镇和乡村。其中乡村的界定均较为统一，一直以来是城镇以外的其他地区，即乡村范围随着城镇范围的变化而变化。因此，我国 4 次城乡划分的调整，主要体现在城镇范围的调整上。

1955 年，我国在第一次人口普查的基础上，参考苏联等的规定，拟订并发布《关于城乡划分标准的规定》，这是我国第一次就城乡划分做出规定。该规定将城乡划分为城镇、城镇型居民区和乡村。之所以设立城镇型居民区，主要是出于工矿企业、铁路站和科学研究机关所在地等地区人口虽不足 2000 人，但正在逐步发展，且非农业人口占比较多的考虑。而城镇即设置市人民

---

① 党国英：《科学界定城乡概念促进乡村振兴》，《农民日报》2021 年 5 月 1 日。

表 1 我国城乡划分的演变

年份	政策文件	城乡划分			
1955	国务院关于划分城乡标准的规定	城镇	城市	中央直辖市和省辖市	常住人口在20000人以上的县以上人民委员会所在地
			集镇	城市以外的其他城镇地区	设置市人民委员会的地区和县（旗）以上人民委员会所在地以上人民委员会所在地；常住人口在2000人以上，居民50%以上是非农业人口的居民区
		城镇型居民区			工矿企业和铁路站等，常住人口不足2000人但在1000人以上，且非农业人口超过当地常住人口50%的地区
		乡村			城镇和城镇型居民区以外的地区
1999	关于统计上划分城乡的规定（试行）	城镇	城市（市建制）	设区市的市区	市辖区人口密度≥1500人/平方公里时，市区为区辖全部行政区域
					市辖区人口密度<1500人/平方公里时，市区为市辖区人民政府驻地和区辖其他街道办事处地域
				不设区市的市区	市人民政府驻地和市辖其他居委会地域
			镇区（镇建制）		镇人民政府驻地和镇辖其他居委会地域
		乡村	集镇		乡、民族乡人民政府所在地和经县人民政府确认由农村发展而成的作为农村一定区域经济、文化和生活服务中心的非建制镇
			农村		集镇以外的乡村地区

年份	政策文件	城乡划分		
2006	关于统计上划分城乡的暂行规定	城镇	城区	街道办事处所辖的居民委员会地域；城市公共设施、居住设施等连接到的其他居民委员会地域和村委员会地域
			镇区	镇所辖的居民委员会地域；镇的公共设施、居住设施等连接到的村民委员会地域；常住人口在3000人以上独立的工矿区、开发区、科研单位、大专院校、农场、林场等特殊区域
		乡村		城镇以外的其他区域
2008	统计上划分城乡的规定	城镇	城区	在市辖区和不设区的市、区、市政府驻地的实际建设连接到的居民委员会和其他区域
			镇区	在城区以外的县人民政府驻地和其他镇、政府驻地的实际建设连接到的居民委员会和其他区域；与政府驻地的实际建设连接不连接，且常住人口在3000人以上的独立的工矿区、开发区、科研单位、大专院校等特殊区域及农场、林场等特殊区域的场部驻地
		乡村		城镇以外的区域

委员会的地区和县（旗）以上人民委员会所在地，或者常住人口在 2000 人以上，居民 50％以上是非农业人口的居民区，同时与市区毗邻的近郊区也归为城镇。以居民区为基本单元，以行政辖区为主要判别指标，辅以人口规模和非农业人口数量等指标。

依据行政辖区进行城乡划分，意味着我国城乡范围将会大幅度受到行政建制调整的影响。1999 年第二次城乡划分标准调整之前，我国就经历了较大幅度的市建制与镇建制的调整。因而市建制和镇建制设立的标准也是决定城市范围的重要指标。行政建制设立的定量指标包括人口规模，人口密度，非农业人口规模及占比，国民生产总值，二、三产业产值，地方财政收入，自来水普及率和道路铺装率等。①

1999 年，《关于统计上划分城乡的规定（试行）》将城镇分为城市和镇，其中城市分为设区市的市区和不设区市的市区。设区市的市区中，当市辖区人口密度大于等于每平方公里 1500 人时，市辖区全部行政区域均为城市；设区市的市区市辖区人口密度小于每平方公里 1500 人，以及不设区市的市区中，城市范围则为市辖区人民政府驻地及其他街道办事处地域，包括政府驻地城区建设所延伸到的建制镇（乡）全部行政区域。对于工矿区、开发区和旅游区等区域则以人口规模进行划分。此次城乡划分以建制镇和建制市为基础，辅以人口密度等指标以及建成区延伸原则进行判别。其中市区划分的基本地域单元为街道和乡镇，镇区则为居委会和村委会。

2006 年，《关于统计上划分城乡的暂行规定》将城镇分为城区和镇区，城区即市辖区和不设区市的市区中，街道办事处所辖的居委会地域，还包括城市公共设施和居住设施等连接到的其他

---

① 冯健等：《城乡划分与监测》，科学出版社，2012。

居委会和村委会地域。镇区即城区以外的镇和其他区域中，镇所辖的居委会地域，以及镇的公共设施、居住设施等连接到的村委会地域。同时，镇区还包括常住人口在 3000 人以上的工矿区、开发区和科研单位等特殊区域。

2008 年，《统计上划分城乡的规定》进一步将实际建设（建成区）作为划分依据。城镇分为城区和镇区，城区即市辖区和不设区市的市区中，区、市政府驻地的实际建设连接到的居民委员会和其他区域。镇区即城区以外的县人民政府驻地和其他镇中，政府驻地的实际建设连接到的居民委员会和其他区域；同时将与政府驻地的实际建设不连接，且常住人口在 3000 人以上的独立的工矿区等特殊区域及农场、林场的场部驻地也视为镇区。

2. 城乡划分的国际实践

长期以来国际上并没有城乡划分的统一标准，城乡划分标准因国家而异，呈现出多样化特征。[①] 全球 233 个国家或地区进行城乡划分的标准主要有四类，分别是行政标准、人口规模或人口密度、经济特征和城市功能特征[②]，依次对应 121 个、38 个、108 个和 69 个国家或地区。以各国家或地区城乡划分的标准数量进行分类，可以分为单一标准（104 个）和复合标准（105 个）。此外，也有少数国家其国家人口即城市人口（12 个），或者没有进行城市定义或其定义不明确（12 个）。

以单一标准进行城乡划分的国家或地区中，依据行政标准进行城乡划分的国家或地区居多，数量为 59 个。阿富汗、波兰、巴

① Lewis Dijkstra et al. , " A Harmonized Definition of Cities and Rural Areas: the New Degree of Urbanization", *Regional Working Paper*125, 2014.
② 本部分所使用的资料来源于联合国经济与社会事务部人口司"World Urbanization Prospects 2018", https://population.un.org/wup/。其中城市功能特征指交通道路、自来水供给、污水处理和电力照明等。

西、韩国、匈牙利和泰国等以其行政区划的行政中心来确定城市，而巴巴多斯、摩纳哥和纽埃等领土面积偏小的国家直接以首都为该国的城市。阿富汗将其首都和省级行政中心定为城市。芬兰、黑山和斯威士兰等国家则由政府指定城市区域。其次是依据人口规模或人口密度进行城乡划分，数量为 37 个。美国是长期以来以人口密度和人口规模进行城乡划分的国家，而英国的划分依据由早期的行政边界转换为如今的人口规模。随着人口的增长，澳大利亚城市人口规模阈值于 2001 年由 1000 人增长至 10000 人。同时，还有 8 个国家单独以城市功能特征进行城乡划分，如罗马尼亚、印度尼西亚、萨尔瓦多和智利等国家明确要求需具备学校、照明、交通、自来水等城市功能特征才能被划分为城市。总体而言，行政标准是国际上使用的最为普遍的城乡划分标准，经济特征的使用也较为普遍，但尚无国家以经济特征为唯一标准进行城乡划分。

以复合标准进行城乡划分的国家中，依据 2 个标准进行城乡划分的国家有 66 个，没有国家同时以行政和经济标准，以及经济特征和城市功能特征进行城乡划分。分别有 17 个和 20 个国家以行政和人口特征、行政和城市特征进行城乡划分。另有 9 个国家以经济和人口特征进行城乡划分。此外，有 28 个和 11 个国家分别以 3 个和 4 个标准进行城乡划分。日本关于界定城市需满足三个条件，一是人口规模为 50000 人及以上；二是 60％ 以上的住房位于主要建成区内；三是 60％ 及以上的人口从事非农产业。印度对于城市，除了要求是行政中心，还需满足三个条件，一是人口规模在 5000 人及以上；二是人口密度为每平方公里至少400 人；三是 75％ 及以上的男性劳动人口从事非农产业。

3. 城乡划分的理论争议

实际上，我国已持续多年发布中央一号文件以支持农村发展，解决"三农"问题。尽管我国已完成精准扶贫，达到全面小康水平，但我国农村地区依然没有摆脱贫困落后的面貌，实现农业农村现代化任重而道远。而以往单纯依靠粗放型资源要素投入的发展路径越来越不可持续。对此，有学者指出应以新型城镇化战略来引领乡村振兴战略，在城乡一体和城乡融合的架构中推进乡村振兴，从而"以城兴乡"。① 党国英认为乡村振兴战略推进过程中存在资源错配，需要通过城乡界定来精准施策。② 从而，并不能脱离城市来谈农村发展，城乡界定迫在眉睫。一方面，通过城乡界定明晰城乡边界，避免资源错配，使资源要素等精准投入乡村建设，提高资源要素的使用效率，高效推进乡村振兴。另一方面，明确城市地域，推进城镇高质量发展，提高城镇带动和引领的能力，实现以城带乡，最终实现城乡一体化发展。③

事实上，早在 2003 年，北京大学周一星教授就曾提出要推进城乡界定。④ 而后其学生冯健主持我国"十一五"科技支撑计划课题"城乡边界识别与动态监测关键技术研究"，形成著作《城乡划分与监测》，首次系统论述我国的城乡划分技术。⑤ 2015年，党国英也曾撰文指出要进行城乡界定，但城乡界定问题始终未能引起学界和政界的充分重视。2021 年促使党国英再次强调要进行城乡界定的契机是国际上《方法手册》的发布。具体而言，城乡划分的理论争议主要可概括为以下 4 个方面。

（1）以行政边界进行城乡划分

随着城市化进程的推进，符合城市条件的区域单位的数量和

---

① 黄祖辉：《准确把握中国乡村振兴战略》，《中国农村经济》2018 年第 4 期。
② 党国英：《乡村振兴要处理好"三个难题"》，《北京日报》2021 年 12 月 13 日。
③ 党国英：《亟需清晰界定"城乡"概念》，《农村工作通讯》2015 年第 24 期。
④ 朱晓华：《一部反映中国城乡划分最新技术的力作——评〈城乡划分与监测〉》，《地理研究》2013 年第 12 期。
⑤ 冯健等：《城乡划分与监测》，科学出版社，2012。

范围普遍扩大，因而以行政边界进行城乡划分无法反映城市的变化情况。因此，随着时间的推移，保持城市与农村的领土划分不变会产生误导，并可能导致严重低估居住在具有城市特征的地区的实际人口比例。使用行政边界界定城市存在一定劣势，在行政边界长期保持固定的情况下，对它们的依赖往往会低估城市在其领土和人口方面的实际增长。

与使用行政或统计边界相比，使用人口网格的最大优势在于所有单元格都具有相同的形状和大小。依靠行政单位可以在两种情况下将城市划分为农村。其一，如果一个城市分布在许多小的行政区域，每个行政区域的人口就会很少，对个别行政区域应用最低人口阈值会将所有行政区域归类为农村地区。其二，如果一个城市是一个大行政区域的一部分，它的总体人口密度就会很低，那么对该单元应用人口密度会将其归类为农村。因此，对行政单位应用单一的绝对人口规模或密度阈值往往不会产生合理且可比较的分类。标准化空间单元的形状和大小消除了这种偏差来源，大大提高了结果的可比性，并减少了在不同国家调整阈值的需要。

（2）以建成区进行城乡划分

《联合国人口和住房普查的原则和建议》（2017）将一个地点或定居点定义为一个单独的人口集群。过去受限于技术，建筑物的空间分辨率通常比人口高得多，但不可能测量人们聚集在哪里。例如，带有每个建筑轮廓的地图具有非常高的空间分辨率，可以用来识别哪些建筑距离在200米以内，但人口数据只能以较低的空间分辨率获得。因此，一些国家和学术定义使用建筑群来识别定居点。

随着地理编码人口普查、地理参考人口登记和高分辨率人口网格的出现，现在关于人口分布和位置的资料要精确得多，人口数据的空间分辨率大幅提高，可以直接识别人口集群。因此，不再需要使用一组建筑来识别一个人口集群。直接测量人口密度可以使它们在不同经济发展水平之间更具可比性。高收入国家城市的人均建筑面积往往比低收入国家的城市大得多（高收入国家的城市往往有更大的房子，以及更宽敞的办公室和商店）。仅使用建成区来定义城市将意味着高收入国家拥有更多的城市，即使它们在人口聚集方面拥有完全相同的城市结构，每个城市（按面积计算）也比低收入国家更大。除此之外，直接测量人口密度也使它们在一段时间内更具可比性。在许多国家，建设用地的增长速度快于人口的增长速度。这意味着，随着时间的推移，达到一定规模的建成区需要的人口越来越少。因此，基于建成区的定义很可能会随着时间的推移扩大城市人口的比例，而基于人的定义则不会受到这个问题的影响。

从历史上看，建筑数据的空间分辨率高于人口数据。地籍图将勾勒出每个单独的建筑物，而人口普查将列出拥有多个建筑物的较大区域的总人口。因此，一些国家定义使用建筑群来定义定居点。例如，芬兰将城市地区定义为至少有 200 名居民的人口聚居地，其中住宅楼之间的距离不超过 200 米。在这个定义中，第一步是创建住宅建筑群，然后才计算人口。

如果目标是识别建筑物集群而不是人口集群，则用城市化水平来衡量不适合。它既不能保证建筑物覆盖的最小土地面积，也不能保证建筑物之间的最小距离，它还使用 1 平方公里的网格单元，这比上述研究中使用的空间分辨率要粗得多。如果目标是识别人口集群，那么使用建筑物集群作为近似值有许多缺点。建筑物与人口之间的关系因国家而异，随着时间的推移和定居点的大小而变化，这将导致以人为本和以建筑为基础的城市定义之间的差异。本文使用的人口网格确实依靠建成区来分解人口，但建成区与人口的比率在国家之间、在同一国家内不同空间单元之间会发生变化。因此,这种人口网格克服了使用建筑物集群作为人口集群的近似值的许多缺点。富裕国家的人均建设用地量远高于贫穷国家。例如,按城市化水平定义的北美城市人均建筑用地面积约为 400 平方米,欧洲约为 170 平方米,而亚洲约为 75 平方米,非洲约为 50 平方米。因此,与非洲和亚洲相比,北美和欧洲仅使用建成区定义的城市将更大、数量更多。

在过去的 40 年中,在世界许多地区,建成区的数量增长速度超过了人口数量。例如,西欧和南欧的人均建筑面积增加了 50%,而东欧和东亚的人均建筑面积增加了 74%。因此,与使用固定的绝对人口阈值的基于人的定义相比,基于建筑物集群的城市定义将导致更快的城市扩张和更多城市的出现。一方面在高收入国家,小型定居点的人均建筑面积比大型定居点多得多。例如,在东欧和西欧,人口少于 25 万人的城市人均建筑面积是人口超过 500 万人的城市的 2 倍。因此,与这些地区基于人的定义相比,基于建筑物的定义将使小城市更大,而大城市则更小。另一方面在低收入国家,以建筑物为基础的城市定义将有利于收入较高的定居点。与具有相同人口规模的低收入定居点相比,此类定居点往往在工业和服务业、更多公共和私人服务、更多基础设施和更大的房屋中拥有更多就业机会。因此,收入较高的定居点将拥有更大的人均建成面积,这使得它们更有可能被此类定义检测到。根据分析的目标不同,这可能是优势,也可能是劣势。

(3)以人口规模或密度进行城乡划分

各国的定义经常使用大相径庭的人口规模和密度阈值,这可能会降低所得数据的国际可比性。全球各地的城市化水平分级应使用相同的标准,这些统一的人口规模和密度阈值的灵感来自各国的以下定义。

①在 103 个使用最低人口规模阈值来定义城市地区的国家中，有 84 个使用了 5000 名居民或更低的阈值（这一标准用来定义城市集群）；

②日本使用的最低人口规模阈值为 5 万名居民（这一标准被用来定义城市中心）；

③中国和塞舌尔使用每平方公里 1500 名居民的最低人口密度阈值（这一标准被用来定义城市中心）；

④在欧盟官方网格和两个全球网格（GHS－POP 和 World Pop）上进行了广泛的敏感性分析。利用 GHS－POP，结合密度阈值每平方公里 1500 名居民和最小人口规模阈值 5 万名居民的标准，每个国家至少确定了一个至少有 25 万名居民的城市（除了瓦努阿图）。所有小岛屿发展中国家都有一个城市或城镇。估计至少有 5000 名居民的小岛屿发展中国家有安提瓜和巴布达、多米尼加、格林纳达、基里巴斯、马绍尔群岛、密克罗尼西亚、瑙鲁、帕劳、圣基茨和尼维斯、圣卢西亚、圣文森特和格林纳丁斯、萨摩亚、塞舌尔、汤加、图瓦卢和瓦努阿图。

（4）城市化水平一级分类与传统的城乡二分法

联合国的《世界城市化展望》中提供了城市地区和农村地区的数据。但许多国家使用的是多阶级的方法，可以更好地捕捉城乡统一体。例如，印度 2011 年的人口普查定义了三种类型的城市地区：法定城镇、人口普查城镇和附属城镇。美国的人口普查使用的是城市化地区，城市化地区以外的城市地区、农村地区。葡萄牙的人口普查主要使用城市地区、中等城市地区和农村地区。而南非使用三种地理类型：城市地区、农村地区和传统地区。

城市化水平将一个国家的整个领土划分为城乡统一体。它结合了人口规模和人口密度阈值，来区分三个相互排斥的类别：城市、市镇及人口半稠密区和农村地区（城市化水平的一级分类）。

将城市化水平一级分类与传统的城乡二分法进行比较，根据不同国家的定义，可能包括城市级或农村级的城镇和半密集地区。例如，根据葡萄牙、巴西、法国和美国所采用的定义，城镇和半密集地区的人口几乎全部归为城市；而在乌干达和印度，城镇和半密集地区的人口一般归为农村。

《方法手册》将城市地区包括城市和市镇及人口半稠密区。由于都市化程度分级的一级是为了捕捉城乡统一体而制定的，因此《方法手册》建议这三类指标都上报，而不仅仅报告城乡二分法指标。这一点很重要，因为市镇及人口半稠密区可能与城市和农村地区有很大不同。低收入和中等收入国家的人口半稠密区通常被称为城市周边地区。在高收入国家，它们通常被称为郊区。这两种情况下，这些地区人口密度中等，处于农村地区和城市或城镇之间的过渡地区。

在各个国家统计系统内，一般对最外围的两个等级有很强的一致性：城市通常被划分为城市，而村庄和人口稀少的地区通常被划分为农村。相比之下，中间地区的分类就不那么明确了。一些国家倾向于把它们分类为城市，另一些国家则倾向于把它们分类为农村，第三类国家则选择在这两者之间建立一个中间阶层概念。城市化水平的分类在尝试容纳这些中间地区和不同的观点，强调市镇及人口半稠密区是城市和农村地区之间的中间地带。这一点很重要，因为在这三个等级概念中统一应用的政策制定可能并不合适，而根据城市、市镇及人口半稠密区和农村地区的具体要求进行调整则可能会受益。

将地方划分为城市或农村的标准二分法无法捕捉城乡连续体。各国不同意农村消亡和城市兴起的连续统一体。城市化水平比农村和城市之间的简单二分法更为细微，并确定了一个中间类别：城镇和半密集地区。在《方法手册》的第 2 章和第 5 章中，调查结果将证明城镇和半密集地区具有独特性，因此值得单独分类。有趣的是，这些定居点的分类在世界各地有所不同。大多数城镇在美洲和欧洲被归类为城市，而在非洲和亚洲被归类为农村。

三　何为城市，又何为乡村：一种新的方法提出

1. 人口网格

城市和农村是政策制定者、研究人员、国家行政部门以及联合国等国际组织广泛使用的两个核心概念。然而，目前在国际层面上还没有形成关于城乡的统一定义，因而准确界定"何为城市、何为乡村"的问题就难以避免存在诸多争议。例如，传统意义上一个国家城市和农村地区的区别往往被认为是经济收入、生活条件、生活方式与标准等方面的差距；也有观点认为人口集中程度是城市与乡村的最大差别。但随着工业化与城市化的快速发展，城乡间的区别开始变得模糊不清，准确定义城乡也变得越来越困难。

在如何定义城乡的问题上，联合国的建议指出："由于不同国家在区分城市和农村地区的特点上存在差异，因此城市和农村人口的区别还不能简单套用普适性的单一定义，各国必须根据实际需要制定关于城乡的定义。"同时，应该认识到，国家定义的好处在于可以根据本国具体情况和政策需求进行适当调整，进而考虑比全球范围内更广泛的数据集。然而，本国国家定义往往并不能简单应用于其他国家，这就解释了为什么需要一个全球定义以便进行国际比较。

2020年3月，联合国统计委员会批准将"城市化水平"作

为划分城市和乡村地区的一种新方法，从而促进国际间的统计比较。由于各国关于城乡的定义可能存在不同程度的差异，因此推行这种新方法可以提高城乡评价指标的可比性，在一定程度上保证了许多不同的参与者（包括研究人员、国际组织和国家统计机构）可以使用相同的方法和相同的界限来生成指标。最初的城市化水平是在 1991 年引入的，用以表明居民所居地区的特征。它依据地方行政单位 2 级（Local Administrative Units Level 2，LAU2）的人口规模、密度和连续性明确区分了三种类型的区域，即人口稠密地区、人口中等密度地区和人口稀少地区。其中，人口稠密地区是一个由地方区域组成的连续集合，每个区域的人口密度都高于每平方公里 500 人，该集合的总人口至少为 5 万人；人口中等密度地区是一组连续的地方区域，不属于人口稠密地区，每个区域的人口密度高于每平方公里 100 人，并且这组区域的总人口至少为 5 万人，或者与人口稠密地区相邻；人口稀少地区是一组既不属于人口稠密地区也不属于人口中等密度地区的连续的地方区域，人口密度相对较低，没有达到人口稠密地区或人口中等密度地区的规定标准。实践中，联合国人口司仅使用城市和农村的双向划分发布数据，认为城市化水平需要简化为双向分割，城市地区等于人口稠密地区和人口中等密度地区，而农村地区等于人口稀少地区。然而，需要注意的是，这种最初的城市化水平确定的 LAU2 标准适用于差距较大的区域，且不同国家的城乡人口密度也由于缺乏统一的单位而常常出现难以准确比较甚至结果被扭曲的情况。

为增强城乡国际研究的可比性，Dijkstra 等学者提出运用"新的城市化水平"对人口稠密、中等密度和人口稀少三种类型的地区进行重新区分，并运用地理上的毗连性标准和基于 1 平方公里的人口网格单元的最低人口门槛来定义。① 具体来说，新的城市化水平创建了 LAU2 的三向分类：（1）人口稠密地区（城市）：至少 50％ 的人居住在高密度聚居区；（2）人口中等密度地区（城镇和郊区）：不到 50％ 的人口居住在农村网格单元中以及不到 50％ 的人生活在高密度集群中；（3）人口稀少地区（农村地区）：50％ 以上的人口居住在农村网格单元中。2010 年，欧盟委员会发布了城市和农村地区的新定义，主要特色在于城乡划分标准依据人口网格而不是 LAU2，同时引入农村网格单元的概念，对农村地区和农村 LAU2 进行明确定义，这也意味着农村地区和人口稀少地区在概念上是基本相同的。

《方法手册》运用人口网格的新工具，以面积为 1 平方公里的连续网格单元为标准，高密度聚居区（城市中心）的密度② 至少为每平方公里 1500 人，最少人口为 50000 人，每个单元的居民点相互连接，并且至少有 50％ 以上的人口处于地理上完全连续的中心区；市镇及人口半稠密区指的是在若干单元中，排除城市区域外，至少为每平方公里 300 人，最少人口为 5000 人，每个单元的居民点有分隔，且中心区域的人口占比不超过 50％；农村地区则为以上区域之外的网格单元。

新的城市化水平考虑到了二级地方行政单位内部的人口分布，并利用人口网格这一新工具来创建更准确的分类，因此该方法具有一定的优点。（1）独立于行政边界内生地定义城市。相较于定义城市的其他全球尝试依赖于外生的城市列表，城市化水平的主要优势之一在于它以人口网格为基础，可以内生地定义居住

---

① L. Dijkstra et al. ，"Applying the Degree of Urbanisation to the Globe: A New Harmonised Definition Reveals a Different Picture of Global Urbanisation"，*Journal of Urban Economics* 125，2021。

② 此处的密度实指人口密度，计算方法为区域人口除以土地面积。

区，并独立于行政边界。（2）提高了可比性并增强了数据的可用性。最初的城市化程度将 LAU2 的人口规模作为主要标准之一，如果一个 LAU2 足够大，即使有一个大城市存在，也会导致它被归类为人口稀少地区，从而难以有效进行国际比较。而利用相同大小的 1 平方公里的人口网格作为分析单位，可以直接测量人口的空间集中度，结果更为准确可靠，且在国家之间也更加具有可比性。（3）进一步统一了空间概念，形成合理且可比较的分类。使用人口网格的最大优势在于所有单元格都具有相同的形状和大小，克服了使用大小和形状不同的行政或统计单位而造成的许多错误甚至扭曲，在很大程度上提高了结果的可比性，同时也可以在全球范围内得到应用，这是使用行政单位或统计边界等方法难以实现的。然而，该方法纯粹根据人口密度和规模对定居点进行分类，而没有将经济水平、基础设施等因素纳入分类定义，其适用性仍然值得进一步研究和讨论。

2. 城乡连续统一体

根据城市化水平划分城乡的方法，可以将整个区域分为三类：城市、城镇和半密集地区、农村地区。目前，全球接近一半的人口居住在城市，居住在农村地区的约占 1/4，其余则居住在城镇和半密集地区。通过三类地区的分类，可以发现，城市化水平关注到了城市和农村之间的连续统一体，而将地区划分为城市或农村的标准二分法无法捕捉城乡连续体，因此该方法提供了一个比传统的城乡二分法更加细致入微的视角。其中，《世界城市》首次使用联合国统计委员会于 2020 年 3 月通过的定义，分析了城市、城镇和农村地区的状况，强调了城镇连接城市和农村地区的重要性。譬如，随着人口增长以及一些大都市地区的人口数量减少，城镇作为城市和农村之间的连续统一体，在提供公共服务、完善基础设施等方面发挥着重要作用。然而，国际城乡分类定义中，人口规模范围从拥有数百名居民的村庄到拥有超过1000万名居民的特大城市，在这个连续统一体中，不同的国家使用不同的阈值来区分城市和农村。这些阈值从丹麦的200人到中国的10万人不等。这种广泛的阈值降低了这些定义的国际可比性，并使基于这些定义的全球城市化分析不太可靠。基于此，2020年，经合组织城市研究的一项报告指出，城镇和半密集区具有独有的特征和不同的社会经济属性，在许多方面介于城市和农村之间，因此值得关注并加以单独分类。

值得注意的是，关于城镇的定义分类，不同国家存在不一致的意见。譬如，大多数城镇在美洲和欧洲被归类为城市，而在非洲和亚洲被归类为农村。总体来看，在其他地区或国家，全国定义的农村人口比例更接近农村地区加上城镇和半密集地区的人口比例。而城市化水平的运用的优势之一就在于反映城乡连续性，通过使用城市、城镇和半密集地区以及农村地区三个类别，将既不是城市也不是农村的区域单纯归结为一类，从而推动了城乡连续统一体的发展，同时也有助于形成全球共识，有效处理好在城市和农村划分上的分歧。尽管有些国家将城镇归类为城市，有些国家将其归类为农村，但将这些中等规模的定居点归为一个中间类别（城镇和半密集区）有利于明晰连续统一体的分类性质，进而便于国际比较。

四　中国的城乡界定：启发与借鉴

1. 城市化水平界定方法的创新与启发

城市化水平是一种旨在捕捉城乡连续统一体的新方法，科学性较高，提供了量化标准，以数据和地图为基础，能够实现城乡划分的空间表达和可视化。它根据所有区域或国家的相同划定标准，制定一个全球城市、市镇和农村地区的定义，从而实现在全世界范围内的普遍运用。与其他方法相比，该方法具有以下一些创新之处。

（1）设定人口网格，减少空间单元因形状、大小不同而产生的偏差

城市化水平的新方法利用分辨率为1平方公里的人口网格进行城乡划分，每个网格单元具有相同的大小和形状，从而减少了使用大小和形状不同的行政或统计单位造成的偏差。同时，人口网格将人口规模和人口密度落实到具体的地块空间单元上，这是以往的划分方法没有实现的。具体来说，城市化水平由两个层次组成：一是将区域分为城市、城镇和半密集区以及农村地区三个类别，其中城市地区被定义为城市加上城镇和半密集地区，鼓励使用所有三个类别，因为城镇和半密集地区与城市和农村地区存在显著差异。二是通过将城镇和半密集地区划分为城镇和郊区或城郊地区，以及将农村地区划分为村庄、分散的农村地区和大部分无人居住的地区来提供更多具体信息。因此，城市化水平分类大致可以分两步进行。第一，将所有1平方公里的网格单元分为三种类型（城市、城镇和半密集区以及农村地区），形成一个独立于国家行政单位且更详细的分类；第二，分别利用这些类型网格单元用于对小的行政或统计空间单元进行具体区分。由于人口网格的形状和大小都是统一的，它们的边界随着时间的推移也是趋于稳定的。此外，标准化空间单元的形状和大小消除了界定偏差来源，大大提高了结果的可比性，并减少了在不同国家调整阈值的需要。

（2）采用相同的人口规模和密度阈值，增强数据的国际可比性

由于各个国家的城乡界定标准不一，不同国家的城乡定义使

用的人口规模和密度阈值往往是不一样的，从而为国际间城乡比较带来了困难。譬如，定义城市中心的标准上，中国使用每平方公里1500名居民的最低人口密度阈值，而日本使用的最低人口规模阈值为5万名居民，因而密度阈值的差异在很大程度上降低了相关数据的国际可比性。基于此，采用城市化水平的界定方法，比较显著的优势在于其以人口网格为基础，采用相同的人口规模和密度阈值，使城市化水平分级使用相同的标准，数据也具有较强的国际可比性。具体而言，城市由连续的网格单元组成，其密度至少为每平方公里1500名居民或至少50%已建成，他们的人口至少为5万人；城镇和半密集区由相邻的网格单元组成，密度至少为每平方公里300名居民，并且至少建成3%，总人口必须至少为5000人；农村地区是不属于城市或城镇的单元和半密集区域，其中大多数的人口密度低于每平方公里300人。除此之外，人口规模标准之所以是确定的，没有与农业就业份额等其他标准相结合，重要原因在于从事农业工作较多的是农村地区人口，城市人口较少，而且高收入国家的农业就业率要低得多，如果不使用相同的人口规模来定义城乡，那么城市和农村地区的定义也会使高收入国家的城市化水平更高，从而不利于国际比较。

（3）不以获得服务或基础设施为界定标准，对给定的区域进行监测服务

可持续发展目标包括监测获得服务或基础设施情况的多种指标，包括衡量获得电力、安全饮用水、移动电话网络、全天候道路、医疗保健服务或金融服务的可及性指标。[1] 为了适当监测城市和农村地区获得这些服务的情况，城市化水平并没有将获得服

---

[1] L. Dijkstra et al. , "Applying the Degree of Urbanisation to the Globe: A New Harmonised Definition Reveals a Different Picture of Global Urbanisation", *Journal of Urban Economics* 125, 2021.

务或基础设施作为城乡界定的衡量标准。一方面，如果将此类服务和基础设施纳入城乡界定标准，那么就默认了不同类型的区域应该具有的条件，这就难以有效监测服务或基础设施的实际状况。例如，假设以电力供应为界定标准，将电力供应不足纳入农村定义，这也就意味着所有的农村都是电力供应不足的状态，显然这种假设定义无法监测农村电力供应的现实情况。另一方面，影响城乡划分的指标偏多，在很大程度上加剧了城乡界定的复杂性。尽管道路、通信、医疗等基础设施在城乡间具有一定的差异，但这种差异并不是绝对的，而且不同国家的城乡基础设施条件也是千差万别的，因此难以依据此类指标形成科学合理的统一城乡界定。城市化水平方法的目的就在于填补缺乏一种统一的方法来划分城市、市镇和农村地区，在避免附加指标影响的前提下，能够更好地对服务的获得情况进行监测。

（4）确定城市化水平的分类依据，给出了城乡划分的具体判断方法

目前，城乡界定还是将村委会或居委会作为划分单元，以政府驻地实际建设连接到的村委会或居委会为划分依据，且具体判断基本处于定性描述阶段。城市化水平的新方法重新确定了城乡划分的主要依据，并利用人口网格创建了一个更精确的分类方法，并且依据人口密度等量化数据确定区域的具体类型，不再仅仅依赖传统意义上的定性指标，进而将1平方公里的人口网格作为城市化水平分级的基础，首先有利于避免使用不同形状和大小的单元造成的失真，保证数据的可比性；其次在数据的可用性和计算的复杂性方面具有突出优势，有利于通过人口网格进行相对精准可靠的城乡界定。此外，该方法关注"连续单元"的概念，包括狭义的四点连续（不包括对角线单元，也不包括那些只在对角线上相互接触的单元）和广义的八点连续（包括对角线——所

有以任何方式相互接触的单元，包括仅在对角线上连接的单元）。连续单元的判断需要根据人口总数与人口密度的特征，将1平方公里人口网格划分为不同集群分类，并在此基础上将一组1平方公里人口网格单元与其邻近单元的关系绘制出来，来确定城市中心（高密度集群）、城市集群（中等密度集群）和农村网格单元（大多为低密度单元），这也是以往城乡界定方法没有提及的。

（5）直接测量人口集群，不同经济发展水平国家之间更具可比性

以人口集群还是建筑物集群进行城乡界定，目前仍然存在较大争议。建筑物与人口之间的关系在不同国家也是存在差别的，并且也随着时间的推移而发生变化，这将导致以人口集群和以建筑物集群为基础的城市定义之间的显著差异。从历史上看，建筑数据的空间分辨率是高于人口数据的。地籍图将勾勒出每个单独的建筑物，而人口普查将列出拥有多个建筑物的较大区域的总人口，因而一些国家和学术定义倾向于使用建筑群来识别定居点是城市还是农村。其中，我国2008年的城乡划分标准就是以基于政府驻地（行政辖区）的建成区（土地利用现状）为主要依据的，舍弃了人口规模和人口密度指标。然而，需要认识到，城市显示的是聚集经济，人口密度是反映聚集程度的重要指标，因为建筑物集群无法准确测量人们聚集在哪里，因此使用建筑物集群的划分方法缺乏一定的合理性。党国英也强调应该以人口密度为标准定义城市（总量的最小值和密度的合理值）。[①] 随着地理编码人口普查、地理参考人口登记和高分辨率人口网格的出现，人口数据的空间分辨率大幅提高，目前可以直接识别人口集群而不需依赖建筑物集群。因此，城市化水平的新方法不再使用一组建

[①] 党国英：《城乡界定及其政策含义》，《学术月刊》2015年第6期。

筑物来近似一个人口集群,直接测量人口密度可以使人口集群在不同经济发展水平国家之间更具可比性。

（6）以定量指标为主,易于获得数据,客观程度高且更具有成本效益

目前,我国城乡划分的标准大多为一种定性的描述方式,依靠一系列定性指标综合界定城乡定义,其主观性偏强且界定成本相对较高。而城市化水平的新方法更加注重量化指标与定量分析,具有一定的新意。从资料数据的获取来看,人口密度的可获取程度高且方便收集汇总。一方面,城市化水平的新方法以人口规模和密度阈值为主要依据,其数据资料更加易于获得,同时计算人口密度所需要的人口总数与土地面积等资料也是行政部门掌握基础情况的数据,因此有效降低了资料收集成本,提高了统计效率。其中,人口网格可以使用地理编码的人口普查或地理编码的人口登记创建,只需要较少的额外成本,因而可以使用现有数据以相对较低的成本创建人口网格,进而完成资料收集与汇总。另一方面,由于城市化水平的分类通常在三个等级之间有相当均衡的人口分布,调查通常会在每个等级中有足够大的样本,从而获得可靠的结果,而其他类型的数据也可以根据城市化水平进行统计和汇编。因此,与行政指定等其他方法相比,该方法更为注重量化指标,资料的客观性相对较强,根据城市化水平编制数据也相对易于操作,具有更高的成本效益。

2. 对中国城乡概念界定的借鉴

何为城市?何为乡村?若这两个概念不清楚,何谈城乡关系。为契合中国国家治理现代化的新理念,确定城乡边界具有重要的政策意义。

（1）城乡界定应符合国情，需要考虑人口密集度的极端情况

《方法手册》较为清晰地界定了城市、市镇及人口半稠密区和农村地区，促进了国际间城市化水平和城市农村地区指标的比较，对于制定可靠的循证政策以及衡量在城市和农村地区实现可持续发展目标等方面起到重要作用。然而，必须清醒认识到，我国以胡焕庸线为界，这条北东—南西向的直线将中国分为人口密集的东南部和人口稀疏的西北部（东边人口密集，西边人口稀少），是中国人口分布的一条重要地理界线，因而在进行城乡界定时可能还需要考虑这种不同于其他国家的人口密集度的极端情况，从而形成合理分布。

进而言之，一方面要发挥大城市的辐射带动作用，加快发展中小城市，以城带乡，形成合理的城乡发展新格局。从空间布局来看，由于我国东部城市群（长三角、珠三角、京津冀等）内部的中心城市较多，其经济辐射有利于加速市场资源要素的快速流动，促使城乡间形成联系紧密的良性互动关系，进而带动周边城市及农村地区的经济增长。[1] 同时也应加快引导产业项目在中小城市、小城镇以及具备条件的农村地区布局，并依托优势资源发展特色产业，夯实产业基础，以产业发展带动区域经济增长。此外，也应加强大城市周边中心城市与农村地区的基础设施和公共服务设施建设，提升教育、医疗、通信、卫生等公共资源的数量与质量，在更大程度上促进区域城镇化发展与乡村振兴。[2]

另一方面要优化大城市的集聚效应，将城市群培育成为区域经济的重要增长极。在区域格局上，东部及沿海地区还将进一步

---

[1] 陆铭、向宽虎、陈钊：《中国的城市化和城市体系调整：基于文献的评论》，《世界经济》2011 年第 6 期。

[2] 贾康等：《中国农村研究：乡村治理现代化（笔谈）》，《华中师范大学学报》（人文社会科学版）2020 年第 2 期。

集聚，内陆的大城市也会发挥更强的集聚效应，形成经济的区域发展中心。① 首先，集聚效应的形成是经济集聚再导致人口的集聚，这意味着要促进城市群之间以及城市群内部之间的资源流动和经济合作，促使经济资源在区域之间得以自由流动，发展城市群集聚力量，以产业快速发展壮大城市群经济规模，进而形成经济集聚和人口集聚，提升集聚效应对于区域发展的带动作用。其次，加强城市群及城市群内部的经济联系，提升城市群内外部的通达性。我国人口密集度的差异在一定程度上决定了区域发展的不平衡性，尤其是东西部城乡发展的现实差距。因此，要增强各区域城市群之间、城市群内部以及城乡之间的信息交流和产业联系，不仅要考虑大城市的经济发展，更要考虑城市群整体以及城乡的发展状况，处理好大城市、中小城市与农村的关系，在城乡融合发展过程中推进农业农村现代化与乡村振兴。

（2）城乡划分须立足现实条件，审慎推进方法标准的运用

城市化水平是联合国统计委员会批准的对城市、城镇和半密集地区以及农村地区的一种新定义，具有客观性强、测量偏差小、国际可比性高等诸多优势，因此已经在诸多国家得到充分运用。然而，必须认识到，与欧洲、美洲等其他国家相比，我国人口数量庞大，城乡关系具有一定的特殊性，因此以城市化水平的方法确定的城乡界定标准是否完全适用仍有待实践检验。

第一，城市化水平的方法纯粹根据人口密度和规模对定居点进行分类，不考虑人口规模和密度之外的影响因素，从而能够得

---

① 孟可强、陆铭：《中国的三大都市圈：辐射范围及差异》，《南方经济》2011年第2期。

到相对客观的城乡数据资料，具有效率高、客观性强等优点，较为容易在全球范围内加以应用。然而，该方法在定义中并没有考虑农业的主导地位或基础设施的情况，仅通过定居点的规模来监测这些服务和基础设施的存在，虽然有效避免了附加指标对服务获得情况监测的影响，但与工业化国家不同，在我国这样一个农业大国中，农业对城乡界定的影响完全被忽略是否合理有待商榷。同时单纯以人口规模和密度为界定标准，城乡划分与经济发展的联系趋于弱化，因而其适用性需要实践加以检验。

第二，按城市化水平对网格单元进行分类，将区域分为城市（人口密集地区）、城镇和半密度地区（人口中等密度地区）以及农村地区（人口稀少地区），这种小的空间单位虽然易于统计数据，为城乡国际比较提供相对客观的资料，具有一定优势。但是，这种小行政或统计空间单位的边界并非适用于世界上所有国家，如一些国家不是所有的小空间单元都有居民，难以准确进行城乡界定。由此，可以看到，仅仅按照网格单元加以统计，其结果可能难以准确地反映实际情况，可能存在一定缺陷。除此之外，按城市化水平编制统计数据，需要收集所有家庭 GPS 位置生成高质量的人口网格，进而形成高度稳健和准确的分类，这既需要较高水平的技术支撑，同时也考验基层技术人员的素质和能力，尤其在我国的 14 亿人口基数之下，收集、编制统计数据是一个规模较大的工程，需要加强技术支持和人员培训，逐步掌握城市化水平的界定方法。

第三，城市化水平的新方法的运用需要稳步、审慎推进，并进行适时性调整。首先，我国城乡划分也经历了一个相对漫长的演变历程，其中以正式文件为标志，我国经历了 4 次城乡划分的演变（包括 1955 年、1999 年、2006 年和 2008 年），城乡划分的标准也经历了行政辖区、市建制与镇建制、人口密度、建成区等多种指标的权衡，因此城乡界定的方法正处于不断调整和变化的状态中。从城乡社会发展的角度看，城乡界定也要考虑政策与标准的延续性和相对稳定性，尤其对于新的划分方法，需要依据现实条件，审慎推进方法标准的运用，不宜频繁调整和更迭，尽量减少经济与时间成本。

中国乡村治理议题：陶行知的
乡村教育思想

高　啸[*]

当下，乡村教育改革逐渐成为社会各界关注的重点，在乡村振兴战略背景下开展乡村教育改革需要借鉴历史经验。陶行知作为中国现代最早研究乡村教育问题的思想家之一，他所主持的乡村教育实验是 20 世纪二三十年代乡村建设运动的重要组成部分，对于当下的乡村教育改革有着重要的借鉴价值，而如何借鉴则应对其理论和实践有深刻的了解。

一　陶行知乡村教育思想的"历史原点"

1. 陶行知的家世家风

（1）出身贫困家庭的"小和尚"

1891 年 10 月 18 日，陶行知出生于安徽省歙县西乡黄潭源村的一个贫困家庭。陶行知的父亲陶位朝，为人忠厚，略通文墨，原本在休宁县万安镇经营着一家酱园。随着列强入侵和洋货倾销，酱园的生意每况愈下，难以为继。在此情况下，陶父携家

---

* 高啸，管理学博士，南京晓庄学院商学院讲师。

搬迁回故乡黄谭源村务农为生。陶行知的母亲曹翠仂，为人诚朴，勤奋能干，是一位传统的家庭妇女。她不仅操持家务，种田务农，还替人缝补浆洗补贴家用。陶家的人丁并不旺，且有个女儿年幼早夭。受民间习俗和迷信观念的影响，陶父给陶行知起了乳名"和尚"，希望其荫佛长寿。同时，幼年的陶行知也常被母亲剪成光头，便在村里得了"小和尚"的称呼。由于出身贫困家庭，陶行知自幼便饱经风霜，深知农家疾苦。作为家中的半个劳力，十多岁的陶行知每日随父亲砍柴、劈柴，帮母亲种菜、卖菜，陪奶奶编麻绳。陶行知一直生活在贫困乡村，接触的也大多是贫民，自幼便形成了爱民、亲民、救民、为民的思想。

（2）能够吃苦耐劳的"徽骆驼"

陶行知的故乡歙县位于安徽省南部，多为山区，属丘陵地带，虽然风景优美，但地少山多，土瘠民贫，全年的粮食产量仅能满足当地居民三个月的口粮。因此，为了养家糊口，徽州人大多选择外出务工经商。由于徽州人颇具开拓进取精神，且以吃苦耐劳出名，通常被誉为"绩溪牛""徽骆驼"，甚至形成了"无徽不成镇"的说法。在此风气导向下，陶行知自幼便养成了开拓进取、艰苦奋斗的精神。1923年，陶行知为《游牛首山》这首诗做了题注，并对"绩溪牛"的精神给予了高度评价："绩溪人被称为绩溪牛，世人多以为是侮辱，我却认为是尊敬。正因牛是农家之友，没了牛，我们就没有饭吃!"纵观陶行知的一生，无不体现其"绩溪牛""徽骆驼"的吃苦耐劳品质。

（3）饱受传统文化熏陶的少年郎

徽州人非常重视文化修养的提升，为了发展教育事业兴建了各类各级学校。由此，徽州的孩童自幼便在塾馆读书，接受传统儒家文化的熏陶。陶行知也不例外，虽然家道中落，读书时有中缀，但其求学精神不减反增，经常在忙完家务后向先生求学问教，曾先后拜休宁、歙县的几位名家为师，研读"四书""五经"，奠定了坚实的文化基础。[1] 同时，徽州地区的哲学、医学、经学、戏剧、绘画、雕刻、建筑等文化发展迅猛，甚至自成一体，具有鲜明的地方特色。在此地域文化中成长起来的陶行知颇受影响，具有实事求是、敢于批判、大胆怀疑的精神。在求学过程中，陶行知酷爱具有爱国情怀与人文关怀的白居易和杜甫，在其后来写作的近 700 首诗歌中，饱含对人民的热爱与奉献、对祖国的忧虑与赤诚、对敌人的鄙视与仇恨。

2. 陶行知的求学历程

（1）早期传统文化启蒙

陶行知自幼聪敏，且作为家中的唯一男孩，承载着家庭的全部希望。陶父曾担任过教会学校的教员，拥有一定的文化基础，常利用闲余时间对陶行知进行启蒙教育，教其识字、临摹字形。1897 年，6 岁的陶行知入方庶咸秀才的私塾进行开蒙，学习了简单的儒学知识。1899 年，陶行知入吴尔宽私塾伴读，接受了较为系统的经学教育，他天资聪颖，反应灵敏，勤奋好学，刻苦钻研，深受塾师、同学与亲友的喜爱。在此间的 5 年里，陶行知熟读中国传统儒学经典，奠定了良好的旧学基础。1903 年，12 岁的陶行知受到了秀才程朗斋关于"四书"的言传身教。此后，陶行知不辞辛苦，每日奔波十几里前往曹家经馆，向前清贡生王藻求学，王先生赞其有"程门立雪"的古人作风，为其详细解读"五经"要义。如此，通过家庭教育与四处求学两种途径，陶行知受到了良好的传统文化启蒙，为其日后成为兼具儒家亲和与墨家兼爱的伟大教育家奠定了良好基础。

---

① 朱泽甫：《陶行知年谱》，安徽教育出版社，1985。

（2）西方文化初步洗礼

1906 年，15 岁的陶行知前往徽州府崇一学堂求学，自此接触到了西方科学知识，开始经受西方文化洗礼。崇一学堂的求学经历，是决定陶行知命运的关键步骤，是陶行知从旧式知识分子转变为现代文化人的第一步。[①] 崇一学堂是 3 年学制的教会学堂，开设国文、经学、修身、德行、中西历史、英文、代数、算学、地理、格致、体操、音乐共 12 门课程，是中西结合的混合式教育。在崇一学堂的 2 年间里，尽管能够接触到的西方文化极为有限，但给年幼的陶行知打开了一扇眺望新世界的大门，将其视野从歙县扩展到了全中国乃至全世界。在此期间，陶行知更明白时间的珍贵，对西方科学文化知识抱有如饥似渴的学习态度，并萌生了强烈的爱国意识与历史使命感，开始了对救民救国真理的艰难探索。陶行知曾题写座右铭："我是一个中国人，要为中国做出一些贡献来。"

（3）现代民主科学灌输

1909 年，陶行知考入南京汇文书院。次年，汇文书院与宏育书院两者合并为金陵大学堂。金大建立初期仅开设文科与若干数理课程，并分预科、本科两部，预科 2 年，本科 3 年。陶行知在金大学习生活的 5 年时间，是其人生道路的关键阶段。在这一时期，民主革命浪潮汹涌澎湃，陶行知一方面广泛地涉猎西方近代各种政治学、社会学、哲学等经典书籍，并试图与中国传统文化和近代思潮相融合，其政治思想与哲学思想迈入了新境界，人生观与世界观也得以丰富和完善。另一方面踊跃地投身辛亥革命的洪流，曾组织大学运动会为黄兴领导的南京留守机关解决财政问

---

① 周洪宇：《近代知识分子与教会教育——一项以陶行知为观照基点的历史透视》，载《中西文化与教会大学——首届中国教会大学史学术研讨会论文集》，湖北教育出版社，1991。

题，并担任《金陵光》的中文主笔。综合来看，金陵大学堂的求学经历不仅深刻影响着陶行知的政治思想与哲学观点，更重塑了其价值观念、知识结构、个性特征、思维方式、人格风范、行为模式等方方面面。这种中西文化的交融式灌输，使陶行知逐渐进入世界文化大系统，呈现出宏观、综合、开放的知识取向。

（4）国外高等学院深造

1914年，陶行知以优异的成绩毕业于金陵大学堂。同年秋，在父母与师友的帮助下，陶行知启程赴美留学，先后在伊利诺伊大学和哥伦比亚大学完成了硕士与博士阶段的学习。在伊利诺伊大学，陶行知在着重学习美国贸易、外交以及欧洲政治等课程的同时，还专门选修了教育行政学。在此期间，科夫曼为陶行知详细讲解了杜威实用主义教育学的基本原理，这对其产生了强烈影响，促使其正式决定将毕生精力奉献给教育工作。1915年秋，陶行知在伊利诺伊大学取得了政治学硕士学位，并转入梦寐以求的哥伦比亚大学教育学院，主攻教育专业。在哥伦比亚大学，杜威的教育哲学思想深刻影响着陶行知的内心，久而久之"教育即生活""教育即生长""学校即社会""教育即经验的改造和改组""以儿童为中心"等思想成了陶行知新型教育理论的重要养分。[1]此后，陶行知并未局限在某人某派的学说中，而是从中国文化教育与改造乡村社会的实际出发，海纳百川，融会贯通，逐渐形塑了独特的思想体系和知识结构。

3. 陶行知乡村教育思想的时代背景

（1）政治背景：民族内忧外患，战祸连年

1911年10月，辛亥革命推翻了2000多年的封建专制制度，

---

[1] 牧野笃：《关于陶行知在美国留学期间学习与生活的若干考察》，载《陶行知研究在海外》，人民教育出版社，1991。

但随着张勋"辫子军"的复辟和袁世凯"洪宪帝国"的成立，辛亥革命的显赫成果毁之一炬，中华民族陷入了军阀割据的混战状态。此后，封建主义、帝国主义以及官僚资本主义成为压在中华民族头上的三座大山，并疯狂地进行着长期的侵略与掠夺，民族解放与民族独立已成为时代重任。由于正值军阀割据、南北对立的时期，政治领域基本陷入失控状态，更无暇对思想文化领域实现强有力的控制，这为以陶行知为代表的先进知识分子试图利用乡村教育来改造乡村社会进而改造中国社会提供了外部件环境。①

（2）经济背景：农村经济萧条，贫困问题加剧

20世纪初期的中国社会外罹西方列强入侵，内有军阀割据之乱，同时还受到了世界经济危机以及连年自然灾害的破坏性影响，因而此时的中国农村经济极度萧条，处于崩溃边缘。具体而言，一方面，西方列强为减弱世界经济危机对自身带来的影响，通过疯狂地向中国倾销剩余农产品进而将风险转嫁中国，这使得中国农产品价格不断下跌，农民入不敷出，从事生产的积极性降低，生活更加贫困，传统小农经济逐步瓦解并濒临破产。另一方面，中华民国成立以后，各派军阀连年混战，严重破坏了农村经济社会发展与农民的生存环境，大量的农民背井离乡，流离失所成为灾民，靠乞讨为生。加之自然灾害严重，农村土地荒芜，饿殍遍野。天灾和人祸迫使农村经济日趋荒漠化。再一方面，官僚地主和割据军阀大量地吞并土地，所施行的农业高利贷和各种苛捐杂税，极大地加剧了农民的经济负担，造成农民普遍贫困化，成为社会动荡不安的重要因素。

（3）教育文化背景：乡村教育失常，文化凋敝

20世纪初期，在西方列强入侵和新文化运动兴起的背景下，

---

① 罗敏：《陶行知乡村教育思想对当代教育扶贫的启示》，贵州师范大学博士学位论文，2018。

中西方文化进入相互碰撞与融合的阶段，多样化的教育主张和思想持续涌现，推动中国传统教育向现代教育过渡，教育乡土化、平民化、实用化等观点成为社会各界的关注重点。然而，清末以来，受西方文化和教育思想的影响，这一时期的教育改革大多是照搬和模仿西方教育制度，存在严重的"水土不服"。这种"仿型国外、否定传统"的思维方式显然已全盘西化，进一步导致了中国乡村教育发展的失衡，给中国乡村社会带来了极大的教育文化危机。① 与此同时，民国政府强力推行的新式教育未能正式确立，而旧式教育却已明显凋敝，换言之，此时的乡村教育处于"旧学已破，新学未立"的尴尬阶段。在此情况下，以陶行知为代表的一批先进知识分子尝试借助乡村教育试验以达成改造农民、改造乡村乃至改造中国社会的愿景。

　　基于上述时代背景，陶行知更加肯定了求学期间所确定的"教育救国"主张，并积极投身中国的教育改造事业。在此过程中，陶行知发现"中国以农立国，十之八九住在乡下"。进一步地，他认为，农民的教育问题至关重要，它不仅关系到农村经济社会发展，更关系到民族复兴，如果广大农民长期处于愚昧落后状态，不懂科学文化，国家则断无振兴之日。因此，陶行知将乡村教育比作"立国之根本大计"，并开展了一系列的乡村教育试验。

二　陶行知乡村教育思想的"线性逻辑"

1. 陶行知乡村教育思想的理论基础

　　陶行知不仅是伟大的教育家，也是极其出色的政治家与思

---

① 邓宗琦、周洪宇：《陶行知——人民教育的伟大先驱》，《高等师范教育研究》1993 年第 3 期。

想家，他的精神世界丰富多彩，既涵盖了教育思想与文化观念，还涉及哲学观点与政治理念。其中，教育与政治密不可分，良好的政治环境有助于提升教育质量，哲学观点则是构建教育思想的重要理论基础，文化观念更是为丰富教育思想提供了沃土。

（1）政治理念

在从事文化教育事业并参与改造中国社会的实践过程中，陶行知积极吸纳了古今中外各类有益的政治思想，进而形塑了自身的政治理念，这是指导其人生抉择的重要向导。具体来讲，在早期，陶行知广泛汲取了中国古代典籍和近代西方各种社会学、政治学、哲学学说来试图寻到救国救民之道，其中他不仅继承了中国传统儒家"民为邦本、社稷次之"的思想以及墨家"兼爱非攻"的理念，也参考了孙中山的三民主义思想、西方资产阶级的天赋人权说以及林肯的"民治、民有、民享"的共和民主观念，初步形成了以近代西方民主共和思想为核心内容的政治理念。在后期，随着社会实践的逐渐丰富以及共产党人影响与帮助的持续深入，陶行知对无产阶级与中国民主革命有了明确认识，赞同并支持中国共产党的政治思想，主张"天下为公""一切为人民""民为贵"，形成了以社会主义民主观与新民主主义为核心内容的新型政治理念。①

（2）哲学观点

陶行知的哲学观点既来源于中国传统文化，又大量借鉴与吸收了西方现代文化。其中，中国传统知行观与美国实用主义哲学思想对其影响深远。陶行知哲学观点的形成是一个动态过程，历

---

① 胡晓风、储朝晖：《论陶行知思想转变的三个阶段》，《生活教育》2012 年第12 期。

经了"知行""行知""行知行"的转变，最终形成了辩证唯物主义的哲学观，实现了由一个朴素的唯物主义者到"基本具有辩证唯物主义观点的党外布尔什维克"的转变。具体来看，陶行知的哲学观点主要包括四个方面：第一，由民主主义向共产主义世界观的转变；第二，由唯心主义向唯物主义的认识论转变；第三，由民主主义的人生观向无产阶级人生观的转变；第四，逐步形成了"天下为公""文化为公""一切为人民""人民第一"的价值观。[①] 综合来看，陶行知哲学观点的核心是认识论，强调行动的实践性、为民服务的人民性以及勇于开拓的创造性。正是在此哲学观点的引导下，陶行知一生都在从事文化为公、教育为公的实践活动，最终成了中国现代伟大的人民教育家与综合性的文化伟人。

（3）文化思想

文化和教育是一对"孪生姐妹"，陶行知的文化思想不仅极大地丰富了其精神世界，也为其教育思想的完善起到了重要支撑作用，是其从事乡村教育试验的行动指南。具体来讲，陶行知从文化教育的需要与改造中国社会的实际出发，始终以民族主体精神为基，以吞吐百家、容纳百川的恢宏气度与博大胸襟，融中西文化精粹为一体，形成了具有鲜明民族性和时代性的现代文化思想学说。20 世纪 40 年代，陶行知的文化思想日趋成熟，明确提出了"民主、大众、科学、创造"四大方针。[②] 这种文化主张虽然是政治形势下的产物，但主要着眼于教育问题，是陶行知文化思想及其对中国文化发展道路独立思考的产物，达到了当时人们

---

① 张邦民：《试论陶行知世界观的发展过程》，载《陶行知研究》，湖南教育出版社，1986。

② 彭小虎：《论陶行知创造教育的思想体系》，《南京晓庄学院学报》2007 年第 2 期。

所能达到的思想境界。同时，作为一名民主主义者，陶行知接受了马克思主义的唯物史观，并运用这一理论来解释文化问题的本质，对于精神文明与物质文明的关系，以及教育文化与政治经济的关系也做了科学界定。

2. 陶行知乡村教育思想的主要主张

（1）民主教育

教育由哪些人主导、为哪个阶级服务是一个根本性问题。与中国历史上绝大多数的教育家不同，陶行知是人民教育家，他认为教育要为人民大众服务。1917年，陶行知在留学归国后，前往国内各地陆续开展了一系列大众教育试验，例如平民教育运动、乡村教育运动、国难教育运动、普及教育运动等，为广大劳动人民尤其是农民提供了接受教育的机会和权利，这开辟了中国教育的新路线，即人民当家做主的路线。同时，陶行知有着强烈的民主精神和人民意识，他根据中国具体情况，指出中国教育改革的重点和突破口在于农村基础教育，作为一个大国同时又是一个穷国，中国人口众多，底子薄弱，并且地区间发展极不平衡，应积极开设各类简便的教育机构，让尽可能多的农民拥有受教育的机会。此外，陶行知的乡村教育试验也充满了民主精神，他主张师生平等，尊重学生的主体性与创造力。

（2）科学教育

陶行知认为科学教育与民主教育是相辅相成的关系，两者缺一不可，科学教育一词包含着科学的教育化与教育的科学化两个方面。在科学的教育化方面，陶行知做了大量工作。在理论层面，陶行知明确提出"科学教育应从儿童时代入手；我们要创造一个科学的民族"。在实践层面，陶行知创办了儿童科学通讯学校与"自然学院",从事"科学下嫁运动",大力推广科学普及事业。[1] 在教育的科学化方面,陶行知专注于乡村教育试验,倡导在科学精神的引导下开展教育活动,在该过程中对"沿袭陈旧"的传统教育以及"仪型国外"的洋化教育持反对态度。为此,陶行知先生身体力行,一方面在日常教育中充分运用教育行政学、教育统计学等学科的相关原理与方法,另一方面不断强化教育的科学化管理,还多次邀请外国专家来华讲学,推广科学教育实验。因此,1946年陶行知将"科学"列为生活教育四大方针之一。

（3）师范教育

陶行知将师范教育摆在重要位置,将其与民族前途和国家命运紧密联系,诚如其所言,"教育是立国之本,而师范教育是国家托命之所在,利于兴邦"[2]。在理论层面,陶行知较为系统地论述了师范教育的作用和任务,认为师范教育应培养各种教育行政人员,包括学校校长、指导员、教员、职员等。同时,师范学生应了解教育规律,热爱师范教育,储备丰富的专业知识,形塑为人师表的高尚德行。在实践层面,陶行知是我国最早提出并创建乡村师范的教育家,他主张在乡村教育试验中将乡村自治作为改造乡村的组织保证,将乡村师范作为改造乡村生活的中心,将乡村教师作为乡村生活的灵魂,这种观念与做法对中国师范教育和乡村教育具有深远而广泛的意义。

3. 陶行知乡村教育思想的国内外地位

陶行知不仅是中国近现代的思想家、文学家与政治家,更是真正形成完整的教育学说体系、原创性最强且具有世界级影响的

---

① 冯雪红:《陶行知乡村教育思想的当代启示》,《西北民族大学学报》(哲学社会科学版) 2005 年第 5 期。
② 陶晓光:《回忆父亲给我的教育》,《行知研究》1981 年第 3 期。

教育家。陶行知在国内外教育领域拥有较高的地位。在国内，毛泽东称赞其为"伟大的人民教育家"，宋庆龄将其比作"万世师表"，董必武誉之为"当今第一圣人"①。党的十八大以来，习近平总书记也先后多次在重要场合提及陶行知，对其精神、思想、人格、事业等给予了充分肯定。在国际上，陶行知也同样享受盛誉。日本著名的教育学家斋藤秋男曾说过："陶行知不仅是属于中国的，更是属于世界的。"2007年，美国哥伦比亚大学师范学院教育学教授 David T. Hansen 在其专著中将陶行知列为世界最具影响力的十大教育家之一，与意大利的蒙台梭利、美国的杜威等世界著名教育思想家并列。由此可见，陶行知在国内外教育界拥有巨大影响力与崇高认可度。

2014年9月，习近平总书记在北京师范大学发表了重要讲话，引用了陶行知的"捧着一颗心来，不带半根草去""千教万教，教人求真；千学万学，学做真人""爱满天下"等名言警句，并将陶行知比作当代教师的楷模，号召全体教师认真学习，争做"四有"好老师。2018年9月，习近平总书记在全国教育大会上做重要讲话，引用了陶行知在其著作《创造宣言》中的名言"出世便是破蒙，进棺材才算毕业""处处是创造之地，天天是创造之时，人人是创造之人"等。在此次讲话中，习近平总书记还提到了孔子、张伯苓等古今中外多位教育家及其观点，但他对陶行知的观点引用最多，由此可见他对陶行知教育思想的高度赞扬与肯定。2021年5月，习近平总书记在给淮安市新安小学少先队员们的回信中写道：新安旅行团以长途研学的方式践行着陶行知"社会即学校、生活即教育"的思想，将个人成长与国家命运紧

---

① 周洪宇、刘大伟：《史料的钩沉、考证与抉择〈陶行知年谱长编〉编撰手记》，《江汉论坛》2012年第6期。

密结合起来，展现出强烈的爱国奋进的精神风貌。习近平总书记关于陶行知及其教育思想的多次论述，充分体现了中央领导人对于伟大的人民教育家陶行知的高度肯定与重点提倡。

三 陶行知乡村教育思想的"平面铺陈"

陶行知立足于时代背景和民族特色，在中西教育思想兼收并蓄的基础上，构建了符合中国国情和发展需要的生活教育理论。面对农民生活贫困、文化素质低下，农村经济萧条，农业生产落后等窘境，陶行知高度重视乡村教育问题，始终将教育视为国家万年之根本大计。其乡村教育思想主要包括乡村教育的功能、目的、内容、方法、途径等核心观点。

1. 乡村教育的功能：立国之根本大计

教育的功能是对教育目标和作用的观点与认识，与教育活动的开展直接相关。教育救国论与教育无能论两种观点长期并存于教育发展史。陶行知作为教育救国论的坚定拥护者指出，"改造社会与办学本质上是一件事情；改造社会若不以办学为切入点，就不能改造人的内心，更不能彻底地改造社会；教育的功能就是改造社会，教师操控着人类和民族的命运"①。在陶行知看来，其他任何领域的改革都只能发挥表面的改造作用，只有教育改革才能够彻底地改造社会，实现民族独立与国家富强。同时，我国作为农业大国，乡村教育的发展将直接影响民族前途与国家命运。由此，陶行知指出，"教育是立国根本，乡村教育是立国之根本大计；教育离开农业，便只能沦为消耗的、分利的、空洞的

---

① 霍玉敏：《论陶行知乡村教育思想》，《理论导刊》2005 年第 10 期。

教育，农业失去教育，就缺少了发展与促进的媒介；在我国，农民占全国人口总数之百分之八十五，所以乡村教育是一种伟大现象，中国的乡村教育关系到全世界五分之一的人民"。要想提高农民素质，就必须促进乡村教育发展。对此，陶行知指出，"乡村教育关系到三万万四千万人民的幸福，办得不好，能叫农民下地狱；办得好，才能叫农民上天堂"。之后，陶行知还总结出乡村教育的使命："一是教民造富，二是教民均富，三是教民用富，四是教民知富，五是教民拿民权以遂民生而保民族"。[1]

陶行知同样关注到乡村教育落后并与城市教育间存在失衡问题。他指出，"我国人民中城市占百分之十五，乡村占百分之八十五，然而乡村学校只有百分之十"。这种不均衡现象无法使乡村学生享受同等待遇，获得同等知识。因此，陶行知对当时的乡村教育进行了批判，认为其在教育模式、方法、目的、结果等方面上存在较大误区，现存的乡村教育只能带来"农夫弟子变书呆子""离开乡下向城里跑""分利不生利""羡慕奢华，看不起务农""吃饭不种稻，穿衣不种棉，造房不建林"等结果。[2] 在此情况下，陶行知提出了"平民教育下乡"的理论观点，并对中华教育改进社提出了宏伟目标："乡村教育政策要为我们三万万四千万农民服务，要募集一百万基金，征集一百万同志，建二百万所学校，改造一百万个乡村"。陶行知也清醒地意识到，学校是改造教育的中心，但仅依靠学校是不充分的，还必须联合其他力量，以更好地达成改造乡村社会的伟大使命。教育与科学机构联手，可以破除迷信；教育与银行联手，可以推翻重利；教育与道路工程机构联

---

① 黄友珍：《论陶行知的乡村教育思想及现实意义》，《教师教育研究》2006年第4期。

② 杨兴萍：《陶行知师范教育思想与地方师范院校发展的思考》，华中师范大学博士学位论文，2016。

手，可以改良道路；教育与卫生机构联手，可以预防疾病。

2. 乡村教育的目的：培养"有生活力"的学生

1926 年，陶行知在《中国乡村教育之根本改造》一文中，对中国乡村的传统教育与新式教育进行了批判，认为其是"离农"且脱离乡村实际情况的教育，"中国乡村教育走错了路，他教富人变穷，穷人变更穷。这是假的教育、残废的教育、死的教育，培养出来的学生是'书呆子''纸篓子'，除了死读书，一无是处，更没有改造乡村的能力"。基于上述认识，陶行知提出了以培养学生的生活力为教育目标，进而形塑改造社会的能力与精神，这既满足中国社会发展需要，也符合教育根本宗旨。具体来讲，乡村教育的目的包括两个方面：一是活的乡村教育改造乡村生活。陶行知坚信"教育是国家万年之根本大计"，并始终将乡村学校作为改造乡村生活的中心。因此，要创造因人发展所需、因社会发展所需的"活的"乡村教育，通过乡村教育完善乡村建设人才培养，解决乡村现实难题，最终改造所有乡村进而改造全中国。二是活的乡村教育培养学生的生活力与创造力。陶行知指出，"以后评判学校的标准，不在于设备或校舍，而是学生生活力丰不丰富？村中荒山都造林了吗？荒地都开垦了吗？村中人人都自食其力了吗？村道都四通八达了吗？村政已经成为村民自治、自有、自享的活动了吗？"[①] 这即生活力与创造力的最好解释。

在晓庄师范，陶行知带领师生们白手起家，兴建校园，自己动手种庄稼、盖房屋、养牛羊。大礼堂建成后，陶行知将其命名

---

① 渠桂萍：《乡村振兴视阈下陶行知乡村教育思想再审视》，《山西大学学报》（哲学社会科学版）2022 年第 1 期。

为"犁宫",两旁对联为"和马牛羊鸡犬豕做朋友,对稻粱菽麦黍稷下功夫"。图书馆建成后,陶行知将其命名为"书呆子莫来馆",他不赞成学生死读书、读死书,支持其读活书、用活书,成为有益于改造乡村的人。1928 年,陶行知总结出生活教育的五个目标:"健康的体魄,农人的身手,科学的头脑,艺术的兴趣,改造社会的精神",涵盖了德智体美劳全面发展的培养内容,这些标准也是"生活力"的具体化。晓庄师范的培养目标正是"有生活力"的学生,使学生更加强健、丰富、润泽,更能够克服困难、抵御痛病、解决问题、担负责任,并有征服自然与改造社会的自信与勇气。在山海工学团,陶行知丰富并发展了"生活力",强调农民的"自动、自助、自导",通过实施六大训练,即"普遍的军事训练、生产训练、科学训练、识字训练、民权训练、人种改造训练",来培养学生生活力,[1] 使他们拥有更好的生存发展能力。在育才学校,陶行知又提出了培养创造型人才的目标,指出"教育要基于儿童自身,过滤并应用环境,以发挥、培养、强化创造力"。最后,陶行知总结乡村教育的目的是"千教万教,教人求真;千学万学,学做真人",在真教育中培育有生活力、有创造力的真人。

3. 乡村教育的内容:"生活即教育"

陶行知将杜威的"教育即生活"翻转为"生活即教育",这并非简单随意地顺序颠倒,而是结合中国教育实际提出的,它意味着"生活教育是生活所必需的、生活所自营的、生活所原有的教育",教育要适应生活实际进而改造生活,即要根据生活需要

---

[1] 董宝良:《试论陶行知与杜威在教育思想上的联系和区别》,《华中师范学院学报》(哲学社会科学版) 1982 年第 6 期。

办好教育。对于传统教育的闭门造车，陶行知表示强烈批判，认为其过度注重书本知识，而忽略了生活本身，导致教育失去了活力与根本。他指出，"生活需要什么我们就学什么，我们学什么就教什么；整个乡村生活便是乡村教育的主要内容；凡是生活的场所，都是我们的教育场所；社会的全部活动，就是我们的教育范围；我们的教育课程包括了全部生活"，这也是"生活即教育"的核心内涵。从理论层面来讲，"生活"既包括社会生活与个人生活，又包括精神生活与物质生活，其基本含义有两点：一是泛指一切生物的生存与发展的活动；二是特指作为社会历史主体的人类的全部生活实践。这两层含义并非对立与排斥，而是相互阐明、相互补充。同时，"教育"的基本含义也有两点：一是培养人的活动；二是"生活的改造"，是"大众解放、人类解放、民族解放的武器"。这两种活动是相互推动、密不可分的，是事物的两个方面。"生活即教育"的具体内涵主要有三点：第一，从生活的角度来讲，生活含有教育的意义；第二，从教育的角度来讲，教育以生活为中心，通过教育来获得生活的提高；第三，从生活与教育的关系来讲，教育改造生活，生活决定教育。

具体而言，首先，生活是教育的模板、原型与中心。陶行知认为，生活教育主要包括三个部分："一是生活之教育；二是以生活影响生活之教育；三是为着应济生活之需要而办之教育"[1]。换而言之，生活与教育本就是同一过程，教育无法脱离生活，应根据生活需要制定教育的内容、目标、方法等。同时，乡村生活与教育的统一性使得乡村生活对乡村教育具有深刻的指导价值，过什么样的生活在很大程度上决定了接受什么样的教育，"我们

---

[1] 覃卫国：《抗战时期桂林的教育社团及其活动》，《广西社会科学》2011年第11期。

朝着实际生活走，才大致不会迷路"。其次，生活中存在教育的因素与意义。陶行知指出，"生活教育包括科学的教育、健康的教育、艺术的教育、劳动的教育、社会革命的教育五个部分；教育是生活的固有内容，不用刻意植入，生活的广度与深度就是教育的广度与深度"。在生活教育实验中，学生的课程内容同时具有庞杂却实际、多元却有效的特征，教育与生活的有机结合正得益于这种根据生活需要而设定的庞杂的课程体系。最后，生活决定教育，教育的目标在于改造生活。教育的目标、方法、内容等要由生活来确定，中国教育就要以中国人民的实际需要为出发点，以为中国人民创造幸福生活为己任，如此才能体现教育存在的可能性与必要性。为此，陶行知强调，"在一般生活里，要发挥教育的特殊力量，找到教育的特殊意义；在特殊教育里，要找到教育与一般生活的联系，将教育推广到生活的所有领域"。

4. 乡村教育的方法："教学做合一"

为破解传统教育模式所造成的"先生光教不做，学生光学不做"现象，陶行知倡导"教学做合一"，即"活的乡村教育要有活的方法，活的方法就是教学做合一"。1921年，陶行知在《教学合一》一文中大致阐述了相关思想。1922年，壬戌学制颁布后，陶行知进一步提出，"教的方法要根据学的方法，学的方法要根据做的方法"。1925年，受张伯苓先生的启发，陶行知在南开大学发表演讲时正式提出了"教学做合一"思想。在之后的数年内，陶行知还多次通过发表文章或演讲等方式对"教学做合一"的教育方法进行详尽分析。从理论层面来看，"教学做合一"重点是对生活现象与教育现象间关系的说明。在生活上，对人之影响说是教，对己之长进说是学，对事说是做，教学是生活的三个方面。在教育上，教与学都以做为中心，在做上学的是学生，在做上教的是先生。"教学做合一"既不是只强调个人经验而忽视系统知识，也不是只重视实际技能而忽视理论知识，它要求教育紧紧围绕社会生活实际的"做"这一中心，在思想与行动的结合中获得"真知"。该教学理论重在深化理论与实际的联系，促进教育与社会生活、生产劳动的融合，提升学生的手脑并用能力，最终实现学生智力与体力的协调发展。

"教学做合一"理论是对传统教育方式的否定与革新，是在批判"洋八股"和"老八股"的基础上建立起来的。它让学生以做为依据来锻炼其动手能力，使学习更有针对性；它让教师以学生的学为依据，既能调动学生积极性，培养其学习兴趣，又有利于教师因材施教，提高教学质量。需要注意的是，陶行知的"教学做合一"与杜威的"做中学"有着本质区别，前者是以"行是知之始，知是行之成"的唯物主义思想为依据，后者则是以主观唯心主义经验为基础，两者在教学理论和实践以及教育目的方面也有较大区别。"教学做合一"要培养"在劳力上劳心"，能运用"活"的知识，有行动能力，有创造力和生活力的学生。并且，"教学做合一"思想不仅是一种教育方法原理，还包括根据这种原理衍生的一系列具体的教育方法，如自我教育法、小先生制等，这些具体教育方法极大地充实了"教学做合一"思想，对中国教育的改革发展产生了积极影响。① 陶行知对这一理论的实现报以众望，"全民族对于中国现代化的无能教育，该有觉悟于教学做合一理论，若再因循苟且，将变成亡国之催命符"，并给出"有没有引导人思想的力量；有没有引导人动作的力量；有没有引导人产生新价值的力量"这三条标准来对"教学做合一"实践

---

① 邵祖德：《从实用主义走向新民主主义——论陶行知教育思想的发展》，《杭州大学学报》（哲学社会科学版）1982年第1期。

质量进行评价。

5. 乡村教育的途径："社会即学校"

陶行知在《教育的新生》中指出，"不了解社会的需求，便是盲目的教育；不发挥社会的力量，便是无能的教育"。这便是陶行知"社会即学校"思想的核心观点，他反对教育只是传授简单的理论知识，主张让学生走进广阔的社会，去接触新鲜事物，去锻炼动手能力。并且，教育要与农业、银行、科学机构、卫生机构等行业联手，适应社会的多样化需求。在晓庄师范期间，学校没有建设围墙，反而设立了众多组织，如乡村教育研究部、中心茶园、民众学校、科学社等，整个乡村都可以作为学校，乡村生活内容都可以成为教学内容。在山海工学团期间，陶行知将学校、工厂、社会连成一片，工学团既是教育团体，又是社会团体，成为一个改造乡村的、富有生命力的新细胞。此后，为全面推进教育普及，陶行知又提出"即知即传人"的方法，倡导"把店铺、家庭、工厂、寺庙、机关、军队、民团等都变成下层之教育场所，使城乡同进"，使教育的途径突破原有学校的局限。"社会即学校"思想使各领域都能受到现代化知识的改造，陶行知强调，"教育不应封闭在围墙里，而要打破围墙与社会形成广泛联系，并结合教育的内容和目的选择合适的教育途径"。

在理论层面上，"社会即学校"有着丰富的内涵。首先，从社会角度来看，"社会含有学校的意味"，其基本含义是将整个乡村或整个社会都当作学校，进而引申为"到处是生活，到处是教育，整个社会是生活场所，也是教育场所"。基于上述理解，陶行知创办了工学团、空中学校、通讯学校、自然学院、旅游团、社会大学等方便人民大众的学习场所。其次，从学校的角度来看，"学校含有社会的意味"，应当了解社会的真实需求，与社会生活实际紧密结合，为社会的改造与发展提供人才。陶行知对脱离人民大众实际生活的学校多有批评，他指出，"一个乡下先生住在破庙里教死书，就好比一只孤鸦，这种孤僻的学校，即使普及了也没有意义"①，他主张对这种学校进行彻底改造，以加强其社会功能。最后，从社会与学校的关系角度来看，"动员学校的力量，帮助社会进步，运用社会的力量，促使学校进步，两者相互促进，共同进步"。"社会即学校"既不是要取消学校，让教育倒退回原始状态，也不是对杜威"学校即社会"的简单继承，它实质上是通过社会各方力量的综合运用，通过学校与社会之间的联系，创办社会需要的学校，培养社会需要的人才。

6. 乡村教师：改造乡村生活的灵魂

教师直接影响着教育理念的落实与教育目标的实现。陶行知认为，"乡村教师要成为改造乡村教育的灵魂；乡村中心学校由乡村实际生活产生，乡村师范由乡村中心学校产生，而乡村师范的主旨在于造就拥有科学的头脑、农夫的身手、改造社会的精神的教师"。其中，所谓"科学的头脑"，指的是教师要有科学创新的精神，能够善于发现和学习新知识，并将其传授给学生和农民。所谓"农夫的身手"，指的是教师要真正地深入农民，体验他们的困难与疾苦，学习他们的精神与能力，农民会做的教师也要会做。所谓"改造社会的精神"，指的是教师要以改造乡村、改造社会为最终目标，在学校与社会的深层联系中指导和培育学生，进而实现对国家和社会的改造。此外，陶行知还提出了"艺术的兴趣""健康的体魄"等理念，这为好教师的标准与师范教育

① 周洪宇：《陶行知生活教育学说的当代价值（下）》，《生活教育》2007 年第8 期。

的目标指明了方向。陶行知强调，对于乡村社会改造而言，教师的意义是重大的，"教师足迹所到之处，一年内能创造生动的学校气象，两年内能使社会信仰教育，三年内能带来科学农业著效……五年内能普及活的教育，十年内能实现'荒山成林、废人生利'，这样的教师可谓'活的乡村教师'，是乡村教育发展与社会改造不可或缺的灵魂所在"①。

陶行知强烈批判了当时灌输式、陈旧式的教学方法，认为这种教师抹杀了学生的创造性与能动性，使学校只是简单地"复制"学生，这种教育是不可取的，因为"教师不可能永远地跟着学生，教师更不可能穷尽世间的一切真理"。陶行知认为，教师应教给学生探索创新的能力以及解决问题的方法，还给学生一个活生生的世界，为其创造独立学习、思考与探索的环境。教师还应尊重学生的主体地位，从实际需要出发，激发学生的学习兴趣与动力。与此同时，农民拥有改造社会的巨大潜力，这需要教师的组织和指导，将这种力量凝聚起来。所以，教师应该深入农村，和农民打成一片，成为农民的一分子——"人中人"，在融入农民的过程中发挥组织作用，进一步地引导整个社会的改造。

四　陶行知乡村教育思想的"立体构成"

教育是陶行知的终生事业，是其毕生追求。陶行知的一生是勤于实践的一生，是献身教育的一生，是求索创新的一生。数十年间，陶行知主持、倡导、发动、组织、参与了众多教育改革与

---

① 索晓霞：《乡村振兴战略下的乡土文化价值再认识》，《贵州社会科学》2018年第1期。

办学实践，包括中华教育改进社、中华平民教育促进会、乡村教育同志会等改革，还有晓庄师范、山海工学团、育才学校、社会大学等实践。陶行知始终站在人民的立场上思考与解决教育问题，数十年如一日，为教师做出了杰出表率。

1. 陶行知主持的教育改革

（1）主持南京高师教育科，提倡教育革新

1917 年 9 月，陶行知从哥伦比亚大学师范学院毕业，受郭秉文的邀请，任教于南京高等师范学校教育学专业，先后讲授了"教育统计学""教育学""教育行政学"等课程，受到了学生们的一致好评。1918 年 5 月，南京高等师范学校成立了教育专修科，陶行知代理教务主任。任职期间，陶行知主持了一系列大胆的教育管理改革，主要包括以下几点：其一，改教授法为教学法。陶行知认为，"教师的职责不在教，而在教学生学，教的方法必须根据学的方法"①。其二，在学生管理中实行自治制度。陶行知鼓励学生开展各种社团活动来进行自治管理，从而提高自治能力与自我管理意识。其三，倡导男女同校。1920 年 4 月，陶行知在校务会议上明确要求招收女生，为女子与男子接受同等教育畅通了绿色渠道。其四，运用科学手段进行教务管理。陶行知将统计学原理运用于教育管理工作，不仅提高了教室和实验室的利用率，更提高了全校的教学质量。此后，20 世纪 20 年代，南京高等师范学校和北京大学作为中国高等教育改革的两面旗帜，南北呼应，带动全国。而南京高等师范学校的成功改革离不开陶行知的艰苦奋斗，其所提倡的教育革新，成为中国现代高等

---

① 刘红：《乡村振兴背景下农村公共文化服务体系建设研究》，《社会科学战线》2022 年第 3 期。

教育改革的冲锋号角。

（2）主持中华教育改进社，推动全国教育改革

为了打破"派别之分、门户之见"，达到"力谋合作、牺牲己见"的目的，陶行知推动新教育编辑社、新教育共进社、实际教育调查社三社合并，组建为中华教育改进社。改进社以研究学术教育、调查实际情况、力求教育改革为宗旨。作为主任干事，陶行知主要开展了四个方面工作：其一，广泛开展教育调查。1922～1925年，陶行知开展了一系列的教育调查，出版了《中国之教育统计》一书，为教育决策提供了重要依据。其二，深入开展教育研究。陶行知聘请了中外教育家对中国教育中的经费、学制、普及、师范教育、平民教育、女子教育、科学教育、乡村教育等议题进行重点研究，极大地丰富了中国教育理论。其三，编译教育书刊。陶行知不仅主持着《新教育评论》《新教育》等杂志，还出版了《中华教育改进社丛书》《平民丛书》等著作，更在《初等教育季刊》《中等教育季刊》上发表了大量的教育文章。其四，从事教育推广工作。在陶行知的倡议下，中华教育改进社对乡村教育、平民教育、职业教育等推广工作给予大力支持，有力地促进了中国教育发展。总的来看，陶行知所主持的中华教育改进社所开展的系列活动，对于中国教育的发展具有重要作用，被赞誉"对于中国教育之改进，功绩甚大"。

（3）组织中华平民教育促进会，推行平民教育运动

五四运动以来，陆续有教育家呼吁开展平民教育运动。1923年5月，陶行知与胡适、朱经农、黄炎培等人展开协商，发起并成立了中华平民教育促进会。此后，陶行知先后在北京创办了4所平民教育试验学校，在南京创办了3所平民教育试验学校。1923年8月，中华平民教育促进会在北京举行成立大会，陶行

知任董事会执行书记兼安徽省董事，与姚金绅、晏阳初共同草拟了《中华平民教育促进会简章》，并提出三点建议[1]：一是聘请国内外教育家对平民教育的各种问题进行研究；二是广泛开展平民教育的各种试验，包括培养人才奔赴各地、开办各类平民学校等；三是与各地通力合作，大力开展平民教育运动。同时，陶行知还规定了促进会的五项基本活动：其一，开展研究。进行平民教育学校的教学、管理、组织、训育等方面的研究。其二，进行试验。在各地开展平民教育试验。其三，编辑出版。编写平民教育的课本、字典、周报、画报及系列丛书。其四，推行平民教育运动。发行平民教育招生宣传，开展演讲会等。其五，筹集资金。总的来看，在陶行知等人的努力下，全国各地陆续开展了多种形式的平民教育运动，促进了我国民众文化素养的提高。

（4）发起乡村教育同志会，推行乡村教育运动

在诸多教育试验中，陶行知深感农民不仅缺乏文化知识，更缺少谋生手段，必须要改造乡村教育。1925 年 8 月，陶行知在中华教育改进社的年会上强调，"今后的工作重点为科学教育和乡村教育"。1926 年，陶行知开始筹划建立乡村试验学校，并在教育改进社的内部成立了乡村教育研究部，还专门聘请赵叔愚等人为专职研究员。同年 12 月，陶行知在《中华教育改进社改造全国乡村教育宣言书》一文对乡村教育的本质、宗旨及目标加以明确，这进一步为乡村教育同志会的成立打下了坚实的基础。同年 12 月 25 日，乡村教育研究会第二次会议以成立"乡村教育同志会"为中心议题，在南京展开探讨。会上，陶行知宣读了《中华教育改进社乡村教育同志会简章》，提出，"以群策群力、共谋

---

[1]　魏华玲：《生活教育社桂林纪事》，载《陶行知研究》，湖南教育出版社，1987。

中国乡村教育之改造为宗旨；以实际在乡村学校服务者、学术实力足以研究或提倡乡村教育者为会员"。同时，会议还正式确定以陶行知撰写的《我们的信条》为行动纲领和指南。1927年1月，陶行知主编的《乡教丛讯》正式创刊，作为乡村教育同志会的会刊，该刊发表了一系列指导乡村教育的文章，拉开了陶行知发起乡村教育运动的序幕。

（5）成立国难教育社，开展战时教育运动

"九一八"事变后，日本帝国主义加快了侵略步伐。值此危难之际，"一二·九"运动掀起了全国抗日热潮。为了宣传抗日活动，陶行知成立了国难教育社。1936年2月，国难教育社在上海正式成立，陶行知被选为理事长，张劲夫为总干事。同年，陶行知、张劲夫、王东若等人共同草拟了《国难教育社简章》，明确了国难教育社的宗旨为"谋推进大众文化，以启发中国大众争取中华民族之自由平等，保卫'中华民国'领土与主权之完整"，教育社的主要工作包括：开办大众学校、时事研究会；举办军事常识讲习班；开办国难教育演讲；组织巡回电影放映；出版大众国难读本；介绍前进书报等。此后，陶行知积极投身国难教育中，将其生活教育理念推向了一个新阶段。1938年12月，为进一步推进国难教育，陶行知在广西桂林召集了2000多名群众，正式成立了生活教育社。陶行知提出了生活教育社的四项任务：一是实现自身长进；二是推动教育界共同进步；三是普及抗战建国的生活教育运动；四是普及反侵略的生活教育运动。延安新教育学会对此高度评价，肯定其在开展中国新教育中突出的革命作用。

2. 陶行知组织的办学实践

（1）晓庄师范的生活教育实验

近代以来，中国传统教育开始向现代教育过渡，但社会与学校、教育与生活相脱节现象严重，尤其在乡村教育方面完全地脱离了农民生活，脱离了乡村实际。为此，1926年6月，陶行知邀请东南大学乡村教育教授赵叔愚等人，共同调查乡村学校现状，筹办乡村师范试验。1926年12月，陶行知发表文章《试验乡村师范学校答客问》，强调晓庄的试验"是用科学方法去开新的生路"。1927年3月，陶行知筹集资金购买了南京神策门外小庄（后改名为晓庄）的10里荒山、200亩田园作为农场和校址，并在《乡教丛讯》《新教育评论》等刊物上刊登了招生广告，引起了教育界，特别是青年学生的浓厚兴趣，他们纷纷索要报名简章，询问具体事宜。3月15日，晓庄师范正式开学，这标志着由陶行知主持的生活教育实验拉开序幕，中国教育的重心也由城市转向农村。具体来讲，晓庄师范以"根据中心学校办法，招收中等以上各级学校末年生加以特殊训练，俾能实施乡村教育并改造乡村生活"为办学宗旨，并设定了农夫的身手、科学的头脑、改造社会的精神、健康的体魄、艺术的兴味等五项培养目标。区别于传统教育方式，晓庄师范的实验内容和措施也别具风格，主要特征包括：招生看重农事经验、考试方式别具一格、实施教学做合一，课程以乡村生活为中心、打破学校的围墙，开展"联村"系列活动、改革教育实习体制，试行新的实习办法、颁发统一的毕业文凭等。[①] 晓庄师范是陶行知生活教育理论的第一次重要实践，前后不过3年多的时间，却在国内外产生了深远而广泛的影响，具有非常重要的理论和实践意义。

（2）山海工学团的生活教育实验

1930年4月，晓庄师范被国民党查封，陶行知被迫逃亡海外。1931年3月，陶行知潜回上海，匿居在法租界，继续从事

①　李世宏：《陶行知工学团教育思想初探》，《生活教育》2006年第11期。

教育研究。1932 年 6 月，陶行知在《古庙敲钟录》小说中提出了"工学团"的教育思想，试图以工学团教育来取代传统的学校教育。其中，工是工作，学是科学，团是团体，更详细地说，是以大众的工作来养活大众的生命，以大众的科学来明了大众的生命，以大众团体的力量来保护大众的生命。工学团的基本主张得到了丁柱中、陈立廷、叶桂芳等人的赞同与支持。1932 年 10月，山海工学团正式成立，具体经办人马侣贤为第一任团长。并且，山海工学团以"山海实验乡村学校"的名义向教育局立案，因此又称为山海实验乡村学校。具体来讲，工学团的办学方针是"来者不拒，不平者送上门去"，办学宗旨是"参加新村、新国、新世界之创造"，办学目标是"培养工学团成员具有健康的、劳动的、科学的、艺术的、改造社会的生活"，办学内容是"普通的军事、生产、科学、识字、民权、生育六大训练"。同年，陶行知撰写了《乡村工学团试验初步计划说明书》，详细论述了山海工学团与传统教育模式的区别，主要包括七个方面：主张以社会为学校；主张生活即教育；主张相师相学；主张教学做合一；主张在劳力上劳心；主张行是知之始；主张与大众同甘共苦，共休戚，以探索整个中华民族之出路。受益于陶行知的大力倡导，工学团试验取得了可喜的成绩，其影响甚至扩大到了国外。不同于晓庄师范，山海工学团主要探讨用新的思路、方法和原则，去实现整个中华民族的教育普及重任，对于 20 世纪三四十年代的教育普及事业起到了重要的推动作用。

（3）育才学校的生活教育实验

重庆育才学校的生活教育实验是陶行知教育思想的又一重要实践，标志着其生活教育理论发展到了一个新阶段。陶行知吸取了晓庄师范试验和山海工学团试验的经验教训，在理论和实践方面都有了丰富和完善。具体来讲，陶行知创办育才学校的动机有远因和近因两种，远因有二：一是爱迪生幼年生活之启示，二是法拉第幼年生活之启示；近因有三：一是法国游船上之见闻，二是湖北临时保育院之所见，三是重庆临时保育院之感触。[1] 上述五个原因在陶行知的"脑海里各自独立存在了很久"，直至第二次回到香港才串联起来，即"培养民族国家之幼苗，不管他有什么缺陷，只要有特殊才能，都应加以特殊之培养"，这也是陶行知创办育才学校的动机所在。从理论层面来看，育才学校的宗旨是"用生活教育之原理与方法，培养难童中之优秀儿童，使其成为抗战建国之人才"，试验内容和措施主要包括"专业技能与基础知识并重；注重知情意合一的创造教育；重视学生的课堂教育、校外教育、集体活动以及社会活动"。从实践层面来看，育才学校注重培养追求真理和进步的青年，培养勇于为人民和祖国奉献的革命战士，造就了一大批杰出人才。据不完全统计，育才学校共招收学生410人，其中140多人走上了革命道路，另外还有多人在科学、艺术、文教等部门经长期历练，成长为优秀的专家和干部。

（4）社会大学的生活教育实验

抗战胜利后，民主与和平是全国人民的共同愿望。为促进重庆民主运动的展开，陶行知主持了生活教育社等团体。1945年12月，陶行知、方与严等人共同剖析了社会大学成立的问题。此后，在各方的大力支持下，1946年1月15日，社会大学在重庆市管家巷28号院内正式开学，周恩来出席，当时共有学生197人。陶行知指出，社会大学的培养目标是"既能够领导大众，又愿意接受大众领导的人才"，即培养能为大众服务且对社会有用的人才；教育方针是"以知识教育、人格教育、技术教

---

① 童富勇、胡国枢：《陶行知传》，教育科学出版社，1991。

育、组织教育为重点，核心是人格教育"；经费来源包括中共中央南方局的财政拨款、陶行知以"生活教育社"名义的募捐、向学生收取的少量学杂费；学制特点有"按学生的兴趣爱好与特长分系、上夜课、修业期限共两年八个月"。从课程设置与教授阵容来看，社会大学具有很强的针对性、战斗性与知识性，且非常重视社会实践，把实践与革命斗争和革命形势紧密结合起来，教导学生革命的理论知识并倡导参加革命实践。在社会大学的生活教育实验中，陶行知提出了两种理论，即无形的社会大学与有形的社会大学，内容包括了早晨大学、夜间大学、新闻大学、函授大学、电播大学、旅行大学等，这是"社会即学校"思想的丰富化与具体化。总的来看，社会大学的生活教育实验，极大地推动了民主政治运动，培养造就了一批革命干部，为民族解放和国家建设贡献了力量。

五 结语

2017 年 10 月，习近平总书记在十九大报告中首次提出实施乡村振兴战略，要求坚持农业农村优先发展，按照"产业兴旺、生态宜居、乡风文明、治理有效、生活富裕"的总目标，建立健全城乡融合发展体制机制与政策体系，加快推进农业农村现代化。实施乡村振兴战略表明，国家欲从战略层面转变过去偏重工业主义的发展模式，进而寻求城乡之间、人与自然之间的和谐共生，以及经济、社会、政治、文化、生态等诸多领域的综合型发展。而乡村振兴首先要振兴乡村教育，要通过乡村教育来培育懂管理、懂政策、懂技术的乡村人才，既要从根本上提升农民的知识素养与文化水平，又要从应用上补足农民的技术短板与实践能力。

当前阶段，乡村教育及其存在的问题如乡村教育与乡村生活存在隔阂、乡村教育城市化倾向严重、农民缺乏话语权与选择权等正越来越引发人们的关注。因此，乡村振兴战略背景下的乡村教育究竟向何处去，是摆在社会各界面前的重要问题。尽管时代背景和乡村社会都已发生巨大变迁，但陶行知创立的生活教育理念及其乡村教育思想，仍然能给当下的乡村教育改革提供有益经验。具体来讲，其一，借鉴陶行知的"教育立国"思想，充分发挥乡村教育在乡村振兴战略与农业农村现代化发展中的时代价值；其二，借鉴陶行知的"生活即教育"思想，推动乡村教育与农民生产生活实现更紧密的结合；其三，借鉴陶行知的"社会即学校"思想，重点构建多形式、多层次、开放式的乡村教育体系；其四，借鉴陶行知的"教学做合一"思想，进一步深化乡村教育理论与实践的联系；其五，借鉴陶行知的"全面教育"思想，积极培养德、智、体、美、劳全面发展的乡村人才。最后，需要注意的是，任何教育家的思想与实践都有其历史局限性，陶行知也并不例外。因此，应从实际需要出发，对陶行知的教育学说加以创造性地参考与运用，使其适合并服务于当下乡村教育体系的完善。

个案实录

互联网＋生态消费：现代农业发展的策略选择

——基于盱眙县穆店镇的调研观察

李　烊[*]

引　言

　　党的十九大报告提出，实施乡村振兴战略。2017 年中央农村工作会议强调，加快构建现代农业产业体系、生产体系、经营体系。乡村振兴的重要抓手是构建现代农业体系。构建现代农业产业体系是深入推进农业供给侧结构性改革、加快培育农业农村发展新动能、实施乡村振兴战略的必然要求，也是实现农业农村现代化的关键。所谓现代农业，是指在现代工业和现代科学技术基础上发展起来的农业，是萌发于资本主义工业化时期并在二战以后逐渐形成的一种发达农业。其主要特征是广泛地运用现代科学技术，由顺应自然变为自觉地利用自然和改造自然，由凭借传统经验变为依靠科学，成为科学化的农业，使其建立在植物学、动物学、化学、物理学等科学高度发展的基础上；把工业部门生产的大量物质和能量投入农业生产中，以换取大量农产品，成为工业化的农业；农业生产走上了区域化、专业化的道路，由自然

　　* 李烊，管理学博士，南京航空航天大学人文学院讲师。

经济变为高度发达的商品经济，成为商品化、社会化的农业。当前，我国现代农业产业正经历着两种极为重要的发展转型：一是试图通过现代互联网技术，打通农业产业发展的各个环节，提升资源配置效率；二是试图通过农产品消费的"生态化"转向，进一步开拓挖掘农业产业经营消费的新领域。并且，在很多情况下，两者同时构成了地方实践的核心内容。因此，立足当前我国现代农业产业发展的基本事实，深入探究影响农业发展的现代性因素，也就成为一项意义重大的研究课题。

一 案例简介：多主体协同破题穆店镇现代农业发展

淮安市盱眙县穆店镇为了推动镇域内现代农业产业的迅速发展，依托全域土地综合整治，积极调整产业结构，因地制宜发展大棚果蔬种植。采用农旅融合发展模式，打造旅游休闲采摘集聚区，促进本地就业、农业增效、农民增收，坚实助力乡村振兴。2020年4月17日，盱眙县现代农业产业园成功获批创建国家现代农业产业园，总规划面积32.9万亩，涉及淮河、马坝等6个镇街22584户9.52万人。产业园功能布局按照"一带二核三区"进行规划建设。以虾稻为主导产业，园区总产值78.29亿元。2020年4月20日，穆店镇政府、南京千领辉航空科技公司创业团队及南京农业大学乡村振兴学术团队，共同商讨三方合作事宜，破题"现代农业产业发展"，具体情况如下。

首先，从县域的层面来看，盱眙县隶属于江苏省淮安市，地处长江三角洲地区，位于淮安西南部，淮河下游，洪泽湖南岸，江淮平原中东部；东与金湖县、滁州天长市相邻，南、西分别与滁州市天长市、滁州市来安县和明光市交界，北至东北与分别泗洪县、洪泽区接壤。盱眙县地处北亚热带与暖温带过渡区域，属季风性湿润气候。地势西南高，多丘陵；东北低、多平原；呈阶梯状倾斜，高差 220 多米。淮河流经境内，东、北部濒临洪泽湖，有低山、丘岗、平原、河湖圩区等多种地貌。穆店镇属盱眙县的乡镇之一，地处城乡接合部，就其来历而言，一说是因为北宋女将穆桂英在此安营扎寨而得名；另一说是因周朝穆王途经此地而得名。该乡位于县城东南，与县城相距 13 公里。乡域东与旧铺镇相接，南邻王店乡，西与桂五镇和古桑乡相连，北毗邻维桥乡，总面积 97.02 平方公里，全镇辖 10 个行政村，1 个场圃，84 个村民小组，2.57 万人。2005 年，全乡地区生产总值 1.2 亿元，财政收入 224.8 万元，农民人均纯收入 3600 元。该乡北就连接县经济开发区，境内有八仙台旅游风景区，辖区内有全县最大的水库——龙王山水库。

其次，穆店镇电商平台搭建方，即南京千领辉航空科技有限公司，由南京农业大学 2006 级计科系校友刘君创立。其创业团队近三年主攻乡村技术支持服务，公司主营范围是：航空技术研发；计算机技术研发、技术转让、技术咨询、技术服务；无人机、机器人、电子设备研发；机器人、电子设备、计算机软件及辅助设备、通信设备、环保设备、机电设备及配件、摄影器材的销售；进出口、对外贸易；农业技术咨询、技术服务、技术转让；农业机械销售；机械化农业及园艺机具制造；农业机械服务；农作物病虫害防治活动；农业科学研究和试验发展；民百用无人驾驶航空器及零配件的销售和售后服务；通用航空生产服务；视频制作；软件开发；信息技术咨询服务；信息处理和存储支持服务；信息系统集成服务。

最后，南京农业大学公共管理学院刘祖云教授及其乡村振兴学术团队主要从事两个主题的学术研究：一是聚焦乡村技术治理问题；二是关注乡村振兴中"生产主义"向"后生产主义"的转型问题。该课题组拟对江苏省盱眙县穆店镇进行田野调查，深度参与该镇现代农业产业发展的信息化与生态化转型。基于上述案例简介，本研究并重点阐述以下四方面的内容：一是简要介绍穆店镇现代农业项目涉及的行动主体。二是介绍该镇"互联网＋"农业产业的发展模式。三是呈现该镇"生态消费"的模式转型过程。四是提炼并反思"互联网＋生态消费"的农业产业模式。

二　现代农业资源整合的"互联网＋"策略

1. 搭建"农业互联网电商平台"

如今，利用互联网电商平台开拓农产品的销售渠道，并实行农业产业的电子商务运营，正越来越成为一种趋势。所谓农业电子商务是指一种电子化交易活动，它以农业生产为基础，包括农业生产的管理、农产品的网络营销、电子支付、物流管理等。它是以信息技术和全球化网络系统为支撑点，构架类似 B2B、B2C 的综合平台支持，提供从网上交易、拍卖、电子支付、物流配送等功能，主要从事与农产品产、供、销等环节相关的电子化商务服务，并将其充分消化利用。

2020 年 3 月，南京千领辉航空科技有限公司研发团队为了实现农业产业资源的全方位整合，开始计划搭建一个农产品互联网电商平台，并从微信小程序入手，组织研发相关应用，在短短一个月内，初代版本的应用软件已经完成设计、测试与运营。目前，该创业团队计划在长三角地区开展针对农业产业的互联网电商服务，该平台的应用界面如图 1 所示。

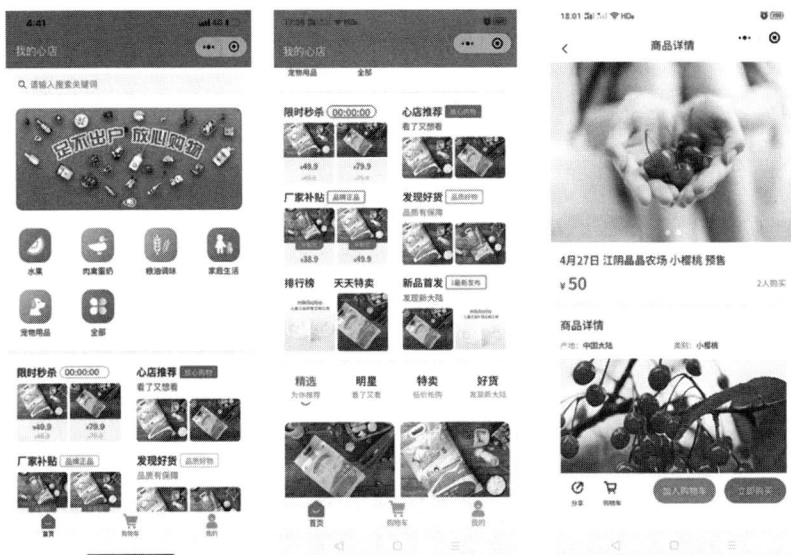

图1　"心店"农产品电商平台界面（试运营）

在访谈中，南京千领辉航空科技有限公司负责人刘君就农业电商平台的基本运行模式进行了解释：

> 互联网与农业深度融合的产业链模式将互联网与农业产业的生产、加工、销售等环节充分融合。运用互联网技术去改造生产环节，提高生产水平，管控整个生产经营过程，确保产品品质，对产品营销进行了创新设计，将传统隔离的农业一、二、三产业环节打通，形成完备的产业链。

目前，穆店镇电商平台项目的开发尚处在初始阶段，其间的部分平台功能仅涉及江苏部分农业产品的销售和推广环节，其后期还有大量的工作有待完善，比如农产品的生产、加工、监管、跟踪、回溯等环节都需要纳入此电商平台之中。针对此电商平台的开发与完善，刘君在访谈中就以下三个问题给出自己的判断。

其一，就开发农业电商平台的原始动机而言，现代人的经济状况和购买力较之以往得到了很大提升。人们对于食品的要求愈发提增，消费者的根本诉求是确保农产品的环保性、有机性与真实性，而非价格，诚如刘君在访谈中所言：

> 我们之前在泰州做调研，有一个农场的大姐，她是做虾稻米的，有机认证，卖 17 元一斤，上海的游客每年到她那儿走一遭都会过去买，根本不愁卖。所以说我感觉这里面有很多事情可以做，通过电商平台，打造产业联盟，把一些优质的东西挖出来，把产业链各个环节资源整合起来。通过线上线下的手段，把产品真正的打出去，当他们不愁卖的时候就是这个行业爆发的时候。

其二，就互联网技术对于农业领域的进程而言，其并不是一个技术下乡的简单过程，而是一个迂回复杂的螺旋式前进的过程。此间，个体需求的问题值得关注，即对于不少农民主体而言，其技术应用的思维意识和主体能力并没有紧跟互联网发展的急速进程。对于此类群体而言，他们"不想搞什么先进的销售模式，不想搞什么高级的产品，也不想提升什么附加值，就想等着每年国家粮库过来收"。

其三，无论如何，就总体而言，电子商务模式一定是现代农业产业发展的大趋势。"互联网＋"的农业产业发展模式，能够依托其投入周期短、产出快的特点，来弥补传统农业产业模式的短板。具体而言，其优势有三点：第一，通过物联网实时监测，应用大数据进行分析和预测，实现精准农业，降低单位成本，提高单位产量；第二，互联网技术推动农场的信息化管理，实现工厂化的流程式运作，进一步提升经营效率，更有助于先进模式的推广复制；第三，"互联网＋农业"不仅能够催生巨大的数据搜集、信息平台建设等技术服务需求，同时也打开了更大的农资产品销售空间。

2. 构建"区域农业产业联盟"

穆店镇距离南京约2小时车程，具有良好的区位优势，交通便捷。沪深高速的穆店出口处，便是该镇倾力打造的农业产业园游客集散中心（如图2所示），该建筑分上下两层，主要功能有三：一是农业产业联盟的实物展厅，展示产业联盟中厂家信息、生态农品等；二是镇域电商平台的线下工作基地；三是为外地游客提供必要的旅游公共服务；四是拟用作高校学术团队的专家工作站及调研的临时驻点。

图2 穆店镇"现代农业产业联盟"线下基地

穆店镇试图依靠当地政府牵头，依托"心店"电商平台，打造盱眙县"区域农业产业联盟"。该镇的党建专员就"互联网＋农业产业联盟"给出了以下理解：

首先，产业联盟的核心主体主要是产业园区内的几家大型的农业产业项目。目前，通过正式的党委会签约大会签约的有五家企业，一个是星河集团，一个是搞火龙果的农场，一个香农产业园，还有其他两家相对小一点的。我们县里想做蔬果这一块，想把一些其他零散的项目也放进来，但是这样做的抓手太大，一开始先放五家。到时候这几家单位签好约之后，在我们的联盟基地里面做一个展示，本来想做一个监控系统，监控产业联盟中的各家企业园区内的日常情况，但是成本太高，现在就打算在你们工作站做一个触摸屏，能够看到区域位置。同时，每家企业挂包一个党员，到时候聘请南农大教授来进行线下技术支持。不过，这个联盟以后还是需要扩大的。

其次，除了把几家大的农业企业联合起来，今年的任务还需要在村里面成立一个合作社，把那些形成不了规模的农户联合起来，纳入我们产业联盟，通过线上的平台，帮助他们找市场，这样我们的书记项目、党建工作也就可以和产业联盟结合起来，合作社本身可能赚不到什么钱，但也是为百姓做了实事，看看能不能给农户提供小额贷款，村集体需要去牵头。

最后，选择适当，打算政府牵头，搞一个线下采摘节，提供采摘券，让附近的或者城区的居民能够到这里来消费、活动，也算打响我们产业联盟的旗号。

有鉴于此，穆店镇的区域农业产业联盟可以进行以下三个方面的解读：其一，所谓的产业联盟建构，则是一个由地方政府牵头，地方企业多方支持的"政绩工程"。其二，打造产业联盟的价值在于能够整合不同企业的资源。比如，出于某种因素，当季的火龙果销路不畅，而梨子则销售情况良好，那么产业联盟就可以推动两家企业产品的搭配销售。即通过"互帮互助"，共同抗击市场风险。其三，农业产业联盟中的企业"抱成一团"，可以产生集聚效应，比如葡萄、火龙果、蓝莓、虾稻米、龙虾等企业，共同打造盱眙的生态农品品牌，如此能够打响盱眙生态农业产业的旗号。

3. 设计农产品推广的"网红经济"模式

在现实中，穆店镇的农产品销售，由于疫情遭遇了前所未有的困境。针对农产品滞销困境，穆店镇创造性地提出了利用"网红经济"模式，进一步助推农产品销售的构想，即通过网红的强大影响力，以点带面，利用较小的代价，形成较大的品牌影响力。

当前，网红经济正在成为互联网营销的新模式，"网红经济模式"屡屡通过销售奇迹，不断刷新人们的对于产品销售模式的认知。所谓"网红经济"是指：以时尚达人或者网络红人的品位和眼光为主导，进行选款和视觉推广，在社交媒体上聚集人气，依托庞大的粉丝群体进行定向营销，从而将粉丝转化为购买力的过程。如果将"网红经济"的思路应用在农产品销售领域，答案就是搞"农业直播"。简言之，就是利用直播平台，通过视频直播、手机直播等方式，实时展现自己的产品，一对多地面对潜在客户，从而获得订单，筹集资金。对此，穆店镇经由多方沟通协商，给出了"网红经济"的商业运营模式——网红＋直播＋电商。刘东进镇长在访谈中解释道：

您可能会说，农业直播有难度吧，成功的是少数吧，不能以少带多呀。跟您说，还真不是，这几年，利用农业直播获得收益的案例还真不少。有报告显示，如今在农村，最容易卖出大额订单的方式就是互联网，从2021年开始，直播这种火爆的社交形式常常成为果农、菜农们的营销首选。锤子科技创始人罗永浩在直播中一分钟卖出一万份小龙虾。说起阿里巴巴，您很容易想到马云，说起马云，您很容易想到阿里巴巴，两者都有很多粉丝，因此都成了网红，两个概念黏在了一起，出现了"你就是我，我就是你"的结果。如果做农业直播的你有很多粉丝，你是卖鸡蛋的，看见了你就想起了鸡蛋，看见鸡蛋就想起了你，你的鸡蛋就有众多潜在的客户。所以，做好农业直播，关键在于对直播人的培养，想象一下，镜头的那方，一个普通的人，即使再怎么原生态，会引起你的兴趣吗？人具有太多的不确定点、讨论点，因此人给出的话题要远超公司、远超产品。挖掘自身的话题，成为网红，自然就吸引了关注，所以我们要做的，就是将农业直播变身为农业＋网红直播。

总之，随着互联网技术的发展，各大电商平台纷纷借助直播依靠网红的影响力，带动消费。相比较传统电商，网红直播有超越图片和文字更生动形象的传播效果，能够解决传统电商平台的痛点，克服传统商品展示单一，图文信息不能够满足消费者，缺少与消费者互动的弱点。另外，直播还具有基本的互动和场景连接，提供一个实时的消费渠道，为电商增加变现的机会。网红不仅不会消耗电商平台流量，同时还能够为电商平台带来流量，帮助电商平台增加销售额。

三 现代农业发展的"生态消费"策略

除了通过"互联网＋"模式拓展农产品的销售渠道，促进产业资源整合。穆店镇开始将农产品的"生态化转型"视为产业发展的另一个突破口，即思考如何提升农产品本身的品质，打造更高端的农业品牌。对此，生态农品是健康、绿色的标志，由于稀缺性，其在消费市场中已成为"高端消费"的代名词，正在受到越来越多高消费人群的关注。也因如此，穆店镇着手农产品品牌的升级与打造，并在更深的层面思考如何构建一种"生态消费"体系。

1. 引入先进的生态农业技术

近年来，一种"虾稻共生"技术在盱眙县蔚然兴起。在20年的品牌打造中，盱眙龙虾从名不见经传的草根菜品，变为风靡全球的"红色风暴"，让盱眙这座原先默默无闻的苏北县城，一跃成为"中国龙虾之都"，铸就了"打造一个金字招牌，成就一个富民产业"的发展奇迹。但"盱眙龙虾"如何二次创业？富民产业如何提升发展？盱眙县委、县政府决定，充分集成盱眙龙虾品牌优势、水稻资源优势和山水生态优势，开发推广虾稻共生综合种养新模式，走出一条绿色富民、产业振兴的新路子。放大盱眙龙虾的富民效应，必须做强养殖业。为有序推进稻田养虾，盱眙专门制定《盱眙县"十三五"虾稻共生产业发展规划》，把虾稻共生作为农业供给侧结构性改革的"一号工程"，设立现代农业和龙虾产业发展引导资金，优先扶持。扶贫开发、农田水利、高效渔业等项目，重点对虾稻共生综合种养连片、高标准基地基础设施建设给予支持，带动更多农户加入虾稻共生种养队伍。与此同时，加强与科研院所合作，联合攻关虾稻共生综合种养难题，多次开展"乡土人才"专题培训。带动盱眙千家万户搞养殖的有村干部，更有返乡创业者、投资现代农业的精明企业家。

50多岁的盱眙人卢勇在上海做了10年物流生意，看到盱眙龙虾品牌越来越红火，2016年底返乡创业，投入200多万元，在芦沟村流转了620亩土地搞虾稻共生。卢勇表示，地方政府提供技术指导、组织培训，每亩田每年产一季稻、两季虾，净利润超过2500元，到2021年就收回了全部成本。2018年3月，退役军人蔡海林和其他两个合伙人筹资800万元，创办老营现代农业公司，一口气承包了2400亩土地，从事虾稻种养。农忙时节，公司用工百人以上，带动了当地农民就业增收。目前，全县共建成沿洪泽湖大道10万亩虾稻共生产业园等4个万亩以上示范基地，培育50亩以上规模种养大户4000余户，全县虾稻共生面积达65万亩，占全部龙虾养殖面积的81%，较常规一稻一麦亩均增收2500元以上。

盱眙龙虾虾稻共生快速扩展，跟着走红的便是被称为"龙虾伴侣"的稻米。盱眙"龙虾米"种植过程中，坚持采用物理灭虫、人工除草、生物防治和施有机肥，杜绝使用农药化肥、激素和抗生素，降低了面源污染，保证了产品更健康、更安全。盱眙还高度重视高食味性水稻品种的筛选，邀请到中国工程院院士、水稻专家张洪程教授专门在盱眙建立院士工作站，开展优质品种选育、技术集成创新、科学指导实践等工作。

打造"龙虾米"品牌也被提上县委、县政府的议事日程。"盱眙龙虾香米"接连斩获首届全国稻渔综合种养优质渔米评比金奖、江苏好大米十大品牌等殊荣。创新举办盱眙龙虾香米·绿色丰收节、盱眙龙虾香米品鉴会，县委、县政府主要负责同志赴北京、上海、南京、深圳推介，提升了市场知名度、美誉度，成为虾稻共生产业新的增长极。"龙虾不愁卖，稻米也不愁卖。"在上海生活过的卢勇知道大城市的人喜欢有机食品，2021年就试种植了100亩富硒大米，并申请绿色食品认证，市场反响非常好，每斤大米能卖到15元。

盱眙龙虾协会会长芮士光介绍，虾稻共生的快速扩展，极大地增加了盱眙龙虾的产量，带动了龙虾加工业和旅游业的发展，全县近两年新增10多家龙虾深加工厂、5家龙虾旅游点，实现了一二三产业融合发展。盱眙龙虾年交易量超12万吨，加盟店超2000家，产业规模超百亿元。盱眙龙虾创业学院，每年免费培训2000多名贫困家庭人口。全县近20万名群众通过从事虾稻共生、龙虾物流、烹饪制作等相继走上了小康道路。2021年，来盱眙旅游的游客达600万人次，拉动消费超过60亿元，游客在这里最大的消费就是吃龙虾。

在"虾稻共生"的技术支持下，盱眙农业产业形成了"一虾先行，诸业并进"的良好局面。通过推广该种养结合模式，在农民取得可观经济效益的同时，对降低农业面源污染、改良土壤质量、改善生态环境起到重要作用，做出积极贡献。

此外，调研情况显示，在盱眙农业产业园中，诸如"立体栽培""气雾栽培"等一批"智慧农业"相继投产。盱眙不断培育农业产业化龙头企业和联合体，推进现代农业产业园、农村产业融合发展示范园建设，完善"农户＋合作社""农户＋公司"利益联结机制，与知名农业院校共建农业产业技术体系、科技创新联盟、产业创新中心，通过建立标准实验室、智能化栽培车间，助推当地农业产业提档升级。

2. 建构乡村生态符号

第二个现代农业产业提升的路径是镇长刘东进提出的。他认为，需要寻找并构建田园情怀，来吸引消费者的目光，提升乡村的品位，提升农业消费品的格调。该思路与刘祖云教授提出的乡村的"符号化"思路不谋而合，刘镇长敏锐地意识到这种"符号化"背后的巨大需求以及它所能带来的经济效益。在讨论如何打造特色农业产业项目的过程中，他判断，仇集黄牛肉虽然味道很好，但无论如何都不可能做成一个充满亮点的农业项目。其理由在于，黄牛肉并不是大多数城里人田园情怀所寄托的对象：

> 人们需要寻找的一种曾经在农村生活的记忆，牛肉做不到这一点。

相比于"牛肉"，"槐花"被刘镇长视为一种更具符号化的对象。事实上，在刘镇长看来，他那一代人对"槐花"有着年轻一代无法切身体会的特殊情感，这种情感产生于槐花曾经给他营造的童年生活氛围，产生于槐花给他构建的关于视觉、嗅觉、味觉的所有的美好记忆。他动情地说道：

> 现在专门种植槐花的人已经没有了，其实这个东西真的可以作为一个小型的产品需求。像我们小时候上学的学费就是靠自己去摘槐花赚的，花骨朵的时候，晒干它可以作中药材，三十年前可以卖到 3 元一斤，学费一年才 7 元，一个夏天就可以攒够一年的学费，还有盈余。盛开的时候可以摘下来炒着吃，我们经常用槐花炒鸡蛋。现在想想，小时候的槐花真漂亮，我们这一代人对它有一种特殊的情怀。它很香，这种香不是那种让人厌烦的香。现在有一种槐花它很小，你比如说在一片山头，你可以种植一片，种了之后肯定漂亮，你们要打造什么？就是要打造能够留下田园情怀的项目。要

是我们这里沿着池塘边，种起一大片槐树林，大概两三百亩，一定会吸引很多人过来，尤其是像我们这些四五十岁的人，看了肯定深有感触。这个项目既可以作为旅游项目，同时也能产生经济效益。

显然，对于刘镇长而言，槐花不仅仅是一种植物。在情感的表达中，槐花已经被升华为一种符号，槐花是审美的对象，是果腹的食材，是生财的工具，更是童年的记忆。因此，它成了美好、淳朴、勤劳与奋斗的象征，它承载的既是孩童无忧无虑的童年时光，又是农村青年艰苦奋斗的历史。如今，当它被有心之人重新提及，并真真切切地呈现在人们面前的时候，它就成了符号，一种能够吸引特定人群，激发情感共鸣，产生经济效益的符号。

论及乡村符号，同时可以联想到一些以旅游产业为核心的乡村，其同样面临着乡村符号的寻找、选择和构建的问题。

例如，安徽和县的香泉镇，该镇不仅有温泉这一得天独厚的自然资源，还拥有不错的历史文化资源。史料显示，南梁昭明太子萧统曾到此地泡温泉，治好了皮肤病，并欣然题词"天下第一汤"。与该镇相关的其他历史典故还有不少。然而，在访谈中，该镇的招商负责人指出："太子的历史"已经被南京汤山温泉霸抢先一步"占有"了，这一情况和曾经在各地上演的"曹操墓之争""刘备墓之争"等很类似。本质上，这是围绕"文化符号"展开的争夺，人们之所以看重"太子的历史"的归属，是因为历史文化能够为服务业提供符号、类型和意义的基本信息，并且，拥有这些历史文化的人和地区，能够通过对历史的挖掘、阐释、开发利用等手段，将一些文化符号转化成的经济价值，这一过程包括选择目标人群、选择文化标的、构建与特定人群相适应的文化符号等内容，进而，在迎合目标人群"符号需求"的过程中，实现产品的推广与销售。比如，该镇依靠优渥的自然环境与文化资源，主打生态、环保、养生、休闲、养老等概念开发房地产项目，吸引了大量外地人前来购置湖景别墅。这也是很多有历史文化底蕴的乡村搞旅游经济开发的手段之一，"文化"与"符号"成为乡村产业振兴的工具，这可以被理解为一种"文化策略"或"符号策略"。

在穆店镇的"符号构建"问题上，刘镇长进行了深入分析：

> 盱眙城区有几十万人，周末去哪里？为什么不能来穆店？完全可以和高校配合，把它打造成网红景点，种菊花、槐花，搞垂钓、水上项目。目前，城区 20 万人的消费模式，是苏宁，是万达，我都能背出来，一楼卖化妆品，二楼卖衣服，三楼吃吃玩玩，四楼电影院，这种消费模式对城里人来说已经开始有一种消费疲惫感，现代人的这种消费已经疲惫，就像你去餐厅吃饭，没什么新意了。我们现在就是要发现老百姓的新需求。接地气，田园气息，针对年轻人的消费需要承接过来，怎么样把他们从城里引出来？城区已经提不起消费兴趣，农业是最能提供新鲜感的领域，新鲜的空气，能采摘，能品尝，又能消费。

以上思路是试图构建这样一种"农业消费品"——它既要具备"使用功能""交换功能"，同时还需要具备"符号功能"。一方面，在对农产品的消费与体验中，人们满足了健康、养生、娱乐等个体基本需求；另一方面，在某种程度上，它具有"符号消费"的属性，也使得一部分人的身份象征和符号象征得以彰显，消费者的角色构建，不再是通过购买略显土气的奢侈品，而是通过对健康、自然、养生、生态、文化的消费等来实现。将"符号"与"农产品"挂钩，推向市场，另辟蹊径，同样能够刺激消费。从"符号消费"的角度看，一种商品畅销抑或滞销，取决于它所构建出来的东西是否符合消费者进行"符号操持"时的主观需求。

3. 打造"消费型"乡村生态空间

进而言之，当策划者锚定了一个文化标的，或者确定了某一个有价值的乡村符号，这样的乡村产业的符号化升级如何具体实施？答案是从乡村空间着手，换言之，乡村的空间生产可以遵循这一文化策略展开，并通过空间营造打造乡村符号。

穆店镇虽然成功申请国家级农业产业园，但区域空间仍然停留在整体规划阶段，还未给出详细的产业空间规划。对此，镇长在访谈中强调了空间规划与空间营造的重要性：

> 所谓的田园乐趣，说实话，现在大家是很需要的，在城市是复制不了的，你只有到这种环境中，才能真正地体验田园生活。就是这种环境能不能给游客带来乐趣，那就是你需要解决销售问题，这样倒推回去，你就知道自己要干什么。如果在你的周边有两三百亩的槐花，填充进来，反过来再追他们（政府或者游客）的注意力。所以，空间环境必须要有特色，给人眼前一亮的感觉。

由此可见，穆店镇所营造的消费型乡村生态空间本质上是一种围绕"乡村文化符号场域"展开的积极建构，并且，在更深层的意义上，在于生产一种可以与"经济资本"实现兑换的"乡村符号资本"。乡村符号资本的生产需要一个承载主体间互动交流的空间场所。无论是在布迪厄的场域分析中，还是在福柯的权力技术分析中，空间皆是一个极为关键的概念。空间与权力资源的生产有着切肤联系。在如前所述的乡村网红的媒体技术加持下，农民逐渐建构起扩大化的乡村社区空间，并为自身的符号实践提供了坚实的场域基础。网红自媒体平台能够将农民日常生活的实体空间与网民所处的虚拟空间勾连起来，实现了线上线下紧密高效的互动连接。同时，新兴视觉技术所营造的媒介空间，让人们获得了能够超越地域限制、模拟共同在场的情感体验。这样一个"网络"与"地方"混杂共生的乡村媒介化消费空间，既是实体的也是虚拟的，既是个体的也是共享的，既是存在边界的也是可以自由进出的。在这样一个复合型乡村空间中，各类乡村资源（技术、身体、话语、意识、符号等）在新媒体的情境中实现了快速的流动，进而在全新的乡村媒介场域中汇聚在一起，激起新的浪涌。原本具有浓厚地方性特征的乡村场域，实现了网络时空向度上的无限延展。

四　总结与反思

1. 总结：穆店镇农业产业发展的"创新"与"不足"

本课题组通过此次针对盱眙县穆店镇的调研，形成了以下两方面的结论。

一方面，就创新而言，当前穆店镇正积极地探索农业产业创新实践模式，并将"互联网"与"生态消费"视作农业产业发展的新突破口，两者构成了地方政府与核心参与主体关注的焦点问题。同时，"互联网＋生态消费"同时也蕴含着本学术团队目前关注的两个核心学术命题——"乡村技术赋能"与"乡村的后生产主义转型"。事实上，无论是在经验层面，还是在理论层面，"乡村技术赋能"与"乡村后生产主义转型"并不是相互孤立的两个乡村治理主题，而是需要齐头并进、共同发展、不可偏废的两个方面，两者是相互配合、相辅相成的关系。

但另一方面，就不足而言，当前穆店镇农业产业的实践，仍然存在诸多亟待扭转的不良取向：一是将大量的精力聚焦于如何培育、引进、发展农业产业项目；二是对"生态问题"的关注与强调，并非基于一种"生态正义"层面的考量，而仅仅是将"农业生态"当作一种"消费产品"或者"消费策略"，其本质依旧是农业经济问题。因此，对于当前盱眙县乃至其他产业经济发展尚不充分的苏北农村地区而言，"让农民富起来，实现农民增收"仍然是乡镇工作的头等大事。这与苏南经济发达地区的乡村治理格局存在差距。

2. 反思："互联网＋生态消费"模式的运行限度

无论是通过互联网赋能的路径，还是将农业产业的升级诉诸生态消费，我们都应该积极反思这一农业现代化过程所应坚守的底线，而非无休止地追求这一升级过程所需的各种策略与技巧。本研究认为，"互联网＋生态消费"的现代农业发展路径存在两个值得关注问题：一是如何在互联网构筑的虚拟化传播时空中，保障农产品的原真性，亦即保障其真实的品质；二是如何在生态、健康、有机、环保等新兴话语所营造的消费情境中，合理地引导、建构消费者的真实诉求与价值观念。两者既构成了现代农业产业的运行边界，也是其可持续发展的重要手段。具体有以下几点。

一方面，产业经营者需要及时扭转"重符号，轻品质"的不良倾向。在飞速发展的当代社会，人们变得焦虑、紧张，生怕稍有疏忽错过了某个"风口"，一不留神被竞争者甩开了身位。很少有人能够沉下心来，以匠人的精神琢磨产品真正的价值，打磨产品的质量。农产品是否真的是天然无公害的变得不再重要，重要的是该品牌是否通过了机构认证。水产品是否真的比同类产品更新鲜、更细腻、更鲜美变得不再重要，重要的是广告、渠道或名气。本研究认为，品牌效应带来的最大消极后果之一就是大量打着品牌旗号进入消费市场的假货、次货、一般货被贴上了标签，"土鸡变凤凰"。现代农业产业的操盘手们，整天琢磨的就是，如何在最短的时间内打开市场、拓展渠道、打响名号。通过"博眼球""搞噱头""贴标签""贩卖健康焦虑"等手段，增加农产品的附加值。毋庸置疑，这的确能够实现农民增收，并且效果立竿见影，但它却实实在在地损害了城市消费者的利益，况且，葡萄甜不甜，大米香不香，龙虾鲜不鲜，环境美不美，普通人一试便知，这种"重品牌，轻品质"的生态农品打造方式，必定行之不远。固然，品牌的打造与推广很重要，将其附上"绿色""有机""健康""环保"的标签也不失为一种高效的营销手段。但归根结底，产品本身的品质是所有营销手段的根基，产品必须是出类拔萃的，必须是货真价实的，也必须经得起市场和消费者的检验，切勿本末倒置。

另一方面，从城市消费者的角度看，需要警惕虚假需求。我们在鼓励乡村建设者积极主动地捕捉城市人需求动向的同时，又不禁疑惑，现代消费社会的需求，究竟是基于人类生物体本能的真实需求，还是被商家、产业经营者炮制、构建的虚假需求。如今，一个具有普遍性的批判观点是，在网络信息化时代，个体主体性弱化了甚至终结了，商家企业通过大数据、云计算等手段更精准地掌握个体信息，分析其心理态度，预测其行为偏好，进而实现对人的"隐性操纵"。消费需求的构建实质上是对消费者的诱惑，这种诱惑是企业商家通过生产欲望、需求和身份认同制造出来的，它旨在说服民众追求消费，追求更容易被理解、被消化的娱乐生活，并将工作、消费、生活都视作一种游戏，以游戏的精神推动资本积累，并企图以非功利的态度完成功利的目标。此乃当前很多地方发展生态消费的底层逻辑，而关于此举的价值判断，可能需要进行更深刻的哲学反思。

浙江桐乡"三治融合"乡村治理模式及其启示

刘祖云[*]

党的十九大报告提出,要"健全自治、法治、德治相结合的乡村治理体系",即学术界与媒体所说的"三治融合"的乡村治理模式。对此,浙江省桐乡市在"三治融合"上率先进行了社会试验,并形成了"三治融合"的乡村治理模式,夯实了乡村治理的社会基础。

为了学习浙江桐乡的经验,总结可复制、可推广的经验,为江苏乡村治理体系的形成提供经验借鉴,南京农业大学金善宝农业现代化研究院"三治融合"课题组,赴浙江省桐乡市开展了为期半个月的专题调研。调研组先后走访了新塍镇潘家浜村、乌镇镇陈家村和高桥街道越丰村,考察了"三治融合"的具体模式,并就"三治"内容、举措、成效、推广、经验等,与村干部、企业管理者、个体经营者和农民群众进行了深入的讨论与交流。

总体上看,浙江桐乡以"一约两会三团"(村规民约,百姓议事会、乡贤参事会,道德评判团、百事服务团和法律服务团)为载体,以构建自治、法治、德治相结合的治理体系为目标,逐

* 刘祖云,男,哲学博士,南京农业大学公共管理学院行政管理专业教授、博士生导师。

步探索出党委领导、政府负责、社会协同、公众参与、法治保障的乡村治理模式。

一　浙江桐乡"三治融合"的经验描述

1. "三治融合"的推进过程及启示

（1）"三治融合"是在"危"中产生了"机"

2005年，桐乡市辖的高桥镇多项考核指标排在全市的倒数几位。2010年，高速公路和高铁的到来，让高桥一跃成为"双门户"乡镇。大征迁、大开发、大建设的发展机遇期来临；同时，高速公路与高铁片区所在地的社会矛盾较突出，乡村社会的治理出现困难。这一独特的社会背景为桐乡市探索新的治理模式提供了契机，即我们通常所说的"危"中出现了"机"。

启示之一：在那些社会矛盾比较多、治理难题比较突出的乡村社会，可以率先进行一些"试验"。这有两个理由：一是试验的成本比较小；二是不得不进行一些新的治理模式创新。

（2）"三治融合"的推进把握住了每一个"政治节点"

2012年，党的十八大提出了要"加强和创新社会管理模式"。桐乡市抓住了这一政策的有利"窗口"，结合当地实际，率先在高桥镇的越丰村试点"三治融合"模式。

2013年，党的十八届三中全会提出了"创新社会治理体制""改进社会治理方式"的要求。在这一背景下，桐乡市把"三治融合"的模式向全市推广，开启了以"三治融合"为手段、以"大事一起干，好坏大家判，事事有人管"为目标的基层社会治理新变革。

2014年，党的十八届四中全会提出了"推进多层次多领域依法治理"的执政理念，要求各级党政机构要"坚持系统治理、依法治理、综合治理、源头治理，不断提升社会治理法治化水平"。

2015 年，党的十八届五中全会在"十三五"规划建议中进一步强调要"推进社会治理精细化，构建全民共建共享的社会治理格局"。

在这一政治背景下，2016 年 2 月，高桥镇又把原设于乡镇一级的"百姓参政团"延伸到村，并设置了"百姓议事会"，与原本就在村一级的道德评判团、百事服务团构成村级"三治"平台的"铁三角"。

启示之二：①浙江桐乡在推进一个具体的社会政治试验时，并不是一蹴而就的，而是分步骤推进的；②至关重要的是，桐乡在层层推进时，每次都利用政治上的关键节点与窗口，这样，从客观上可以大大减轻政治试验的社会阻力。

2017 年，经过数年努力，浙江桐乡"三治融合"的模式，已发展成为我国基层社会治理的重要品牌，被写入了党的十九大报告，并被中央政法委定位为新时代"枫桥经验"的精髓、基层社会治理创新的发展方向。

2. "三治融合"的图示及其解释

（1）"三治融合"模式的逻辑框架

图 1 表示的是"三治融合"的逻辑框架。

第一，最左边是"社会问题产生"，而最右边是"社会问题解决"。因为，任何乡村社会治理体系与模式的形成，都是以"社会问题"的产生为逻辑起点，也是以"社会问题"的解决为其逻辑终点。

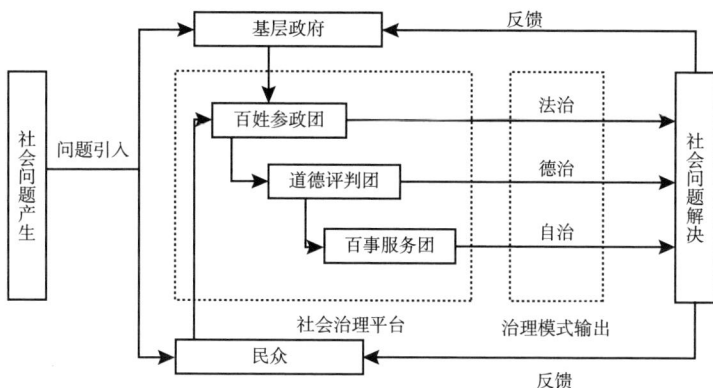

图 1 浙江桐乡地区乡镇社会治理"三治融合"模式的系统架构

启示之三:一个没有社会问题的地方,是没有办法进行治理模式创新的。一个社会问题与矛盾突出的地方,才可能会带来社会治理模式的创新与突破。

第二,最上边是"基层政府",最下边是"民众",这说明,一个社会问题产生后,它必然会进入两个群体的视界,一是基层政府,另一是社会民众。从逻辑上看,越是在民众中反响强烈的社会问题,越容易获得基层政府的关注。

第三,图示"中左"的百姓参政团、道德评判团、百事服务团,是在基层政府的指导下,有民众共同参与的"社会问题"解决的平台,即社会治理平台。

第四,图示"中右"的"法治""德治""自治",表明的是三个团遵从的治理方式,或者说,百姓参政团、道德评判团、百事服务团是分别基于法治、德治与自治的社会治理逻辑而设置的。

第五,当"社会问题"在百姓参政团、道德评判团、百事服务团治理平台上获得解决,或者部分获得解决,或者难以获得解决时,这一社会问题又会反馈到民众与基层政府中,这就是这一模式的治理循环，即这一治理模式是紧扣住"社会问题"而产生循环的。

（2）"三治融合"模式的组织架构（见图2）

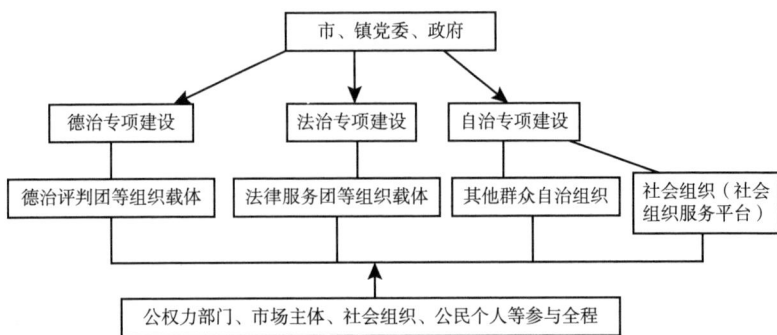

图2　"三治"模式架构

（3）"三治融合"模式的治理工具（见图3）

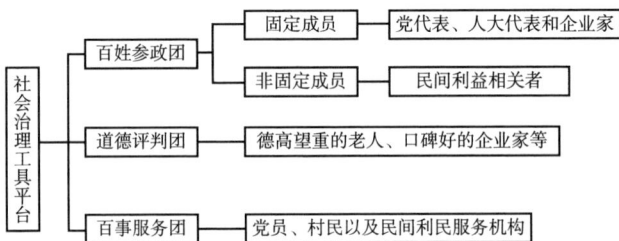

图3　浙江桐乡地区乡镇社会治理"三治融合"模式的工具平台

3. 桐乡市高桥镇"三治融合"个案经验

桐乡市的"三治融合"还处于不断完善与发展之中，其中高桥街道就在积极推进"三治融合"治理模式的不断创新，旨在推进"大事一起干、好坏大家判、事事有人管"的乡村社会治理格局向纵深发展。其特色可概括为以下三点。

第一，"1＋3"的社会治理格局，即党组织与党建领导下的自治、法治与德治的有机融合。

第二，"两会"与"三团"的治理平台。其中，"两会"是指百姓议事会与乡贤参事会；"三团"是指百事服务团法律服务团与道德评判团。

第三，通过"一约"来实现"三治"的有机融合，"一约"是指"村规民约"，即通过"村规民约"的制订以统摄自治、法治与德治。

以下是浙江桐乡地区乡镇社会治理的层次（见图4）。

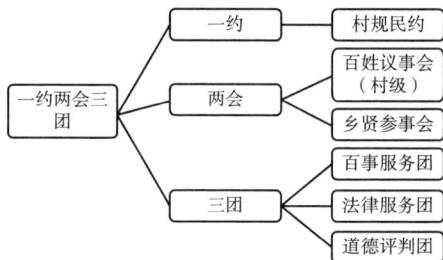

图4　浙江桐乡地区乡镇社会治理的层次

二　浙江桐乡"三治融合"的理论解读

当我们课题组在桐乡调研时，我们深切地感受到"三治融合"在桐乡的实践形式是多种多样的、丰富多彩的；也出现了用许多名词来概括"三治融合"在实践中的探索。我们调研人员也深切地感受到，不管其实践形式怎样变化，它的一些最本质的特征却是非常清晰的，对此，我们从理论上解读出"三治融合"有以下三个特点。

第一，"三治"在乡村治理体系中的结构，呈现的是"一体两翼"的特征。

第二，基层党组织在"三治融合"中，起到了"飞控中枢"的核心引领作用。

第三，"三治融合"只有以乡村事务治理为"动因"，才能真正"飞起来"。

在理论解读中，课题组从飞机的结构及其飞行活动中获得了启示。

①飞机在结构设计上的显性特征是"一体两翼"，不管其"两翼"如何重要，它都无法占据"机身"的主体地位，因为，只有"机身"才具备承载人的核心功能。

②飞机在飞行过程中，是离不开"飞行控制中枢"的，即由飞机上的主副驾驶人员、地面上领航人员等组成的"飞控中枢"，其中，飞机上的主副驾驶员又是这一"飞控中枢"的核心。

③飞机的目的是通过飞行承载顾客或货物，这就是飞机"飞起来"的动因。一个不能"飞起来"的飞机只能存放在博物馆中。

1. "一体两翼"："三治"在乡村治理体系中的结构

"三治"指的是自治、法治与德治。在桐乡市"三治融合"的模式中，并没有说明"三治"在乡村治理体系中处于什么样的结构形态，仅从经验的描述来看，"三治"好像是并列的，课题组看到与听到的、最多的两种说法是：①"自治增活力、法治强保障、德治扬正气"。②自治，让老百姓有了参与的活力；法治，为乡村治理提供了强有力的保障；而德治，更像是春风化雨、润物无声一般，改变着老百姓的内心。表面上看，好像是并列的；但是，课题组认为，自治、法治与德治在乡村治理体系中的结构与功能是有明确定位的。

如果我们把"三治"的乡村治理体系比作一架飞机的话,那么,"自治"就是飞机的"机身",而"法治"与"德治"则是飞机的"两翼",即"一体两翼"。

这就是"三治"在乡村治理体系中的结构,根据"结构决定功能"这一基本原理,即在一个系统中,某个要素的功能不是由它自己决定的,而是由它在这个系统里的结构性位置决定的。在"一体两翼"的"三治"结构中,自治、法治与德治的功能是不一样的。

概括地说:①"自治"是乡村治理体系的主体性结构,它是乡村治理体系的核心"载体",构成乡村治理体系的基础;②"法治"与"德治"则是乡村治理体系的"两翼",两者的作用则是"平衡器"、"助推器"与"保障器"。我们对于"三治"在乡村治理体系中结构及其功能的分析,也符合"自治增活力、法治强保障、德治扬正气"这一说法。

(1)以"自治"为载体:这是"三治融合"治理体系的关键

"自治"是"三治融合"桐乡经验的核心,也是这项经验最为显著的创新。桐乡市"自治"的最大优势在于:在保障乡村治理效果的同时,又减少了乡村治理成本;在保障乡村社会稳定和谐的同时,又激发了乡村社会活力与创新。党的十九大将"三治融合"的顺序确定为自治、法治、德治,把"自治"放在首位,正是体现了"坚持以人民为中心的发展思想"的核心地位。同样是自治,相比于从国外引进的社工理念,"三治融合"模式显得更加契合中国本土乡村社会。因为,这项经验土生土长于中国乡村社会,尝试从乡村社会的角度寻求治理资源和合法性,体现了中国乡村治理的方向。

第一,桐乡市以"自治"为载体、建构"三治融合"的治理框架,并确立了"一约两会三团"的治理架构。

①巧用"一约"，即健全村规民约，将遵纪守法、勤俭持家、尊老爱幼、邻里团结、爱卫美家等传统美德纳入其中，以实现群众自我管理、自我教育、自我服务的效果。

②建实"两会"，一方面，首创"百姓议事会"，畅通村民诉求表达渠道，提高全村办大事的能力，村民的自治能力得到提升。另一方面，加强"乡贤参事会"，通过聚乡贤、转村风，促进基层社会和谐发展，乡村的自治活力得到彰显。"两会"的功能定位是：根据相关规定和实际需要，在制定乡村公共政策或做出重大决策之前，通过"两会"征询民意；之后，提交村民代表大会或村民大会表决，以此推动群众参与村庄事务管理，提高村民的自治能力。

③强化"三团"，拓展"百事服务团"的范围，整合各类服务资源，为村民免费或低成本地提供延伸服务；提升"法律服务团"的阵容，引导村民办事依法、遇事找法、解决问题用法、化解矛盾靠法；扩大"道德评判团"的作用，通过评典型、学先进等活动，促进乡风文明。

其一，"百事服务团"。在整合"网格化管理"队伍、学雷锋志愿服务队、红色义工服务队、平安志愿者、"老娘舅"、民间调解员等乡村服务力量的基础上，同时招募有一定业务技能、热心公益事业的人员参加乡村服务。它的功能是：以基层服务型党组织建设为抓手，以志愿服务为基础，公开发放服务联系卡，为辖区群众免费或低成本提供村级一站式服务大厅延伸的个性化服务。

其二，"法律服务团"。由律师和法院、检察院、公安局、司法局等部门的工作人员组成。它的功能定位是以法律宣传、法律咨询、化解矛盾为重点，按照"事前防范、事中控制、事后补救"的原则，完善大调解工作体系，努力推动办事依法、遇事找法、解决问题用法、化解矛盾靠法的法治环境。

其三，"道德评判团"。村级道德评判团的"协调人"由村（社区）党组织书记担任；"联络人"由一名村（社区）干部担任；"成员"由村（社区）"两委"班子成员、村民小组长代表、党员代表、道德模范代表、村民骨干代表、德高望重的老人、口碑好的企业家等组成；人数一般为10～15人。它的功能定位是：以法律法规、社会公德和村规民约为准则，经常性开展道德宣传教育、文化礼仪和道德评议活动，培育村民崇德向善、积极向上的良好风尚。

第二，从桐乡市的实践层面看，构建"以自治为体"的乡村治理体系，它们的具体行动措施有以下几点。

①加强村民自治组织的规范化与制度化建设，这主要体现在以下五个方面。其一，大力推广民主恳谈会、议事会、民情沟通日、村民说事等民主自治形式。其二，以解决乡村"三最"（最急、最烦、最盼）难题为突破口，实行专项自治，推行"社会治安，市容环境，生活设施"三项自治。其三，建立责任区制度，广泛建立物业业主委员会自治组织。其四，探索村民小组（居民委员会）协商和管理的有效方式，重视吸纳非户籍村民、社区社会组织、驻村（社区）企事业单位等主体参加协商。其五，优化民主监督运作方式，全面推行村务（社区）监督委员会制度，建立村级（社区）"小微权力清单制度"和"监督责任清单"，将党务、村务（社区）、财务分项目、分类别列入监督内容。

②完善"村规民约"的制定，强化对村民行为约束。村规民约是根据法律、法规和相关政策，经村民大会或村民代表会议通过，由村民共同遵守的行为规范。村规民约既是自治的基础，也是自治的依据，它具有汇集民意、集聚民智、化解民忧、维护民利的独特作用。从形式上看，在推进和完善村民自治过程中，各

村都制定了符合村庄实际情况的村规民约，为实现乡村自治奠定了规则基础。从内容上看，村民规约不仅包括共同立规章、大事共商量等自治内容，也包括要遵守党纪国法和严打邪教、赌博等法治内容，还包括诚实守信、文明友善、尊老爱幼、勤俭持家、尊老爱幼、邻里团结、爱卫美家等德治内容。

③建立"三社联动"机制，汇聚村民自治的正能量。"三社联动"机制是指，构建以社区为平台，以社会组织为载体，以专业社工为支撑的机制，充分发挥社会组织和专业社工的积极作用。比如，在高桥街道，通过制定出台"三社联动"工作方案，成立社会组织联合会，落实了街道层面社会组织服务平台建设。同时，加大村级层面社会组织培育力度，支持社会组织扎根于乡村，从而实现了社区、社会组织和社工的良性互动关系。

④以"五议两公开"为载体，实现自治流程再造。与传统村级重大事务决策由村"两委"单独决定不同，"五议两公开"明确规定了决策的程序和要求，真正实现了村民自治。所谓"五议"是指，村民重大事务决策必须要经过的五个程序，即党员群众建议、村党组织提议、村务联席会议商议、党员大会审议及村民代表会决议。在"五议"通过之后，进行"两公开"，即表决结果公开和实施情况公开。所谓"表决结果公开"是指，经村民代表会议或社员代表会议表决通过的事项，形成书面决议，并通过村务公开栏和其他公开方式进行公开；所谓"实施情况公开"是指，决议事项在村党组织领导下，由村民委员会或股份经济合作社组织，实施过程由村务监督委员会全程监督，实施结果及时向全体村民（社员）公开。

（2）以"法治"为"一翼"，构建完整的乡村治理体系的保障

"以自治为体"还没有形成乡村治理体系的完整结构，因此还需要有"两翼"把"一体"支撑起来，其中，法治就构成"一

翼"的保障功能。

在调研中，我们了解到下面的一个故事：

在十九大召开期间，桐乡市某村村民沈某某在回家的路上，发生了交通事故，经抢救无效身亡。由于法律意识淡薄，其家属情绪激动，组织了亲戚、朋友吵着要到肇事者家里去闹事。村委会在得知这一情况后，高度重视，及时组织法律援助小组和义务调解员到沈某某家进行调解。凑巧的是，义务调解员是沈某某家的亲戚，给沈某某子女讲解了相关法律、法规。经过长达几小时的耐心劝解，终于使家属的情绪平静了下来，打消了去肇事方闹事的想法。在沈某某家属冷静下来后，义务调解员又给他们介绍交通事故的处理流程、赔偿标准等，让家属在与肇事方谈判时，心里有个底。之后，村委会又帮忙联系交警队，并与肇事方去交警队协商处理这一事情。经过两轮调解后，双方都比较满意。

在这一交通事故中，法律援助小组与义务调解员在整个事件的处理中起到了重要的作用，也让老百姓看到了依法办事的重要性，以及乡村法治建设的必要性。

在乡村法治建设上，桐乡市的措施主要表现为以下三个方面。

第一，以村级文化礼堂为主平台，建立了法治课堂、文化礼堂、道德讲堂"三堂融合"的宣讲机制，以加强"三治融合"、人民调解、法律服务、尊法守法等典型案例的挖掘和宣传，开展"遵纪守法好公民"评选，将法治节目融入文化下乡、全民阅读、公益电影播放等活动中，多方位、多形式、多途径教育与引导村民尊法、学法、守法、用法。其具体做法有以下几点。

①以"一约两会三团"为依托，深化一村（社区）一法律顾问制度，完善村级法律服务团工作机制，在全市构建"法治驿站""义工法律诊所"等村级法律服务团或社区组织80多个，动

员社会力量参与普法教育。

②将法治文化与党建文化、德孝文化、地方文化相结合，紧紧依托广场、公园、步道、礼堂、居民园落、便民服务中心等地理空间，重点推进法治文化示范点、精品线、特色群建设，建立了村级法治文化建设示范基地 41 个、村级精品示范线 8 条、村级"七五"普法示范点 13 个，形成了"一村一品、一地一特"的法治文化精品示范带、特色示范群。

第二，建立"法律服务团"与"法律援助小组"等平台，推进法律下乡。其具体做法有以下几点。

①"法律服务团"由律师和法院、检察院、公安局、司法局等部门的工作人员组成，以法律服务咨询、矛盾纠纷化解、困难群众维权、法治宣传教育为重点。同时，依托公开栏，对法律服务团的人员构成、服务事项、法律援助标准等进行公示，方便为民服务；举办"三治茶屋"等主题活动，以讲解案例的形式宣传法律，提升群众的法律意识。

②"法律服务团"有街道、村（社区）两级组织形式。由党委、政府成立的专门"法治领导小组"负责组织建立，并落实具体工作人员。各村（社区）法律顾问、司法所、派出所工作人员均为法律服务团成员，每月不定期下村提供专业的法律咨询。

③"法律服务团"的援助对象为以下六类人员：为维护自己的合法权益，因经济困难无力支付法律服务费用、具有本辖区常住人口或已在本辖区办理居住证的人员；农村"五保"对象；社会福利机构中由政府供养的人员；总工会核定的特困职工；依靠抚恤金生活的人员；法律法规规定的其他人员（军人军属为维护自己的合法权益申请法律援助的，不受上述援助范围限制）。

"法律服务团"的设立产生了两方面的积极影响：一是提升了辖区民众的法律意识与法律知识水平，这是乡村法治的前提；

二是参与乡村矛盾纠纷的调解工作，以人民调解、行政调解、司法调解三种联动形式，及时掌握和回应不同利益主体的关切和诉求，有效预防与化解了许多乡村矛盾与纠纷。

第三，在乡村"法律服务"改革上也进行了一些尝试，其目的是：使基层群众能用最少材料、最短时间办成事。①探索部分司法行政事务村（社区）代办制，扩大基层"人民调解"的队伍，突出村级法律服务平台"人民调解"的功能。②加快"社区矫正中心"建设，探索"安置帮教"方式方法的新路子。③探索村（社区）法律顾问工作机制，把"微法律顾问"打造成老百姓私人订制、时刻在线的法律顾问。

（3）以"德治"为"一翼"，在乡村治理中达至"教化"的功能

在德治方面，桐乡市深入挖掘和弘扬"乡贤文化"，以"乡贤参事会"和"道德评判团"为载体，强化道德教化作用，引导村民爱村爱家、崇德向善、重义守信，不断提升乡村德治水平，具体有以下措施。

第一，建立"乡贤参事会"，弘扬乡贤文化。"乡贤参事会"由辖区范围内德高望重的乡贤们组织建立，他们通常是村庄中那些有威望、有知识、有文化的精英群体。乡贤参事会以问题为导向，根据村组织提议，组织参加与解决乡贤所能或更为适宜的村务事项，如参与农村经济社会建设，提供决策咨询、民情反馈、监督评议，开展帮扶互助服务等活动。

第二，建立"道德评判团"，引导村民崇德向善。"道德评判团"的职责是：①组织开展内容丰富、形式多样、寓教于乐的群众性文体活动；②参与家庭家教家风建设和星级文明家庭评比；③对道德模范等各类先进人物进行推荐评选和正面宣传；④以村容村貌、邻里家庭、生产生活、移风易俗等为重点开展评议，对不文明、不道德行为进行曝光，鞭挞"假恶丑"；⑤参与调处各

类矛盾纠纷，积极化解社会矛盾。

第三，开展"最美"系列评选活动，塑造文明乡风。比如，高桥街道将"最美"系列分为七种，即"最美工匠""最美家庭""最美乡贤""最美志愿者""最美基层干部""最美村民小组长""最美新居民"，每年各评选 10 名，并通过宣传发动、评选推荐、资格审核、评议投票、对外公示及通报表彰六个阶段，实现评选活动的规范化和程序化，确保真正选出获得社会广泛认可的最美模范，以传播社会正能量。

第四，倡导文明新风。一方面，利用春节、清明节、端午节、重阳节等传统节日开展丰富多彩的主题活动，传承和弘扬优秀民族文化；同时，挖掘本地特有的文化内涵，如历史人物、神话传说、先贤事迹等，引导农民树立正确的价值观，提升文化凝聚力和荣誉感。另一方面，以社会公约等形式，提倡文明新风尚，深入推进移风易俗，如提倡文明用餐，控制婚宴规模；提倡垃圾分类，注重环境保护；提倡厚养薄葬，倡导文明殡葬等。

总之，在"乡贤参事会"与"道德评判团"的积极引导下，配以各种道德教育、评判活动，打造了良好的乡村道德氛围，并辅以熟人社会舆论，可潜移默化地使村民自觉提升自身的道德行为。

2. "飞控中枢"：基层党组织在"三治融合"中的引领作用

一架飞机的正常飞行，离不开"飞行控制中枢"的引领作用。"飞控中枢"分为地面与飞机上两个部分。

本课题组在调研中深切地感受到：处于一线的基层党组织，类似于飞机上由主副驾驶员组成的"飞控中枢"；而处于地面的"飞控中枢"的领航作用，就类似于上级党组织的功能。

具体来说，在桐乡"三治融合"的实践中，镇、村两级党组织就类似于飞机上的"飞控中枢"，它处于一线的操作位置；而县（市）及以上的党组织则类似于地面的"飞控中枢"，它指导与引领着飞机的飞行及安全。在调研中，我们感受最深刻的还是乡镇与村两级的党组织建设状态，对于"三治融合"的积极作用。

（1）桐乡市高桥街道越丰村以党建引领"三治融合"的个案

桐乡市高桥街道越丰村位于桐乡市南部区域，具有高速、高铁"双门户"的优势，地理位置优越。全村区域面积3.3平方公里，共有26个村民小组751户农户，总人口3071人。越丰村党委现有党员88名，下设五个网格党支部。近年来，在村"两委"班子和全体村民的共同努力下，越丰村获得了全国民主法治示范村、省级培育示范中心村、浙江省"平安家庭"创建示范村、浙江省卫生村、嘉兴市慈善村、桐乡市先进基层党组织等荣誉称号30多个。

自2013年启动自治、法治、德治建设工作试点以来，越丰村通过运用"党建＋"的系统思维，以"一约两会三团"为抓手，在社会治理中充分发挥党组织的战斗堡垒作用和党员先锋模范作用，逐渐走出一条以党建为引领，以自治增活力、法治强保障、德治扬正气为主要内容的"1＋3"社会治理新格局。

第一，全面发挥党组织引领作用。实施村"两委"班子换届研判、财务审计及换届"回头看"，选配出"讲政治、敢担当、善作为"的村级带头人队伍。实行干部精细化管理，坚持以学促进，坚持民主集中，坚持联系群众，锻造一支学习型、团结型、服务型的村干部队伍，使党群关系更加密切。将毕业大学生、退伍军人、致富带头人作为村级后备主力军，有效解决了村干部"后备断层"的困局，确保有能人、有能力推动乡村振兴。

第二，全面完成红色阵地建设。构建"村党委＋网格党支部＋党员先锋站活动阵地"的组织架构，高标准完成党群服务中心和网格支部党员先锋站建设，精心设计党建特色先锋长廊，合理布局党建文化广场，以党建茶馆、党员示范户等形式将党建触角延伸至农村第一线。在党群服务中心设立便民服务窗口，党员亮身份上岗，实现党员服务有窗口、群众办事有去处。

第三，全面动员"三支队伍"（党建指导员、网格长、党员干部）入网进格。推行"网格化管理、组团式服务"制度，将全村划分为5个大网格，切实发挥"党建指导员"的指导帮带、联系协调、示范引领作用。选派党员干部担任网格长，协助指导开展网格内各项党建和社会治理工作，通过定人、定岗、定责及时发现和解决问题，形成了"360度"共建共治共享的新格局。

（2）基层党建在"三治融合"中的引领作用，已成共识

第一，2019年9月2日的《中国组织人事报》上撰文分析，宜都市宜昌市在"三治融合"的实践中，"高质量党建"起到了引领作用。文章认为，宜都市宜昌市的"高质量党建"引领"三治融合"的措施，主要体现在以下几个方面：①强化党组织的政治功能，确保党在推动"三治融合"中始终总揽全局、协调各方。以区域化党建为重点，强化市、区、街道、社区党组织四级联动，通过构建单位党建、区域党建、行业党建，形成互联、互补的基层党建工作新格局，使党的工作覆盖"三治融合"工作的所有领域。②加强和改进城市基层党建工作，把城市基层党组织建设成为推动"三治融合"工作的坚强战斗堡垒。③推行社区党组织书记通过法定程序担任社区居民委员会主任、"两委"班子成员交叉任职。④建立健全党组织领导的"三治融合"乡村治理体系，发挥群众参与治理主体作用，增强乡村治理能力。⑤推进以网格管理为基础的"党支部＋网格员＋居民小组＋乡贤服务＋驻格警务"五位一体的社区治理新格局。

第二，浙江省海盐县委常委、组织部部长宗晓慧于 2020 年 2 月 5 日在《中国组织人事报》也撰文阐述了浙江省海盐县党建引领推进"三治融合"的文章。文章认为，以党建引领推进"三治融合"，将党的领导贯穿基层治理的全过程和各方面，这是海盐县的实践经验，即通过"党建引领＋四个平台＋全科网格＋社会组织"，实现基层社会治理的大合力、大集成。

其具体做法为：①下沉大平台。强化镇街党委决策领导能力和统筹协调能力，统筹推进基层市场监管、综合执法、便民服务及社会治理"四个平台"一体化建设，与"放管服""最多跑一次"改革有机结合，形成边界清晰、分工合理、权责一致、便民高效的组织体系。②织密小网格。农村以片组为基本单元划分网格，设立"党群中心户"；城市社区以居民小区、楼幢等为基本单元划分网格，组织公职人员进社区认领楼道长。③激活微自治。推行修订村规民约和"一约两会三团"工作模式，在村社打造"睦邻客厅"，因地制宜设立弄堂自治、乡贤自治、矮墙自治、控烟自治、家宴自治等微自治点，打通社会治理神经元"壁垒"。

（3）桐乡市高桥街道以党建引领"三治融合"的实践经验

高桥街道作为"三治融合"建设的发源地，在践行党建引领"三治融合"的深化发展方面走在全国前列，也形成了特色鲜明的高桥模式。

第一，构建了"1＋3"的社会治理模式。在党建引领之下，"三团两会"作为"三治"理念的实施载体，逐渐走出了一条以党建为引领，以自治增活力、法治强保障、德治扬正气为主要内容的"1＋3"社会治理新模式。

第二，形成了党委领导、政府负责、社会协同、公众参与、法治保障的社会管理格局。街道层面的"百姓参政团"与村（社区）层面的"百姓议事会"，均以党委领导为基础，在政府主导下对群众性参政、议政平台进行积极探索。比如，在"桐斜线"改造工程议事会中，涉及沿街个别店主代表要求提高拆迁补偿价格的事。现场的其他代表一致认为，道路改造后受益的是高桥南部所有群众，不能因为个别人的私利而破坏公平，拆迁应严格按照现有政策执行。这样，"议事现场"成为统一政策的思想阵地，对于不合理的诉求是一个很好的抑制。"百姓参政团"组建以来，在高层安置房、土地综合整治、道路大修、"五水共治"、"三改一拆"等工作中起到了积极的作用。

（4）桐乡市高桥街道以党建引领"三治融合"的具体措施

桐乡市在推进"三治融合"过程中，非常重视基层党组织建设，充分发挥了基层党组织的领导核心作用，将党的组织建设融入乡村治理的方方面面。

第一，提升基层党组织的凝聚力和领导力。坚持党的一切工作到支部，制定党支部"四经常"、基层党建"六过硬"和党日活动计划表，严格落实党的组织生活，把"两学一做"融入日常；制定责任清单，明确党建任务，强化村党委及其书记在抓基层党建中的主体责任；制定党员"五带头""十不碰"等规则，明确党员的责任义务；公示党员先锋承诺，强化党员责任意识；注重党建创新，如启动党员志愿服务队整队标准化建设，成立民情、治水、爱心、平安和卫生五大红管家，根据党员自身技能本领、性格特点和党小组划分整队，开展为民服务工作；注重调查论证，充分用好党员议事会，发挥基层党组织在乡村治理中的核心引领作用。

第二，坚持服务导向，提升基层党组织的服务能力。建立党建网格，加强党员与普通群众之间的联系。例如，在潘家浜村，每名党员负责联系10名群众，每个月15日收集民情民意，听取群众意见和诉求，并将这些意见和诉求提交党小组会议讨论。能够解决的及时解决，不能解决的要及时向镇党委和政府汇报。在越丰村，基层党组织建设与网格化管理相结合，将组织建设下沉至网格，设置支部网格，建立了第一网格支部等党支部，强调党员为群众服务。

第三，充分发挥党员个人的率先垂范作用。目前，随着社会经济的发展，基层党员结构呈现多元化趋势。从年龄上看，有老党员和年轻党员；从是否在村上看，有在村党员和不在村党员；从职业身份上看，有农民党员、教师党员、企业家党员等不同类型。另外，基层党员结构呈现老龄化趋势，如何动员普通党员参与组织活动和服务群众成为基层党建的重要难题。对此，桐乡市采取因地制宜的办法，综合考虑党员情况、活动类型和村庄情况等因素，开展丰富多样的活动，充分发挥党员的个人作用。比如，针对在村党员早出晚归的情况，鼓励他们从事帮扶工作，在日常生活之余，帮助照料附近的老人；鼓励有知识有文化的大学生党员利用暑期开展培训活动，既能在一定程度上解决暑期留守儿童问题，也能培养留守儿童追求知识的兴趣，提升学习能力。在越丰村，基层党组织根据党员的个人情况，将党员活动分为年轻党员活动和老年党员活动两种类型，年轻党员主要开展路口交通劝导等志愿服务，年龄大的老党员则充分发挥有威望的优势，协助政府和村委会开展入户宣传、纠纷调解等活动。

3. 动因：乡村事务治理是"三治融合"的助推器

在桐乡的调研中，课题组感受到，无论是基层党组织的核心引领作用，还是自治、法治与德治的融合，都不是悬浮在各种制度文本上的，而是要落实在具体的乡村事务的治理上。

如果把"三治融合"比作一架飞机的话，这架飞机必须具有能够"飞起来"的动因。而这一动因就是指，"三治融合"必须在处理乡村事务中才能显现。因此，我们把"乡村事务治理"看作"三治融合"的助推器。

据央视网的信息，2019年6月10日央视《新闻联播》栏目报道了《浙江乡村治理新思路："三治融合"》。该报道称，近年来，浙江省不断加强和创新乡村治理，努力打造"三治融合"，为全国创新基层社会治理提供了"浙江样板"。比如，每月的5日和25日是宁波市象山县墩岙村"村民说事"的日子。这天，村里要讨论"喜事堂"该如何利用，小小的村会议室就挤进了30多名村民。但在以前，许多村民对村里的事情并不关心。

近几年，当地推行"村民说事"制度，把"村民想要的"和"村里想做的"结合起来，让村民和村干部面对面讨论问题、商量办法。现在，"村民说事"制度已在象山县490个村推广，逐渐形成了"有事敞开说，有事要商议，有事马上办，好坏大家评"的"说、议、办、评"制度。

可以说，浙江的"三治融合"正是在乡村事务治理中探索出来的一种模式。这些具体的乡村事务，不仅是乡村治理的逻辑起点，也是将党建、自治、法治和德治串联起来并向外扩展的"助推器"；也只有将"三治融合"的理念真正贯彻到具体的乡村事务中，才能检验乡村治理的效果，并推动"三治融合"落地生根。

（1）乡村事务治理是推动"三治融合"的动能：以"板凳法庭"为例

在调研中，桐乡市汇丰村村民小组长钱洪良说："现在，不管遇到什么矛盾纠纷，村民也都开始学着用法治思维去解决。比如，'板凳法庭'在村里就很受欢迎。"何谓"板凳法庭"？在我们进一步的调研中，我们了解到了"板凳法庭"的具体形式。一张小桌、几个板凳，一个"法庭"就齐全了。接下去，就是坐

"堂"问案。这个"堂"，有时是农家门口，有时是村委会大院，而"评审团"则由司法所工作人员、老党员、老干部共同组成。

前几年，在汇丰村，就出现了一个实实在在的"板凳法庭"。

原来，十多年前，村民老沈在村里建了榨菜厂。这些年，榨菜厂排放的废水对周边水环境、居民生活环境都造成了严重影响。

许多村民表示，这么多年来，大家其实有苦难言，不仅是碍于几十年的邻里情面，更是因为老沈的厂是持证持照经营的。不过，新的《环境保护法》正式施行后，又给他们带来了希望，新环保法对"污水直排"的处罚力度加大了。在村法律服务团的宣传中，村民获悉了新环保法的规定，便强烈要求老沈将榨菜厂关停。而老沈却是一脸的委屈和无奈："我的厂已经开了十几年，当初手续也都是合法的，现在怎么能说关就关？"

正当大家陷入僵局之际，镇司法所相关人员开始介入这个"案件"，并在他们的组织下，开展了这场"板凳法庭"的"审判"。"审判"当天，老沈和其他村民都被组织到一起，新的《环境保护法》也被搬上了"法庭"。村民们你一言，我一语，原本态度坚决的老沈终于动摇了。

事后，有村民说："虽然这样的'审判'没有法律效应，不过听了大家的分析和评判，矛盾纠纷十有八九会得到平息。毕竟，谁也不愿在村里落个胡搅蛮缠、不讲理的名声。"这场"审判"结束后，虽然老沈没有立马关停榨菜厂，但是他主动和村委会签订了"关停协议"，并承诺在3个月之后关掉。

从这个关停榨菜厂"板凳法庭"的事务中，体现出来的不仅仅是村民法治意识的增强，还有自治与德治精神的发扬。可以说，它是一个"三治融合"的典型案例。在调研中，课题组深切地感受到，桐乡市的"三治融合"，就是在对一个个乡村事务的处置与解决的过程中，一步步向前推进与不断获得创新的。

第一，从缘起上看，桐乡市"三治融合"模式的探索，就起源于处理乡村事务的需要。为了有效化解乡村事务中的矛盾与问题，在上级党委、政府的支持下，越丰村率先开展自治、法治、德治"三治融合"的建设试点。

第二，从发展上看，桐乡市"三治融合"模式也是在处理乡村事务中不断完善和优化的。比如，越丰村围绕"三治融合"的治理创新，有效解决了村里突出的社会问题和矛盾纠纷，信访量大幅下降。随着实践的深入和拓展，"三治融合"逐渐在纵横两个方向扩展，纵向上，"三治融合"逐渐由解决信访问题向经济产业发展、环境治理、纠纷调解、公共服务等方向深入发展，将"三治融合"的发展理念贯彻到村级事务治理的方方面面；横向上，通过对越丰村"三治融合"建设试点的经验总结，逐渐在全市乃至全省层面上进行推广学习。

2015 年 7 月，全省"创新基层治理，提升社会风险防控能力"现场推进会在桐乡召开，以自治、法治、德治为手段，倡导"大事一起干、好坏大家判、事事有人管"的越丰村试点，成为全省推广学习、观摩的样本。

三 对桐乡"三治融合"的反思

1. 桐乡"三治融合"模式的实践经验

浙江省桐乡市在"三治融合"的实践探索中，坚持"以自治营造良好氛围、以法治强化刚性约束、以德治形成统一共识"的工作基调，协同发力，展示了一种邻里守望、民众自决、社会自治的愿景，逐渐形成了一种"大事一起干、好坏大家判、事事有人管"的社会治理新格局，其经验对江苏乡村"三治融合"治理体系，具有重要的启示和借鉴意义。其主要方法和成功经验如下。

（1）党的各级组织起到了"飞控中枢"的决定作用

①桐乡市委总揽全局，做出了"三治融合"的政治决断；

②在市政法委综合治理办公室下，专设"三治融合"办公室，具体负责协调、推进和监督"三治融合"的各项工作；

③乡镇与村级党组织成了"飞控中枢"的最前端，负责具体实施与推动"三治融合"的展开。

（2）巧用"一约"，形成"一体两翼"的三治结构

①自治、法治与德治并不是平行的，三者之间的结构性关系就类似于飞机的"一体两翼"，即自治为体，而法治与德治则为"两翼"。因此，"自治"是乡村治理体系形成的核心与基础，而法治与德治则起到平衡与辅助的功能。在桐乡"三治融合"实践中，"两会"——百姓议事会与乡贤参事会，"三团"——百事服务团、法律服务团、道德评判团等乡村基层组织的一个共同的特征就是自治性与自组织性，因此，这就保证了"自治"始终处于乡村治理体系的核心位置。

②"三治"如何融合？这事实上是问题的关键。在桐乡的实践中，"三治融合"是通过村规民约来实现的，即前文多次提到的巧用"一约"。其具体做法是：通过村规民约的制定，强化对村民行为的约束。村规民约是根据法律、法规和相关政策，经村民大会或村民代表会议通过，由村民共同遵守的行为规范。一方面，从村规民约的制定过程来看，它生动地体现了"自治"的特征；另一方面，从村规民约的内容来看，它的覆盖面很广，它涉及自治、法治与德治的诸多内涵。

（3）乡村事务及乡村矛盾处置是"三治融合"的动因

在浙江"枫桥经验"中，提出的口号是，"大事不出镇，小事不出村，矛盾不上交"，这里所言的"事"，既是特指村庄的事务，也是泛指村庄的各种矛盾。因此，枫桥经验是围绕着"事"而形成的一整套乡村治理模式。

而在桐乡市的"高桥模式"中，提出的口号也是与"事"有关，即"大事一起干、好坏大家判、事事有人管"。"高桥模式"的提出与创新也是围绕着"事"而展开的。

"高桥模式"所涉及的"事"有两层含义：①最早探索"高桥模式"的动因是，处于拆迁状态下的高桥镇各个村庄事务多、矛盾突出，针对这一复杂的局面，上级党委和政府决心进行乡村治理模式的创新；②"高桥模式"的发展与完善，也是在村庄事务与乡村矛盾的处置中不断得到提升的。换言之，这一模式是在村庄事务及矛盾的处置中，才越来越清晰的。正因为如此，在桐乡市的各个村庄里，设置了多种形式的"村民说事室"。

2. 桐乡"三治融合"模式形成的地方性优势

第一，熟人社会为乡村"三治融合"提供了良好的社会条件。在桐乡市，无论是自治、法治还是德治，事实上都依赖于邻里、熟人社会中有公德心之人、乡贤资源与党员同志，达成了村庄内部的动员与协商，并通过道德舆论评价和各种乡村评比活动加以强化。因此，乡村舆论与人情面子，在邻里矛盾化解、乡村内部事务的治理中起着较大的作用。

第二，集体经济为"三治融合"奠定了良好的经济基础。一方面，良好的集体经济可以有效地整合，甚至是满足村民的自身利益，即用社会利益的高度相关性来强化村民之间的关联度。另一方面，良好的集体经济也为村庄进行"三治融合"提供了经济保障，即俗话说的"有钱好办事"。

第三，比较完善的基层民主制度是"三治融合"的制度基础。在村庄内部，建立了一系列的村级村务公开制度，尤其是村级财务公开与监督制度。因为，只有村级事务尤其是村级财务实现公开化、规范化与制度化，才能从根本上弱化权力主体的专权欲望，实现权力分散和权力监督。

3. 桐乡"三治融合"模式形成的启示

第一，先区域试点，再全域推广。"三治融合"的乡村治理模式，一开始是于2013年在桐乡市高桥街道越丰村进行试点的，然后在高桥街道推广并不断地改进，再在桐乡市范围进行推广与完善，直至向全省及全国推广。

第二，充分发动村民，激发乡村的内生动力。在桐乡"三治融合"的模式中，成立了多种形式的基层民间组织，除了比较正式的"两会"与"三团"，还有许多非正式的组织，比如学雷锋志愿服务队、红色义工服务队、平安志愿者、"老娘舅"、民间调解员等。因此，村庄里的村民大凡有一技之长或有一定的威望，都能在各类正式或非正式的组织中找到自己的位置，这也是"桐乡模式"很有特色的地方。

第三，桐乡模式在形成过程中，充分与社会进行互动，并吸纳社会各界的智慧。主要表现两个方面：①在各类媒体上进行宣传，在社会上营造"三治融合"的氛围，使党员干部和普通群众理解、认可、支持和参与"三治融合"；同时，也接受新闻媒体的舆论监督，对实践中存在的问题及时进行整改。②与高校学者保持互动，对实践探索进行理论总结和升华，提炼治理经验，使其不断成熟，以在更大的范围内进行推广。

四 实施"三治融合"的对策建议

第一，寻找试点乡村。可以在存在较大治理难题或问题与矛盾比较突出的乡村，进行"三治融合"的试验。理由有两点，一是试验的成本比较低；二是不得不进行治理改革。一旦试验了，就要不断地改进与完善。

第二，把握住每一个"政治节点"。在每一个重要的政治节点，尤其是重要的政治会议之后，推进"三治融合"的改进与完善。这样做，所遇到的阻力小。

第三，在"三治融合"模式推广或试验中，①发挥各级党组织的"飞控中枢"的核心领导作用；②坚持"一体两翼"的"三治"结构，以"自治"为"一体"，以"法论""德论"为"两翼"，推行"三治融合"；③"三治融合"的试验、改革及完善必须以处理乡村事务或解决乡村矛盾为动因。

思想评论

中国乡村振兴与数字乡村研究述评（2021）

巫丽君[*]

一 引言

在信息技术狂飙突进的新时代，伴随城市化、全球化发展而来的现代信息科学知识、数字化技术迅猛发展，数字经济的溢出效益不断增强。在此进程中，乡村居民现代信息技能的逐步提高，数字化发展需求不断释放。顺应社会网络化、信息化和数字化发展趋势的数字乡村建设开启了农业农村现代化转型发展新征程。在中国，随着互联网的普及，农村电商的蓬勃发展和"互联网＋农业"的兴起，为促进工业化、信息化、城镇化、农业现代化同步发展，2018 年中央一号文件首次提出实施数字乡村战略，其主要目标在于弥合城乡数字鸿沟。2019 年中央一号文件明确把数字乡村建设作为发展壮大乡村产业、拓宽农民增收渠道的战略选择。同年，中共中央和国务院发布了《数字乡村发展战略纲要》。至此，数字乡村正式成为乡村振兴的战略方向。如何有效推动数字乡村建设，进一步解放和发展数字化生产力，建立层级更高、结构更优、可持续性更好的乡村现代化经济体系，建立灵敏高效的现

＊ 巫丽君，南京农业大学行政管理专业博士研究生，浙江工业大学之江学院副教授。

代乡村社会治理体系，开创城乡融合发展和现代化建设新局面，不仅是乡村振兴的重要议题，也是数字中国建设的重要内容。

数字乡村战略的提出引起了社会各界的广泛关注，"数字乡村"旋即升温，迅速成为政府治理、产业发展和学术研究中的热词。国内学术界对于数字乡村的研究大体上与中国数字乡村建设进程同步展开，相关理论研究紧密贴合国家数字乡村战略设计，力图为数字乡村建设提供理论支撑。恩格斯在《自然辩证法》中指出，事物都是以螺旋上升的形式发展的。[1] 数字乡村是乡村发展的最新技术形态，其发展也会无法逃脱进步性和曲折性交织规律的影响。在数字赋能乡村发展的过程中，数字化思维、数据资源和数字技术在助推乡村产业兴旺、提升乡村治理能力的同时，也伴生出现了"智能官僚主义"等"数字负能"现象。[2] 可见，充分挖掘数字赋能乡村发展潜力，防范化解数字乡村风险挑战，亟待理论指引和价值规范。本文基于当前乡村全面振兴的战略背景，在数字乡村研究总体趋势与特征可视化分析的基础上，系统盘点并梳理数字乡村的内涵本质和理论资源，以期探究数字乡村理论研究未来发展进路，试图为深化数字乡村研究提供线索和启发。

二 乡村全面振兴：数字乡村的时代背景

1. 从"脱贫攻坚"走向"全面振兴"：乡村振兴研究的理论转向

2021年，由"国务院扶贫开发领导小组办公室"整体改组而来的"国家乡村振兴局"组建完成，《中华人民共和国乡村振兴促进

---

[1] 恩格斯：《自然辩证法》，人民出版社，2015，第203页。

[2] 胡卫卫、陈建平、赵晓峰：《技术赋能何以变成技术负能？——"智能官僚主义"的生成及消解》，《电子政务》2021年第4期。

法》正式颁布实施。随着脱贫攻坚战的全面胜利和乡村振兴战略进程的不断推进，"乡村振兴"理论研究受到越来越多学者的关注。笔者在中国知网期刊论文数据库中，以"乡村振兴"为篇名检索词检索2021年度发表的CSSCI期刊（含扩展版）论文，共检索到相关研究论文723篇，剔除文献综述、会议综述、书评、会议通知、主持人语等无效数据，共获得有效论文676篇。统计这些论文的作者信息发现，2021年度共有1146位作者参与了"乡村振兴"相关研究。

将相关数据导入citespace（5.8.R3c版本）软件，进行关键词知识图谱分析，得到2021年度以"乡村振兴"为篇名的CSSCI期刊（含扩展版）论文的关键词共现图谱如图1所示。可见，"乡村振兴""脱贫攻坚""有效衔接""乡村治理"等成为年度学术研究的热点内容，作者群体非常庞大。

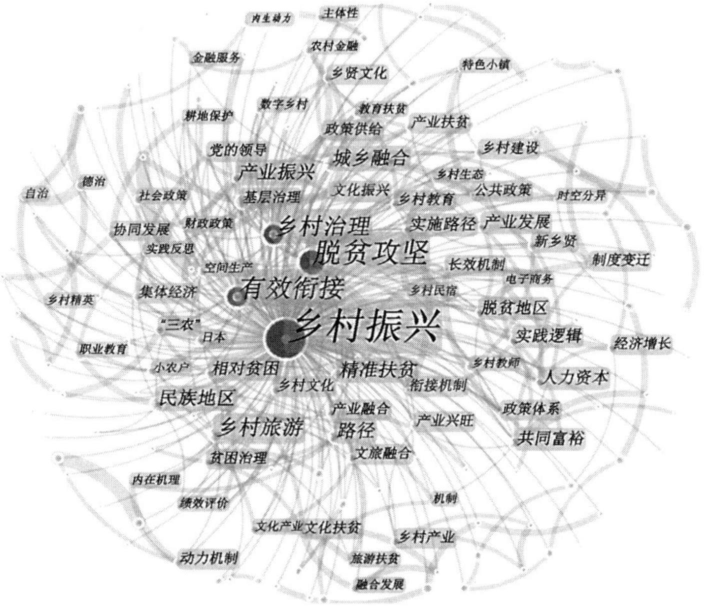

图1 乡村振兴关键词共现图谱

资料来源：笔者根据有关资料自行整理。

为进一步揭示 2021 年度乡村振兴理论研究的热点议题及其关系，笔者借助 citespace 软件的关键词统计功能，导出关键词表，并导出排名前 10 的年度高频关键词，汇总整理如表 1 所示。

表 1　乡村振兴理论研究关键词网络汇总表

序号	频次（Freq）	节点度（degree）	关键词（keywords）	序号	频次（Freq）	节点度（degree）	关键词（keywords）
1	570	171	乡村振兴	6	16	13	乡村旅游
2	58	40	脱贫攻坚	7	13	11	城乡融合
3	25	25	有效衔接	8	11	4	职业教育
4	24	19	乡村治理	9	10	8	共同富裕
5	19	12	民族地区	10	9	10	路径

资料来源：笔者根据有关资料自行整理。

由表 1 可见，关键词"乡村振兴"的出现频次最高，达到了 570 次；"脱贫攻坚"次之，出现频次达到了 58 次；紧随其后的是"有效衔接"，出现频次达到 25 次。从节点度来看，上述三个关键词也仍然位居前三，并且节点度排序与关键词出现频次排序保持一致。这说明，在所有样本文献的理论研究中，与"乡村振兴""脱贫攻坚""有效衔接"三个关键词相关的研究议题最多，直观反映在图 1 中，显示为与这个三个节点关键词相连的其他节点关键词数量最多。

综合图 1 和表 1 可见，2021 年度乡村振兴理论研究围绕如何实现"脱贫攻坚"与"乡村振兴"的"有效衔接"展开。换言之，随着乡村振兴战略实践进程从"脱贫攻坚"转向"全面振兴"和"共同富裕"，理论研究亦同步开始从"脱贫攻坚""精准扶贫"等阶段性重点议题逐渐转向高质量乡村振兴和乡村全面振兴等前瞻性议题。由此，面对中国乡村振兴从"脱贫攻坚"向

"共同富裕"的战略升级，如何有效推动高质量乡村振兴和乡村全面振兴，成为时代重大课题。

2. 数字乡村：乡村全面振兴的路径选择

在乡村"全面振兴"和"共同富裕"战略目标引领下，围绕如何有效衔接"脱贫攻坚"和"乡村振兴"，如何有效推动高质量乡村振兴等重大时代课题，学界开展了诸多有益的探索。学界提出了如下三种代表性路径。

一是政策路径。有学者认为，"脱贫攻坚"与"乡村振兴"在政策供给目标、政策供给方式和政策供给内容方面都具有政策协同性，因此，可以从政策协同的内容、方式和机制上探索脱贫攻坚与乡村振兴的有效衔接路径。[①] 在实践中，应当回应"脱贫攻坚"与"乡村振兴"相互衔接的政策体系设计、政策执行保障和政策调适创新等问题，构建基础性和差异性相统一的衔接政策体系，强化内部风险防范和外部资源供给协同化的政策保障，并依托政策分类调适平抑衔接政策波动，推动两者之间灵活、顺畅、稳定的衔接。[②] 从政策领域来看，应当从产业政策、生态政策、文化政策、治理政策和"双基"建设政策等维度，寻求"脱贫攻坚"和"乡村振兴"有效衔接的政策路径。[③]

二是文化路径。学界在前期"扶贫先扶志"和地方特色文化产业开发等脱贫攻坚实践经验的基础上，提出了"脱贫攻坚"与"乡村振兴"有效衔接的"文化路径"。该路径旨在发挥"文化动

---

① 温美荣、王帅：《政策协同视角下脱贫攻坚成果同乡村振兴的有效衔接》，《西北农林科技大学学报》（社会科学版）2021年第5期。

② 张明皓、叶敬忠：《脱贫攻坚与乡村振兴有效衔接的机制构建和政策体系研究》，《经济学家》2021年第10期。

③ 董玮、秦国伟、于法稳：《脱贫攻坚与乡村振兴的有效衔接：转换与调适——基于公共政策的视角》，《农村经济》2021年第9期。

能"，达成"文化乐民、文化育民和文化富民"的目标。① 因此，应当大力推动"文旅融合"与"乡村振兴"的深度融合，以乡村旅游发展促进乡村振兴，打通乡村一二三产业，带动乡村转型升级，推动乡村从脱贫攻坚递进到乡村振兴。②

三是技术路径。从"精准扶贫"的实践来看，能取得全部脱贫的成效，关键在于扶贫脱贫的措施"精准到县、精准到户、精准到人"。为精准衔接"脱贫攻坚"和"乡村振兴"，防止出现"形式主义"，应推动乡村振兴的措施应做到"精准到乡、精准到村，重点在乡镇层面和村级层面精准落实振兴策略"。③ 为解决"脱贫攻坚"与"乡村振兴"精准衔接的实践难题，需要充分运用现代信息技术，特别是要将数字技术作为推动农业农村现代化的核心力量，实现对乡村经济、文化、生态、治理领域的全覆盖。而数字乡村建设恰恰是对乡村振兴战略的继承与发展，能够为乡村振兴战略提供路径支撑。④ 从技术功能的角度观之，在数字乡村建设背景，基于新兴数字技术衍生而来的短视频与直播电商，作为"新时代文本"有效缩小了城乡之间的数字鸿沟，是数字乡村时代的"新农技"。⑤ 从技术条件来看，数字乡村建设已经具备了一定的基础和条件，进一步推进乡村振兴则需关注如何激活和培育数字乡村建设的行动主体。⑥ 因此，进一步有效衔接

---

① 耿达：《民族地区脱贫攻坚与乡村振兴有效衔接的文化路径——基于一个少数民族村寨的文化扶贫实践》，《思想战线》2021年第5期。

② 何璇：《文旅融合与乡村振兴衔接问题研究》，《中国行政管理》2021年第5期。

③ 陆益龙：《精准衔接：乡村振兴的有效实现机制》，《江苏社会科学》2021年第4期。

④ 沈费伟、叶温馨：《数字乡村建设：实现高质量乡村振兴的策略选择》，《南京农业大学学报》（社会科学版）2021年第5期。

⑤ 王慧：《短视频与直播赋能乡村振兴的内在逻辑与路径分析》，《社会科学家》2021年第10期。

⑥ 尹广文：《乡村振兴背景下数字乡村建设的行动主体激活与培育》，《社会发展研究》2021年第4期。

"脱贫攻坚"和"乡村振兴",应推动数字乡村建设,利用好数字化、网络化、智能化发展机遇,释放乡村振兴新动能。[1]

比较而言,政策路径和文化路径是传统理论研究视角,尤其是政策路径的研究成为此前学者关注的重中之重,相关理论研究已经较为系统和深入。技术路径则是在信息化背景下推动乡村走向全面振兴的全新路径,已经引起学界的重点关注,相关理论研究议题的延展性亦较强,正成为乡村振兴理论研究新的学术生长点。

三　数字乡村研究趋势与特征

1. 数字乡村研究发展趋势

为从整体上分析判断国内学术界关于数字乡村的研究现状,笔者以中国知网为检索平台,以"数字乡村"为主题检索词,基于 CSSCI 期刊(含扩展版)进行文献检索。检索发现,截至2021 年 12 月 31 日,共有期刊论文 127 篇,剔除书评 3 篇,信息发布 2 篇,人物介绍、会议综述各 1 篇等无效数据,共获得有效论文 120 篇,检索结果如图 2 所示。

从发文数量趋势来看,自 2007 年开始国内就有数字乡村相关理论研究成果发表,但是,就理论界学术研究而言,此后十年时间"数字乡村"一直保持"冷词"状态。数字乡村真正成为热点议题,理论研究成果开始呈现爆发式增长是在 2018 年之后。从图 1 来看,2018 年以来,围绕数字乡村的 CSSCI 期刊论文发

---

[1] 武汉大学乡村振兴研究课题组:《脱贫攻坚与乡村振兴战略的有效衔接——来自贵州省的调研》,《中国人口科学》2021 年第 2 期。

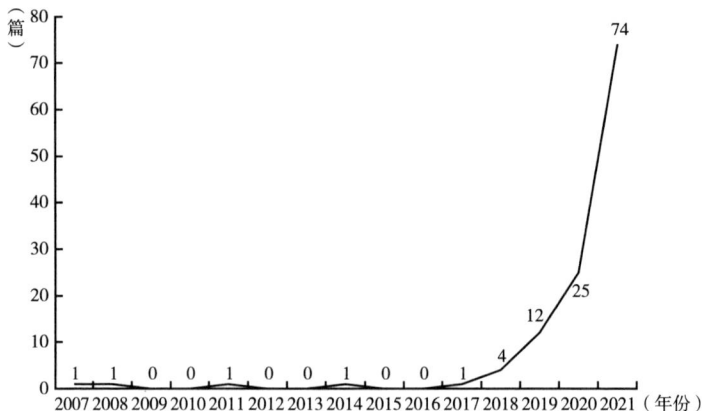

图 2　数字乡村国内研究论文增长趋势

资料来源：笔者根据有关资料自行整理。

表数量呈几何级数增长，目前数字乡村理论研究正处于急加速发展期。结合国家相关政策体系来看，2017 年和 2018 年中国分别把"数字经济"和"数字中国"写进政府工作报告，尤其是2019 年数字乡村战略的提出，成为开启该领域理论研究热潮的重要政策窗口。因此，随着各地贯彻落实国家数字乡村战略设计步伐加快，可以预见，数字乡村将迎来第一波理论研究热潮。

为进一步直观展示国内学术界"数字乡村"研究的主要线索、基本脉络及其热点议题，笔者在数据收集整理的基础之上，将有效数据导入 citespace 软件，进行知识图谱绘制分析，以图分析"数字乡村"理论研究的演进变化历程和热点议题分布情况。

2. 数字乡村研究热点分布

"关键词"是学术论文的重要索引性标签，能够反映理论文章的研究主题、主要内容和核心观点等关键信息。在 citespace所生成的关键词共现图谱中，节点的大小与该节点的出现频次正相关，节点的半径正比于该节点文献的被引次数。[①] 节点之间连线的粗线取决于相连连接之间关系的强弱。因此，对数字乡村学术论文进行关键词共现分析，可以充分展示该议题研究的重点内容及其相互关系，据此厘清学术研究的基本脉络。数字乡村的关键词共现图谱如图3所示，可见，围绕数字乡村的理论研究所涉及的议题较为丰富，图中共有131个关键词网络节点和226条连线。这些节点以及节点之间的连线反映的正是数字乡村理论研究的主要议题及其相互关系，深入分析关键节点及其与其他节点之间的联系，可以较为准确地把握数字乡村理论研究的热点和重点。

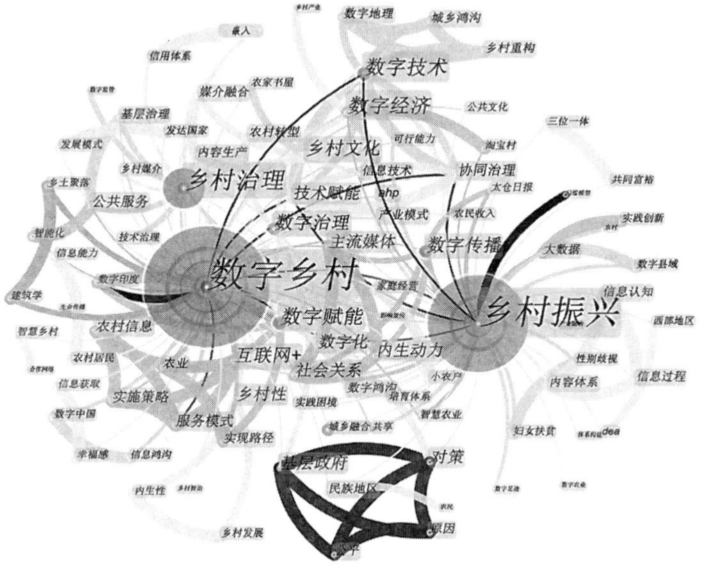

图3　数字乡村关键词共现图谱

资料来源：笔者根据有关资料自行整理。

---

① 陈悦等：《引文空间分析原理与应用》，科学出版社，2014，第78页。

从关键词网络节点之间的连线来看，围绕数字乡村、乡村振兴、乡村治理、数字技术等重点议题，学术界的理论研究已经形成了一系列较为紧密的议题网络。由图3可知，围绕数字乡村这个中心议题，已经形成了有关数字治理、数字赋能、数字技术、"互联网＋"等相关子议题的集中讨论。围绕乡村振兴关键词，则形成了数字传播、大数据、数字经济、共享、农民收入、技术赋能等一系列相关研究成果。围绕数字赋能学界开展了有关数字印度、数字治理、实现路径、数字技术和数字鸿沟的集中讨论。围绕数字技术这一议题，学界主要分析了协同治理、技术赋能、农民收入、城乡鸿沟、数字地理和乡村重构等方面的问题。围绕乡村治理，则形成了基层治理、技术治理、公共服务、数字监管和乡村性为议题的系列研究成果。

为更进一步清晰准确地分析研究热点分布状况，笔者在citespace软件中导出数字乡村研究关键词网络汇总表，按频次排序选择共现频次前20位的关键词，汇总整理如表2所示。可见，数字乡村、乡村振兴、数字赋能、数字技术、乡村治理和技术赋能等关键词的共现频次（Freq）较高，这意味着，在所有的研究中这些关键词被提及的次数最多，是理论研究的热点；数字乡村、乡村振兴、乡村治理、数字技术、数字经济、数字赋能和数字治理等关键词的节点度（Degree）数值较大，这表明，在所有研究中，这几个关键词连接的其他关键词数量较多，在网络中的辐射性较强，是理论研究的焦点。综合来看，数字乡村、乡村振兴、乡村治理、数字技术、数字经济和数字赋能是所有理论研究关注的重点议题。

表 2　数字乡村研究关键词网络汇总表

序号	频次（Freq）	节点度（degree）	关键词（keywords）	序号	频次（Freq）	节点度（degree）	关键词（keywords）
1	90	60	数字乡村	12	14	2	数字印度
2	73	48	乡村振兴	13	14	2	数字服务
3	20	8	数字赋能	14	13	2	采纳意愿
4	18	9	数字技术	15	12	1	门槛模型
5	16	15	乡村治理	16	5	8	数字经济
6	16	5	技术赋能	17	4	6	乡村文化
7	15	4	协同治理	18	4	7	数字治理
8	15	2	乡村用户	19	3	4	公共服务
9	15	2	信息生态	20	3	2	城乡融合
10	15	2	乡村居民	21	3	6	数字传播
11	14	2	影响机理	—	—	—	—

资料来源：笔者根据有关资料自行整理。

　　为廓清数字乡村理论研究的总体发展脉络，将上述有效样本数据的关键词聚类结果按照时间线图显示，如图 4 所示。可见，数字乡村研究的演化路径主要可分为如下三个重要的时间节点。

　　第一，2007 年前后，数字乡村处于起步阶段，相关理论研究主题较为集中，主要是在经济学和社会学的学科话语体系中，研究数字技术如何赋能乡村发展，特别是借助著名社会学家格兰诺维特的"门槛模型"分析数字技术在乡村普及、推广、应用的条件和机理，以及国外数字技术促进经济社会发展的经验介绍。综合而言，此时数字乡村研究，虽然理论成果数量较少，议题的多样性和异质性程度也不是很高，但是"数字乡村"和"乡村振兴"两个核心议题对后续理论研究的影响较为显著，后续绝大多数的研究议题是从"数字乡村"和"乡村振兴"两个核心议题中衍生而来。

　　第二，2011 年前后，数字乡村研究的议题开始转向数字乡村建设对基层政府治理，促进乡村社会公平等实践性议题的研究。

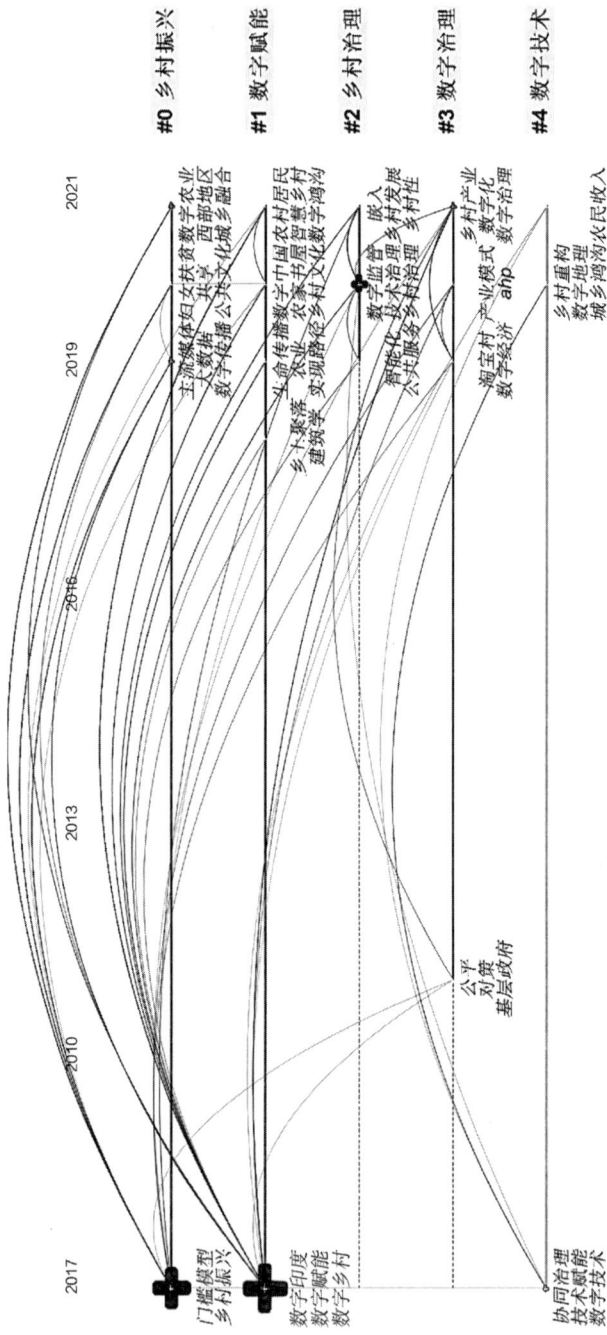

图 4 数字乡村研究主题演化路径图谱

资料来源:笔者根据有关资料自行整理。

但是在前两个阶段的研究中，数字乡村并未引起学术界足够的重视。结合图 2 来看，前两个阶段的理论研究虽然成果数量不多，但是它们的确为后续研究奠定了重要的基础。结合图 3 来看，早期对于"数字乡村""乡村振兴""数字赋能""协同治理""数字技术"等议题的探索性研究，成为新近理论研究的重要理论来源和文献基础，对当前党和政府的乡村发展战略产生了积极的影响。

第三，2019 年至今，数字乡村研究呈现爆发式增长状态。如前文所述，国家战略和政府政策的出台和实施，成为点燃学者研究热情的"引爆点"，当前学者围绕数字乡村所展开的研究所涉及的议题在短期内迅速延伸和拓展，并且基于数字乡村的理论研究，分化形成了数字乡村与乡村振兴、数字赋能、乡村治理、数字治理和数字技术等若干重大理论研究板块。可以预见，今后数字乡村研究议题的丰富性和异质性程度仍将进一步提高。

总之，从知识图谱分析来看，数字乡村研究已受到学界的极大关注，相关理论研究成果正呈高速增长的趋势。研究议题已经较为丰富，体现出研究视角多元化、研究内容多样化、研究议题复杂化、议题之间关系紧密化等总体特征。作为一项国家乡村发展战略，数字乡村必然有其现实的考量，因此，理论研究必须为国家战略谋划和政策设计提供解决方案，但是理论研究显然不应满足于此，应该更为深入地研究数字乡村的本质和内涵，应当具有更全面的理论关怀，揭示数字乡村的底层逻辑和关键变量，为推动数字乡村理论建构做出应有的贡献。

四　数字乡村多维内涵探析

近年来，中国出台了一系列旨在推动数字乡村建设的政策文件。中国不仅在 2018 年以来的历次中央一号文件中反复提及数字乡村，而且还专门出台了《数字乡村发展战略纲要》《数字农业农村发展规划（2019—2025 年）》《关于开展国家数字乡村试点工作的通知》等文件，为数字乡村提供了较为完善的顶层设计。但是，在政策文件中，通常把数字乡村设定为乡村振兴的重要方向和数字中国的重要内容，鲜有文件对数字乡村进行明确的界定。对此，学界已有学者开始从不同视角对数字乡村的内涵做出理论阐释。学界对数字乡村的理论建构和诠释大体上从如下三方面展开。

1. 实现数字红利普惠：价值论视角下的数字乡村

从价值论角度出发，数字乡村理论研究试图明确数字乡村的战略目标和价值指向。当前高速发展的信息技术，不仅是第一生产力，而且已经渗透社会治理的全过程，对人们的生活产生全方位影响。考虑到城乡之间的数字鸿沟和发展差距，数字乡村不仅要在乡村充分发挥数字技术的生产力价值，而且要借助数字技术提升乡村治理效能，改善乡村居民的生活。因此，数字乡村是"以数字技术创新为乡村振兴的核心驱动力，实现乡村生产科学化、治理可视化、生活智能化和消费便捷化，利用'数字乡村'拓宽传统产业的经营边界，加速培育和壮大农村新产业、新模式和新业态"，其作用包括"为人赋能""促进产业共生""为农服务"。[①] 数字乡村追寻的是将数字技术和信息网络深度融入经济社会各领域的"现代乡村发展模式"，以此实现乡村的"重构与升华"[②]，其路径是构建由数字产业、数字治理和数字服务为核

---

① 夏显力等：《农业高质量发展：数字赋能与实现路径》，《中国农村经济》2019年第 12 期。

② 沈费伟：《数字乡村韧性治理的建构逻辑与创新路径》，《求实》2021 年第5 期。

心的"内生发展模式","谋求乡村的和谐发展与乡村振兴的高质量发展"。① 数字乡村的最终指向是"最大化发挥数字红利的普适、普惠作用,使农村、农民都能享受数字福利"。② 概言之,数字乡村旨在通过数字技术为农业、农村和农民赋予相应的能力,使其能够分享"数字红利",推动乡村高质量发展,实现乡村全面振兴。

2. 推动数字技术下乡:工具论视角下的数字乡村

从工具论角度来看,数字乡村理论研究旨在为数字乡村建设寻找支撑手段和技术工具。技术工具的最大价值在于提升效率。反之,效率的提升不仅取决于技术工具自身的科学性和先进性,而且受制于使用者对工具的掌控能力和运用水平。数字乡村要推动数字技术下乡发挥技术效用,前提是技术能真正扎根乡村,关键是要提升农民的数字技术能力。以工具论视角观之,数字乡村需要以数字化技术为手段和支撑,以数字产业化和产业数字化为动力源,③ 将数字创新技术,如云计算、大数据、人工智能等应用于传统农业,实现乡村农业数据化、治理数据化、生活数据化,以推动传统农村经济模式和乡村治理模式的转变,④ 是"新一代信息技术在乡村建设中运用的探索性实践"。⑤ 更全面地看,

① 沈费伟:《数字乡村的内生发展模式:实践逻辑、运作机理与优化策略》,《电子政务》2021年第10期。
② 陈潭、王鹏:《信息鸿沟与数字乡村建设的实践症候》,《电子政务》2020年第12期。
③ 冯朝睿、徐宏宇:《当前数字乡村建设的实践困境与突破路径》,《云南师范大学学报》(哲学社会科学版)2021年第5期。
④ 张鸿等:《数字乡村战略下农村高质量发展影响因素研究》,《统计与决策》2021年第8期。
⑤ 李敢:《乡村建设新进路:中外"数字乡村"研究的多元视野比照》,《人文杂志》2021年第10期。

数字乡村是"通过加强整体规划与配套，推进现代信息技术在农业农村经济社会发展中的综合应用，提高农村居民现代信息素养与技能，以增强乡村内生发展动力的农业农村现代化发展进程"①。简言之，数字乡村是在将现代信息技术，特别是数字技术应用于农业农村农民的同时，不断开发农村和农民的信息技能，以实现为乡村发展增添动力之目的。就工具理性而言，数字乡村是一个技术开发、推广、普及和应用的实践过程。

3. 重构乡村社会：实践论视角下的数字乡村

从实践论角度剖析，数字乡村理论研究旨在为数字乡村建设提供行动路线和实施方案，因此，实践论角度的研究认为，对数字乡村研究更准确的表述应该是数字乡村建设研究。从乡村发展实践需求出发，数字乡村不是农村建设的"新潮称谓"，也不是"数字技术的叠加"，而是"农业信息化程度的进一步增强、农村智慧化水平的进一步提升和农民数字化素养的进一步养成，更是依靠高素质的农民主体、依托最先进的数字信息技术，开启乡村治理新模式、重构乡村生活空间、重塑乡村文化形态、重建乡村经济体系的深切观照"②。数字乡村建设应"遵循以人为本、开放共享、整体协同的治理理念，将数字技术与治理理念、治理机制相融合"，以提高乡村事务决策的系统性，它包括"数字乡村治理理念、数字乡村制度规范、数字乡村组织网络等内涵，是数字技术、治理制度互相建构的结果，是对传统乡村治理模式的继

---

① 曾亿武等：《中国数字乡村建设若干问题刍议》，《中国农村经济》2021 年第 4 期。

② 常凌翀：《数字乡村战略下农民数字化素养的价值内涵与提升路径》，《湖南社会科学》2021 年第 6 期。

承与发展",需要将技术工具与社会伦理、政策目标相联系,既要符合工业设计理念,又要具备公共管理情怀。[1] 从中国当前数字经济发展的成就和乡村振兴的关键任务来看,数字乡村是"指依托数字经济的发展,以现代信息网络为重要载体,以现代信息技术为重要推动力,重构乡村经济发展的一种手段、过程和状态"[2]。

以上关于数字乡村内涵的讨论,从价值论、工具论和实践论三个维度分析数字乡村的价值意义、手段工具和行动方案。基于上述文献,数字乡村是在数字技术蓬勃发展的技术背景和乡村振兴、数字中国的战略背景下,统筹运用数字化技术、数字化思维、数字化认知,把数字化、一体化、现代化贯穿到乡村政治、经济、文化、社会和生态文明全过程各方面,从整体上推动乡村经济社会发展和治理能力的质量变革、效率变革和动力变革,释放出"技术红利",从根本上实现乡村的现代化发展。因此,数字乡村绝非单纯的技术性问题,而且是一个以推动乡村现代化为目标的宏大社会改造工程。

五　数字乡村理论资源盘点

如果说认同数字乡村是一个推动乡村现代化进程的宏大社会改造工程,那么数字乡村就绝非仅凭数字化理论可以解释清楚的,数字乡村建设也不能仅凭信息技术就实现。为此需要系统梳理数字乡村的理论资源。从文献上看,关于数字乡村理论资源的

---

[1] 沈费伟、叶温馨:《数字乡村建设:实现高质量乡村振兴的策略选择》,《南京农业大学学报》(社会科学版)2021年第5期。

[2] 王胜、余娜、付锐:《数字乡村建设:作用机理、现实挑战与实施策略》,《改革》2021年第4期。

论述总体而言比较薄弱、分散，体系性较弱。笔者认为，数字乡村理论体系主要包含了如下三个维度。

1. 政治学：政治参与和公共性生产

中国民主革命先驱孙中山认为，"政就是众人之事，治就是管理，管理众人之事就是政治"[①]。政治实践和政治学理都始终强调一个基本判断：没有公众的广泛参与，就无法保证政治活动的公共性，政治现代化也就丧失了最基本的民主基础。长期以来，中国传统乡村被认为是"原子化社会"，其公共性先天不足。"原子化"概念最早是由大众社会理论的代表人物 William Kornhauser 在《大众社会的政治学》（*The Politics of Mass Society*）一书中提出的，意指一个精英和大众之间缺乏纽带，社会成员关系涣散的乌合之众的社会状态。而"华中乡土学派"的"原子化农村"概念则有三个完全不同于大众社会理论的理论来源：一是以梁漱溟、费孝通等古典社会学家对社会整合的学术关怀；二是强调个人之间联系的弱化和集体行动能力的缺乏；三是改革开放以后中国市场化改革引发的道德缺失。[②] 数字乡村建设的政治价值，主要体现在通过扩大公众参与消解乡村社会缺乏整合、集体行动能力较低和道德缺失等问题，最终促进乡村公共性的生产。数字乡村理论研究，为扩大乡村政治参与，推动乡村公共性再生产提供了三个层次的分析框架。

首先，数字乡村建设能够消解乡村的"原子化"，有助于促进乡村共同体的培育和乡村社会的整合。乡村是一个包含生活、功能、治理和文化等内容的"多元共同体"，数字乡村建设能够

---

① 孙中山：《孙中山选集（下）》，人民出版社，1956，第661页。
② 周大鸣、廖越：《我们如何认识中国乡村社会结构的变化：以"原子化"概念为中心的讨论》，《广西师范学院学报》（哲学社会科学版）2018年第4期。

激发和释放共同体成员的自我意识和能力，颠覆并重构乡村社会结构和社会关系，重构互信、共生的乡村秩序。① 其次，数字乡村建设有助于增进社会成员之间的连接，提升乡村自治能力。在中国城市化进程中，"乡土中国"逐渐转变为"城乡中国"，村庄内部基于血缘关系和地缘纽带所形成的共同体秩序日渐消散。人员流动所致的时空阻隔，限制了村民之间的交流和沟通，乡村社会传统的公共性生产机制被抑制，制约了乡村自治能力。移动互联网络平台的出现，则在一定程度上恢复了乡村的公共性再生产功能。数字乡村建设能够借助移动互联技术实现人的"虚拟在场"，连接分散在不同空间的"原子化"村民，建构乡村内生秩序，使村庄从名义的村民自治迈向通过网络公共参与实现的自我管理、自我教育和自我服务的自治模式。② 最后，数字乡村建设通过促进乡村公共性的再生产，能够推动乡村政治现代化。历史地看，从广播、电视到移动终端，村民在技术浪潮中获得解放，实现了乡村叙事"他者"向自我言说"主体"的转变，农民的主体性和公共意识亦由此崛起。③ 数字乡村则为村民从"他者"转为"主体"提供了稳定的"虚拟共同体"，开放的网络平台有助于乡贤角色的塑造和乡亲关系的强化，不仅使情感秩序的力量在乡村社会得以重新焕发生机，而且有助于衔接国家基层政权建设和乡村有效自治，在国家治理和乡村自治协同一体的过程中推动乡村治理现代化。

---

① 师曾志、李堃、仁增卓玛：《"重新部落化"——新媒介赋权下的数字乡村建设》，《新闻与写作》2019 年第 9 期。

② 牛耀红：《建构乡村内生秩序的数字"社区公共领域"——一个西部乡村的移动互联网实践》，《新闻与传播研究》2018 年第 4 期。

③ 沙垚、张思宇：《公共性视角下的媒介与乡村文化生活》，《新闻与写作》2019 年第 9 期。

2. 经济学：新型生产要素挖掘与利用

从经济学视角出发，生产要素是国民经济运行必须具备的社会资源，是经济发展的基础和动力源，因此要素投入是经济增长的前提。但是，数字经济特别是互联网巨头企业的发展实践表明，经济增长不再单纯依靠甚至不主要依靠传统要素的投入而实现，数据占有和运用能够有效实现经济增长。因此，在数字经济时代，"数据"被视为"新石油"，是一种新的生产要素。2015年，国务院印发的《促进大数据发展行动纲要》指出，"数据已成为国家基础性战略资源"。2017年，习近平总书记在中央政治局"实施国家大数据战略"集体学习会议上指明，"数据是新的生产要素，是基础性资源和战略性资源，也是重要生产力"。在此背景下，党的十九届四中全会提出，"健全劳动、资本、土地、知识、技术、管理、数据等生产要素由市场评价贡献、按贡献决定报酬的机制"。2020年3月，在《中共中央 国务院关于构建更加完善的要素市场化配置体制机制的意见》中再次确认了"数据"的要素地位。至此，数据作为生产要素不仅在理论上得到确认，而且已被制度吸收固定，在经济社会发展中的作用得到空前关注和重视。

在数字乡村的前期理论研究发现，信息是生产要素，技术是效率手段，应结合"数字乡村"工程，推动信息化农业服务体系建设，实现农业增产、农民增收和农村繁荣。[1] 随着大数据技术的兴起，数据的生产要素价值得到理论界的进一步重视和论证。在当前乡村振兴的背景下，大数据是数字经济发展的基础和关键

---

① 杜艾虹：《充分发挥信息化在云南经济发展方式转变中的作用》，《经济问题探索》2008年第7期。

生产要素，是数字经济推动效率提升和经济结构优化的重要抓手。[①] 在大数据技术的加持下，收集农村"空、天、地"数据，并加以分析利用，不仅有助于优化农业生产布局、降低成本，而且可以帮助农民分析市场需求，缓解农产品滞销问题。[②] 进一步言之，利用农业全产业链大数据，不仅可以实现现代农业发展的重大创新，提高农业全要素生产率，防范农业生产经营风险，推动形成农产品市场流通新格局，而且有助于提升政府治理数字化能力。[③] 总之，数据的生产要素地位和作用已不仅是理论判断，而且正被数字乡村的实践得到确认和强化，并形成了一系列制度成果。

3. 行政学：治理现代化的技术支撑

法国哲学家福柯曾指出，治理暗含着能让被治理对象获得幸福的"技术"。[④] 在国家治理体系和治理能力现代化的语境下，乡村治理体系现代化是指"用现代治理理论和治理技术替代传统治理逻辑与方式，用程序化与规则化治理机制替代人治和随意性强的传统治理范式，以激活一线治理场景并形塑富有弹性的乡村治理结构体系"。[⑤] 可见乡村治理本身包含"技术"需求，技术已成为衡量治理现代化水平的一个重要标识。为推动中国乡村治理体系和治理能力现代化，《中华人民共和国国民经济和社会

---

① 肖若晨：《大数据助推乡村振兴的内在机理与实践策略》，《中州学刊》2019年第 12 期。
② 杨嵘均、操远芃：《论乡村数字赋能与数字鸿沟间的张力及其消解》，《南京农业大学学报》（社会科学版）2021 年第 5 期。
③ 农业农村部信息中心课题组：《农业全产业链大数据的作用机理和建设路径研究》，《农业经济问题》2021 年第 9 期。
④ 〔法〕福柯·米歇尔：《什么是批判（福柯文选Ⅱ）》，汪安民编，北京大学出版社，2016，第 320 页。
⑤ 桂华：《面对社会重组的乡村治理现代化》，《政治学研究》2018 年第 5 期。

发展第十四个五年规划和 2035 年远景目标纲要》明确提出，加快"数字社会"建设步伐，提高"数字政府"建设水平；《数字农业农村发展规划（2019—2025 年）》则将"乡村数字治理体系"建设作为"推进管理服务数字化转型"的重要任务。因此，在数字化时代，利用数字技术塑造乡村治理体系，提升乡村治理能力，加快推进乡村治理体系和治理能力现代化，已成为国家战略任务，建基于数字技术的数字乡村何以提升乡村治理现代化程度是一个不容回避的理论议题。

数字乡村何以提升乡村治理体系和治理能力现代化的理论逻辑可以用"整体智治"予以概括。"整体智治"是当前数字化改革背景下提出的新治理理念，其意图在于实现整体治理、智能治理和智慧治理的有机结合。从乡村全面振兴的目标出发，整体治理、智能治理和智慧治理本质上具有一致性，都从属于乡村治理体系和治理能力现代化的范畴。整体治理的价值在于消解乡村治理的"碎片化"；智能治理的价值在于实现乡村治理的科学性和高效性；智慧治理则在整体和智能的基础上，负载了公平、效率、人本等多重价值内容。可见，整体治理有助于健全并优化乡村治理体系，智能治理和智慧治理则有助于提升乡村治理能力。数字乡村使得"整体智治"成为可能，进而能够提升乡村治理现代化水平。

整体治理的核心要义包括，价值取向从"管理主义"转向"以公众为中心"，协调方式上建立网络互动模式，组织结构上强化政府内部机构和外部组织的协同合作，在传统层级结构建立纵向的权力线的同时，根据新兴网络建立横向的行动线。① 数字乡

---

① 〔美〕斯蒂芬·戈德史密斯、威廉·D. 埃格斯：《网络化治理：公共部门的新形态》，孙迎春译，北京大学出版社，2008，第 8~14 页。

村通过数字信息的流动和网络互动，使得乡村整体治理具备了实现可能性。显然，"整体"具有两个层面的含义：一是乡村内部主体和资源的整合。数字乡村能够在虚拟空间再造一个与真实世界平行的网络社会，网络空间消除了各类治理主体参与乡村内部公共事务治理的时空阻隔，能够有效整合治理力量，促成合作共治。二是城乡之间的一体化。数字乡村能够借助数字的开放共享，实现城乡之间的融合发展。如数字普惠金融嵌入乡村治理体系，借助数字技术，将隐藏在乡土社会关系网络之中的农户信用信息呈现出来，从乡村社会自治单元、激励和约束机制、多元治理主体共同参与以及信用积分体系等多个维度激活乡村治理现代化转型中的内生关系社会基础，不仅唤醒了乡土内生秩序，增强乡村内部凝聚力，而且消除了城市金融机构对乡村的"金融排斥"。[①] 因此，只要贯彻"以人民为中心"的发展理念，数据开放和共享就能为整合乡村内外资源和治理力量，实现乡村整体治理奠定基础、提供动力。

"智能治理"和"智慧治理"是一组"同构性关联"和"互镜式发展"的概念，前者是指"在政府社会治理实践过程中，推动治理方式和手段的智能化，实现治理的精细化、个性化和智能化的一系列治理行为和过程的总和"，后者则包含"思维方式"和"治理方案"两层含义。比较而言，智能治理侧重于"治理方法的智能性"，智慧治理则侧重于"治理价值的整合性"。[②] 整体而言，智能治理和智慧治理都是建基于数字技术上的治理，都追求治理的精准化、人性化和高效化。支撑数字乡村建设的数

---

① 陈熹、张立刚：《激发内生秩序：数字普惠金融嵌入乡村治理的路径优化》，《江西社会科学》2021 年第 10 期。

② 颜佳华、王张华：《数字治理、数据治理、智能治理与智慧治理概念及其关系辨析》，《湘潭大学学报》（哲学社会科学版）2019 年第 5 期。

字技术能够实现数据采集、归集、分析和应用的自动化、专业化、规模化和瞬时化。在数字乡村建设中，数字化技术带来的一体化治理界面为治理决策提供了强大支持，推动乡村治理决策的智能化转型。[①] 从基本公共服务均等化的基层实践来看，"资源端数字化扩充"确保公共服务的充分性，"供需端动态化平衡"提升公共服务的契合性和"政策端协作化扶持"推进公共服务的均等化，是数字乡村战略下农村公共服务效能提升的应然逻辑。[②]

以上关于数字乡村理论资源的讨论，从政治学、经济学和公共行政学等多学科角度分析数字乡村的价值功能、建构逻辑和运行机理，回答了数字乡村的意义，呈现了数字乡村的理论资源。综上可见，数字乡村是乡村政治、经济和社会发展的一种新形态，"数字乡村"中的"数字"已经超越了数理意义，具有政治、经济和治理等多学科维度的丰富理论意涵。农业农村现代化背景下的"数字乡村"，不仅追求技术的工具理性价值，而且追求政治民主化、城乡一体化和公共服务均等化价值理性，是数字时代的全方位重构，需要多学科的理论滋养。

六 数字乡村研究进路选择

近年来，随着数字乡村成为我国乡村振兴和数字中国的重要战略部署，数字乡村研究迅速成为显学。但是，数字乡村研究仍然存在缺陷和不足，洞悉当前理论研究中存在的缺陷和不足，是

---

① 江维国、胡敏、李立清：《数字化技术促进乡村治理体系现代化建设研究》，《电子政务》2021年第7期。

② 汤资岚：《数字乡村战略下农村老龄公共文化服务效能提升研究》，《图书馆》2021年第10期。

推进数字乡村建设，推动乡村振兴和数字中国建设的题中应有之义。换言之，现有理论研究中的不足，恰恰蕴含着数字乡村后续理论研究持续推进的方向和路径。

1. 数字乡村理论研究议题重点和盲点并存

从形式和内容两方面考察现有文献可见，中国数字乡村理论研究正处于爆发式增长阶段，相关理论研究已经较为丰富，围绕数字乡村这个核心理论命题，已经形成了一系列研究重点和热点议题。现有文献显示，国内学术界的数字乡村研究紧密围绕乡村振兴和数字中国战略目标，对中国各地数字乡村建设的实践探索和成功经验进行了多视角的立体呈现。数字乡村理论研究围绕乡村数字经济、乡村治理转型、公共服务均等化和基层政府治理等议题形成了一批理论研究成果，对乡村经济、政治和社会领域的改革和发展进行了深入研究和广泛讨论。

作为一个兼具战略性、政策性、实践性色彩的学术命题，数字乡村理论研究议题与数字乡村建设战略规划、政策设计和实践探索之间的契合度仍然有待提高。从理论研究对实践关怀的角度来看，参照乡村振兴政治、经济、社会、文化和生态五位一体总布局，现有研究中，涉及数字乡村与乡村文化、乡村生态之间关系研究的理论成果仍然比较缺乏，理论研究仍然存在薄弱环节和盲点，学术界在数字乡村研究过程中，学术视界和研究力量分配有待优化均衡。此外，现有研究对政府行政体制改革和行政职能转变较为关注，对村民、企业和社会组织在数字乡村建设中的地位和作用关注不足。在中国总体改革经济先行、社会与政治改革跟进的特定背景下，主要从乡村治理和基层政府自身改革的角度讨论数字乡村建设显然是不充分的。数字乡村建设实际上是乡村社会的总体变革，涉及村民、乡村自治组织、企业和国家政府关系的调整，是数字中国在乡村的具体实践。

2. 数字乡村理论研究的系统性和创新不足

在概念界定方面，学界在数字乡村的本质内涵方面达成了一些基本共识。如大部分理论研究成果将数据视为数字乡村的重要生产要素，把数字技术视为数字乡村建设的手段和工具，把农业农村现代化视为数字乡村的价值旨归。但毋庸讳言，现有概念界定在一定程度上仍然存在"界定狭窄"的问题，无法充分阐释数字乡村的丰富内涵。学者从价值论、工具论和实践论等多维视角对数字乡村做出的概念界定，往往根据特定研究议题的需要，从某一个具体的侧面分析阐述数字乡村的内涵，这就容易导致概念界定的狭窄化，导致对数字乡村本质认知的片面化。质言之，数字乡村内涵的丰富性、理论研究议题的多维性，导致概念界定的多样性。因此，在异质性议题不断生发、异彩纷呈的理论研究状态下，多数理论研究中数字乡村的核心特征得不到系统全面的表述，数字乡村理论认识仍处于"盲人摸象"的境地，反映出学界对数字乡村本质属性的不确定性和研究边界的模糊性。因此，要从社会整体变革的视角出发，采用整体论和系统论的认知框架，进一步廓清数字乡村的本质内涵。

在理论建构方面，已有研究极大地推进了数字乡村理论的发展，但是现有研究对各种研究进路之间的逻辑关系缺乏关注和分析。从文献来看，现有研究尚缺乏对数字乡村在数字治理和乡村治理理论发展中地位和作用的深入研究和全面阐述，数字乡村的理论架构尚不清晰，关于数字乡村仍未形成一套逻辑自治、内容完备的理论体系。在理论创新方面，学者注重从政治学、经济学、行政学等多学科的角度为数字乡村提供理论支撑，但现有研究存在两个方面的不足：一是大量理论研究直接援引治理理论和民主化理论等西方理论分析中国乡村数字化治理实践，忽视中国语境与西方新自由主义意识形态下"治理"含义的差别，不仅存在理论的适用性问题，而且容易使中国数字乡村建设陷入西方理论话语体系，迷失前进方向。中国特色学科体系、学术体系和话语体系下的"治理"，注重发挥中国共产党的领导作用，旨在通过政府改革，提升行政效能，动员公众广泛参与，不断增强社会协同，完善法治建设，持续提升治理能力。因此，中国数字乡村建设必须加强并依靠中国共产党的领导。二是理论建构的自觉性不足，现有研究多注重对地方实践经验的总结和案例分析，解释性研究居多，理论建构不足，尚未形成自有的、独特的理论解释力。因此，数字乡村建设的理论本土化发展创新任重道远。

3. 数字乡村理论研究的范式需要拓展重构

当前，中国政府正在不断探索和完善数字乡村的顶层设计。围绕数字乡村战略目标，规范性分析不可或缺。理论上不同视角的数字乡村理论建构，能够为数字乡村提供多种样态的理想类型，为数字乡村建设提供理论指引和政策建议，帮助政治家、企业家和基层乡村干部群众明晰什么是"应然的数字乡村"。但是，数字乡村理论研究如果只是停留在规范分析层面，缺乏对"实然的数字乡村"的全面调查和深入分析，缺乏对数据作为生产要素的条件，数字乡村的运行机制，农村居民对数字经济、数字社会、数字治理的认可和接受程度，数字乡村成效与不足等方面的分析，那么数字乡村理论研究对数字乡村建设实践的指导价值就会大打折扣，理论意义亦会因此而被削弱。这就要求我们不仅要持续强化数据要素和数字技术对乡村产业、人才、文化、生态和组织振兴的推动作用及其实现机制的研究，更要超越"技术—经济"范式，[1] 遵循"技术—社会"范式，从技术与社会"互构"的立场出发对数字乡村展开理论研究。理论研究要深入分析数字技术在乡村诸领域的适应、转化问题，并注意将中国精准扶贫、数字化改革和数字经济的实践经验，中国特色社会主义制度优越性和乡村治理体系和治理能力现代化成就，转化成为数字乡村的制度成果和理论成果，加快形成数字乡村的中国方案和自主理论体系。

综上所述，迄今为止学术界对于数字乡村内涵已达成一些共识，但对数字乡村的本质内涵缺乏系统完整的认知，对于数字乡村的理论建构才刚刚展开，不乏存在诸如数字乡村是一种价值理性还是工具理性的理论争议。尽管如此，通过国家持续完善的战略设计以及学术界的研究推进，数字乡村已然成为当前中国乡村改革发展的重要目标和数字中国的重要内容，并成为政治学、经济学和公共行政学等多学科领域的重要而热门的议题。通过对数乡村研究的多方面分析，我们愈发清楚地看到：数字乡村建设作为一种乡村转型方式，显然已经超出了技术范畴，是在技术与社会互动互构基础上的乡村社会系统性变革，不仅涉及乡村生产要素的重新配置，而且涉及乡村自治权力的重新分配和治理秩序的重新建立，还涉及村民、乡村自治组织、企业和政府间关系的解构与重构。因此，今后的数字乡村研究，一方面，要围绕大数据生产要素，新型数字技术手段工具，围绕发展乡村数字经济、推动乡村治理现代化转型目标等核心议题，分析影响数字乡村建设

---

① Carlota Perez. ，"Technological Revolutions and Techno - Economic Paradigms", *Cambridge Journal of Economics* 34 (1)，2010，pp. 185 - 202.

的关键因素，评价数字乡村战略实施和政策执行的绩效，探索高效可行的数字乡村建设路径等方面展开。另一方面，要运用数字化思维，贯彻新发展理念，围绕乡村全面振兴目标，整体思考乡村社会系统变革的基础、方向和行动方案。作为一个急速升温的研究议题，数字乡村理论研究，期待更多学者参与讨论，做出更大的理论贡献。

国际乡村建设与发展学术思想评论（2021）

周 军　张 越[*]

　　自 2017 年 10 月党的十九大提出乡村振兴战略起，至今已近
4 年。这些年来，随着国家一系列惠农政策的出台，我国乡村社
会的振兴态势整体向好。同时，现阶段我国农业产业转型困难、
农村人口流失及空心化严重、农民参与乡村振兴的主观积极性差
等问题依然存在，阻碍了全面推进乡村振兴的进程。这让笔者不
禁思考：何以更好地推进乡村振兴？面对上述问题，在深入研讨
国内已有的本土化乡村振兴研究后，笔者可将目光转向了西方乡
村建设研究领域。在对西方乡村建设与发展的相关学术研究前沿
和实践创新成果进行持续性跟踪和系统性分析的基础上，我们对
西方乡村建设与发展的学术思想进行了分类评析，并将其作为
"乡村振兴学术观察"的一项议题，以期为我国全面推进乡村振
兴和农业农村现代化提供学术参考。

　　现已是我们跟踪、审视和评述有关西方乡村建设与发展学
术前沿研究成果的第 4 年，在经过又一个年度的持续性观察后
发现，随着社会发展，西方学术界每年所关注的乡村社会焦点
问题和热点主题是接续嬗替的。当然，这背后的原因和逻辑并
不难理解。近些年，从地区热点到经济发展，从人口转移到资

---

　*　周军，男，管理学博士，南京农业大学公共管理学院副教授、硕士生导师、系
　　主任；张越，女，南京农业大学公共管理学院硕士研究生。

源利用，从气候变化到新兴科技等，万事万物无一例外均置身世界百年未有之大变局中，自然，西方乡村社会所着眼的重点问题也将"时移物换"，这就更加坚定了我们必要继续跟踪研究西方乡村建设与发展学术思想的信念。我们相信，经过持续性地逐年跟踪、观察、审视和评析，未来呈现的将是一项聚焦西方乡村建设与发展热点问题的、真正"被时间赋予力量"的评述集。

就本研究而言，我们延续上一年调整过的文献检索方式，即直接对 23 家 SSCI 期刊 2021 年 1 月至 2021 年 12 月出版的目录和摘要进行阅读，从中甄选出最具代表性的重点文献认真研读，并根据所涉内容进行主题聚焦和主旨归类，确定出了本年度研究最为突出的 6 个主题，即人与自然的互动、农民行为的解构、政策嬗变的反思、数字乡村的建设、乡村性与文化遗产、人口的移入和移出。在此基础上，再分别对上述主题进行文献检索、梳理与研究，形成文献综述与思想评论。另外，就本研究的"西方"二字而言，我们进一步明晰了其两个判断标准：一是研究成果的数据来源或研究对象为西方国家的问题或现象；二是作者中至少有一位的国籍或研究机构为西方国家。

遴选观察点	西方国家		判断标准
研究数据来源或对象（S）	T	F	
至少一位作者的国籍（N）	T	F	S 且（N 或 O）
至少一位作者的研究机构（O）	T	F	

其中，西方国家仅包括西方意识形态占主流、西方文化一脉相承的 5 个五眼联盟国家（Five Eyes Alliance，FVEY）和 27 个欧洲联盟国家。五眼联盟国家分别是美国、英国、加拿大、澳大

利亚和新西兰。欧洲联盟国家，即德国、法国、意大利、荷兰、比利时、卢森堡等 27 个会员国。

一 人与自然的互动：冲突、适应与未来

在人类文明发展的历史长河中，人与自然的关系一直贯穿人类社会发展的全过程，被作为一个艰深的主题为世界所探讨。纵观人类文明史，在与自然相处与互动的实践过程中，人类对"应与自然保持何种关系"的认知观念先后经历了从"依赖自然、畏惧自然、征服自然"再到"人与自然和谐共生"的巨大转变。但不可否认，即便是在人类高度文明的今天，即便是秉承"要充分发挥人的主观能动性以实现人与自然和谐共生"观念的现代人类，在处理经济发展与环境保护的关系时，仍会不可避免地产生冲突。事实上，这些冲突并非简单地表现为人与自然之间的"点对点"形式，其往往与多个因素密切相关，且涉及自然资源使用和管理的多个阶段。[①]

毋庸置疑，"经济发展"与"环境保护"这两个议题并非处于一种"鱼和熊掌不可兼得"之态，事实上，农业生态学（*agroecology*）现已被作为有希望同时实现上述两个议题的方法来推广。现如今，我们完全可以在社会生态系统中实现农业与环境的共存，但在农业利用中，自然空间维护与人类经济活动难免会产生冲突。里卡特和安东尼奥（Ricart and Antonio）[②] 从西班

---

① K. Hanaček et al., "Understanding Environmental Conflicts Through Cultural Ecosystem Services—the Case of Agroecosystems in Bulgaria", *Ecological Economics* 179，2021.

② S. Ricart and M. Antonio, "Water for Food, Water for Birds：How to Manage Conflicting Rural—Natural Interfaces? Deepening on the Socio-ecological System of El Hondo Natural Park（Alicante, Spain）", *Journal of Rural Studies* 86，2021, pp. 24 – 35.

牙阿利坎特的埃尔弘洪多自然公园所面临的社会和生态问题出发，对行动者的行动、农业与自然之间的相互作用展开研究。研究结果表明，社区居民和农村社会成员对埃尔弘洪多自然公园的地方特征保存、传统农业习俗和农业遗产保护等文化功能达成一致意见，但就埃尔弘洪多自然公园的起源与管理冲突展开讨论，包括自然公园的宣言、公共投资和决策参与过程缺乏信息透明度、利息相关者（其中涉及灌溉、农村发展、环境保护、水管理及旅游推广）之间缺乏相互承认与理解等议题。对于上述问题，他们强调，在解决社会生态系统固有的复杂性时，未来的研究需关注"如何从农业和环境共存的价值观、行为和态度中感知"人类之间及其与社会生态系统存在的冲突，从而促进社会学习，以帮助制定更加实用和公认的解决方案。

生态保护不一定排斥具有高附加值或有利可图的农业利用，例如人工经济林的打造不仅可以实现减少温室气体、保持流域水平衡、保护生物多样性等目的，还可以使我们获得如经济收入、就业机会等预期的经济、社会和生态效益，但倘若出现人工经济林管理不善或空间整合不当等问题发生时，便会引发环境冲突（*environmental conflict*）。以智利林业为缩影，安德烈亚斯·克里斯蒂安·布劳恩（Andreas Christian Braun）[1] 基于扎根理论，就智利过去几十年广泛发展的商业林业对小农户所造成的影响进行研究，发现农民对人工经济林的做法表示难以理解，他们将其视为一种压迫性入侵，因为人工经济林用封闭的、无法进入的密集林场，匿名、无情地侵犯、威胁和骚扰了他们的领土、利益和生计的自主权，而对于森林工业在处理领土、领土主张及其与农

---

[1] A. B. Christian, "Encroached by Pine and Eucalyptus? A Grounded Theory on an Environmental Conflict between Forest Industry and Smallholder Livelihoods in Chile", *Journal of Rural Studies* 82，2021，pp. 107 – 120.

村生活方式的利害关系时所表现出的不尊重，以及自身的权力软弱（缺乏），他们表现出了尖锐对立的愤怒与无奈。研究结果表明，造成环境冲突的原因除了上述有关物质、利益方面的表层原因外，更深层的是其根本性原因——现场土地使用的非法性问题和农村地区的感知侵蚀问题。由此可知，在大力发展环境友好型农业产业经济的同时，还需以前瞻性的眼光，系统地审视和消解未来可能会对周边农户产生威胁的潜在冲突因素，提防尖锐对立的局面发生。

面对人与自然互动的冲突，我们一直在思考：何以适应自然？何以保持人与自然互动的应然状态？尽管人们意识到气候变化和极端天气事件正在"蹂躏"农业，但欧洲农民适应气候变化的速度仍然缓慢。为此，阿西姆和约翰逊（Asim and Johansson）① 采用行动研究与探索研究相结合的研究方法，基于商业软件 GraphPad Prism 中的一个样本和两个样本 t 检验和方差分析对农民进行的问卷调查和 51 次访谈数据进行分析。研究发现，这些利益相关者不仅对土地和水资源的承载能力了解不足，还对气候变化这一客观现实持怀疑态度。为此，当局在设计咨询培训方案时，需考虑到农民的期望和受教育水平，除了为农民引入创新的、激励驱动的支持政策，还可将当前的补贴制度转变为基于结果的制度。不同于阿西姆和约翰逊对农民有关气候变化适应能力的研究，惠勒和洛普利（Wheeler and Lobley）② 基于 31 次深入定性访谈，试图去了解农民对于极端天气和气候变

① M. I. Asim，M. Johansson，"Attitudes to Climate Change Adaptation in Agriculture——A Case Study of Öland，Sweden"，*Journal of Rural Studies* 86，2021，pp. 1 - 15.

② R. Wheeler and M. Lobley，"Managing Extreme Weather and Climate Change in UK Agriculture：Impacts，Attitudes and Action Among Farmers and Stakeholders"，*Climate Risk Management* 32，2021.

化的经验、态度和应对措施，以探索农民和农场何以感知气候变化带来的风险并提高气候变化背后的复原力。结果表明，许多农民不认为适应是一项优先选择，因为采取足够行动以提高自身应对极端天气和气候变化能力的农民或农业企业太少。尽管如此，还是有许多农民正在积极地采取行动，不论是直接应对气候变化，还是包括土壤健康、成本降低、生产力提高等原因在内的驱动因素。为此，他们提出应采取有助于农民在农场层面提高对极端天气和长期气候风险的抵御和适应能力的行动，包括行业合作的改进、农民之间的帮扶学习，以及适配不同农业系统特殊性的技术和工具等。

与上述的农民适应行动不同，面对气候变化给农业带来的巨大挑战，部分西方国家选择推广气候智能农业（CSA）以提升小农对气候变化的适应能力，缓解气候变化对小农粮食安全和生计的影响。当前，虽有证据表明 CSA 能在小农适应气候变化中起到促进作用，但 CSA 的技术采用率仍然较低。为此，砍戈等人（Kangogo et al.）[1] 通过多元概率模型对肯尼亚小农户马铃薯种植户的数据进行研究，从农民的创业创新性、主动性和冒险倾向等认知特征来考察其对于 CSA 的采用倾向。当然，除 CSA 外，还有其他技术或方法也被应用以促进小农适应气候变化，例如，参与式农业综合气候服务（PICSA）方法。为此，斯塔布和克拉克森（Staub and Clarkson）[2] 使用定量调查和定性案例研究来衡量农民对 PICSA 信息和工具的理解、使用，以及其对农业和家庭

---

[1] D. Kangogo，D. Dentoni and J. Bijman，"Adoption of Climate-smart Agriculture among Smallholder Farmers: Does Farmer Entrepreneurship Matter?" *Land Use Policy* 109，2021.

[2] C. G. Staub and G. Clarkson， "Farmer-led Participatory Extension Leads Haitian Farmers to Anticipate Climate-related Risks and Adjust Livelihood Strategies"，*Journal of Rural Studies* 81，2021，pp. 235 – 245.

的感知影响。他们的研究表明，PICSA 可以使农民在理解和解释有关气候和生计选择等相关信息的同时，关注和反思其个人背景，从而建立农民的自我效能感。可见，面对气候变化等相关生态挑战时，技术和方式等手段的推广和应用对农民适应生态的变化具有重要意义。

那么，在人与自然互动的冲突和适应背后，农业绿色转型的生态未来又在哪里？对于上述问题，卡尔森和霍夫尔斯路德（Karlsson and Hovelsrud）① 基于挪威渔业和农业部门从业人员对绿色转型的理解，确定了以下两个主题："创新技术解决方案"和"当地可持续资源利用"。这两种截然不同但相互关联的叙述一方面说明了发展与盈利之间众所周知的紧张关系，另一方面说明了向环境可持续和气候友好型生产模式的转变。这样做，可以确保其继续沿用主要的运作模式并进行逐步调整，朝着更环保的做法发展。莱库耶等人（Lécuyer et al.）② 则全面分析了当前所面临的趋势，提出了为农业生物多样性冲突的未来带来积极变化的三条新兴路径：农业生态学、向伙伴关系的转变以及解决冲突的转变。就农业生态学而言，库斯沃思等人（Cusworth et al.）③ 通过对英国农业中豆科植物的命运变迁进行回顾，揭示了英国正朝着一种基于生物多样性，以生态为原则，深度融入以农业管理为基础的绿色方向发展，并且生态农业繁荣发展的轨迹也将因其

① M. Karlsson and G. K. Hovelsrud "Everyone Comes with Their Own Shade of Green：Negotiating the Meaning of Transformation in Norway's Agriculture and Fisheries sectors", *Journal of Rural Studies* 81，2021，pp. 259 – 268.

② L. Lécuyer et al. , "Chapter One – Conflicts between Agriculture and Biodiversity Conservation in Europe：Looking to the Future by Learning from the Past", *Advances in Ecological Research* 65，2021，pp. 3 – 56.

③ G. Cusworth, T. Garnett and J. Lorimer, "Agroecological Break Out：Legumes, Crop Diversification and the Regenerative Futures of UK Agriculture", *Journal of Rural Studies* 88，2021，pp. 126 – 137.

促成的政治、经济未来而不同。跳出农业生物多样性的冲突和农业生态学的未来，赫利韦尔和伯顿（Helliwell and Burton）[①] 将视角转向了细胞农业。赫利韦尔和伯顿超越对二元约定和反叙述性的描述，通过探讨主流新闻和行业媒体中有关细胞农业的环境、农村视角以及它们之间的争论和叙事性沉默，阐明未来细胞农业生产系统可能会导致的一些不平衡的、模糊的环境，以及对农村造成的影响，进而强调相关主体需要进一步进行政治讨论的未阐明的问题，以及通过积极预测和管理这些技术的出现以把握好预防上述不良局面出现的机会。

简评之，近千百年来，我们仍一直在人类经济发展和生态环境之间寻求平衡之道。在人与自然的互动中，西方学术界越来越强调冲突的解构、对生态环境变化的适应以及更加平稳地向新兴技术过渡。其研究成果，对我国推进农业可持续发展和推进农业农村现代化具有一定的警示作用和经验借鉴。就冲突而言，我国在大力发展环境友好型农业产业经济的同时，需从农业和环境共存的价值观、行为和态度中，感知和消解局部范围内对农民产生的威胁和冲突因素。就适应而言，在面临气候变化、农业生物多样性冲突等生态挑战时，相关部门在兼顾农民的期望和受教育水平的基础上，可以引入基于结果的激励驱动型的支持政策对农民进行教育培训，利用适配不同农业系统特殊性的技术和工具等，提高农民应对和适应自然风险的能力。就我国未来发展而言，一方面，农业的绿色转型可以保持在当前的实践上进行延伸并采取渐进式的调整以推动环境发展的可持续性；另一方面，如何在不消除数千年来与农业相关的文化景观和生态系统发展的情况下实

---

① R. Helliwell and R. J. F. Burton, "The Promised Land? Exploring the Future Visions and Narrative Silences of Cellular Agriculture in News and Industry Media", *Journal of Rural Studies* 84，2021，pp. 180 – 191.

现向新兴替代技术的过渡，将是我国农业创新者和决策者需要解决的难题。

二 理解农民的行为：需求、动机与决定

现如今，我们所处的世界中普遍存在如土壤退化、气候变化、水污染等环境问题，而近些年暴发的新冠肺炎疫情则更进一步引起了人们对食品供应链中食品供应的担忧，这就显得促进实现农业生态的可持续发展尤为重要。因此，在该种情形下，农民的重要性又被推到了一个新高度。事实上，由生态学和农业结合而成的农业生态学涵盖了食品供应链的各个方面，粮农组织将其视为既可保持生态系统可持续发展的社会运动，又可解决世界饥饿问题的科学路径。因此，为了更好地了解农业生态系统的特性并将科学知识融入农民的日常生活中，有必要对农民的需求、意识、观念、动机和现实行为进行了解和研究，以促进农民采取更加可持续的做法，最终实现农业、农村、农民和生态的共同利益。

从上述观点出发，帕洛莫-坎佩西诺等人（Palomo-Campesino et al.）① 通过对来自西班牙马德里地区的 12 名农业生态农民（受过大学教育）和 10 名传统园艺农民（接受初等教育）进行采访，以得知他们对于农业的看法、遇到的挑战和采取的行为。研究结果显示，上述两种类型的农民所呈现出的社会文化特征和种植的品种、数量等方面都存在较大差异。与传统农民

---

① Palomo‑Campesino S., García‑Llorente M. and González J. A. "Characterizing Agroecological and Conventional Farmers: Uncovering Their Motivations, Practices, and Perspectives Toward Agriculture" *Agroecology and Sustainable Food Systems* 45，2021，pp. 1399‑1428.

相比，农业生态农民的动机不仅是获得单纯的经济效益，更多的还有保护生态物种的多样性，因此，他们的生产活动会表现得更加可持续和多样化。除此之外，他们还注意到，与男性农业生态农民相比，女性农业生态农民对障碍方面具有更加敏锐的感知力，鉴于此，将女性更多地纳入农民网络，对于传播和扩大农业生态、制定和推行公平包容的政策意义非凡。由此可见，作为一名农民，需要从事这一职业应具备的专业知识和技能，只有将农民技能化比例提升，才更有利于农业生态系统的可持续发展。

众所周知，不同地区的地理位置、自然资源、环境气候和实施政策等因素具有较大差异，因此，不同地区的农民对于农业环境计划的偏好也明显不同。基于上述逻辑，波尔蒂马和彼得索纳（Poltimäe and Peterson）① 将粮食生产、生态环境及社会政策等因素相互关联，重点论证了爱沙尼亚农民在农业生产中所实施的农业环境土地管理实践背后的动机。以 Bonus Go4Baltic 项目所收集的与爱沙尼亚农民相关的数据为基础，他们的研究表明，爱沙尼亚农民相较于更广泛的环境问题，更加关心的是土壤肥力问题，这也就进一步证明，总体环境意识在农民群体中的淡薄和缺失，尤其是在与私人利益联系较为紧密的情况下。因此，制定一些有利于提高农民有关农业生态可持续性和物种多样性意识的土地管理措施需要决策者和相关部门给予更多关注。跳出环保意识的圈子，我们将视角转向农民的行为合法化问题。布德威奇等人（Bodwitch et al.）② 将着眼点放在了近几年才将种植大麻合法化的美国。在加利福尼亚州，虽然种植大麻已被许可，但为什么该

---

① H. Poltimäe and K. Peterson，"Role of Eenvironmental Awareness in Implementing Farmland Conservation Measures"，*Journal of Rural Studies* 87，2021，pp. 58 - 66.

② H. Bodwitch et al，"Why Comply? Farmer Motivations and Barriers in Cannabis Agriculture"，*Journal of Rural Studies* 86，2021，pp. 155 - 170.

州的许多大麻种植户却不服从新的政策法令，而仍继续像以往一样持续着非法经营？围绕这一问题，布德维奇等人对加利福尼亚州大麻种植户进行了匿名调查与分析。研究发现，约有1/3的受访大麻种植户未申请许可证，导致这样行为的原因主要是这些种植户无法跨越包括行政、财政和心理因素在内的障碍，因为上述因素都对经济不够富裕的农民造成了或多或少的影响。为此，研究最后提出，制定和推行包括简化行政许可程序、扩大农业支持和农民群体服务等能够减轻农民行政负担的政策对于规范农民行为合法化至关重要。

理解农民，才能够更好地促成与农民的合作。美国虽然是世界上最大的有机食品市场，但其有机食品产量和种植率却相对较低，这限制了美国有机食品业的发展。为了能够理解农民的行为，以更好地促成农业科学家、决策者和推广从业人员与农民的合作，广汉等人（Guang Han, et al）[①]通过对美国爱荷华的有机农民进行调查，确定了美国农民采用有机农业的动机、目标和效益。通过研究结果可以得知，农民对于有机粮食农业的偏好向好，这也进一步表明促进和支持传统农业向有机粮食农业转变是社会所需要的。作为有机农业的替代品，素食农业在提升食品安全、环境可持续和解放动物等不同领域也拥有较为广阔的前景。西摩和乌特（Seymour and Utter）[②]从素食农业出发，对美国19个农场的25名素食种植农民进行采访，以了解这些农民对于素食种植的看法和经验。研究结果发现，素食农业市场的潜在利

---

① G. Han, J. G. Arbuckle and N. Grudens - Schuck, "Motivations, Goals, and Benefits Associated with Organic Grain Farming by Producers in Iowa, U. S. ", *Agricultural Systems* 191 (C), 2021, pp. 103175 - 103175.

② M. Seymour, A. Utter, "Veganic Farming in the United States: Farmer Perceptions, Motivations, and Experiences", *Agriculture and Human Values* 38 (4), 2021, pp. 1139 - 1159.

益吸引素食种植农民从事该项种植，而在种植的过程中，由于缺乏对于素食农业的共性认识，他们的素食种植经验大多依赖于实验与试错，加之素食产品和素食农业特有资源采购的稀缺性，都给他们的种植和素食农业的发展带来较大的挑战。因此，基于对美国有机农业的历史发展轨迹以及素食农业的现行发展趋势，他们提出可以通过美国认证体系和农民协会等方法来促进美国素食农业的发展。

跳出环境保护和农业可持续发展的话题，我们将视角转向农村社区的发展。在高度不确定和高度复杂性的今天，农村社区的发展仍是一项较为复杂和顽劣的问题。为了激励村民积极参与社区治理，有些地方会采用农村社区竞赛等方式来促进村庄的发展。为此，诺加德和阿加德（Nørgaard and Aagaard）[①]基于竞争标准和村庄发展理论，对丹麦通过竞赛、奖品和运动来促进农村社区发展的方式进行研究，并将这些举措作为丹麦农村社区发展的新型指导或元治理。就当今农村社区发展而言，无论是社会服务还是环境服务，年轻人所提供的志愿工作越来越重要。基于这一逻辑，莱松等人（Leyshon et al.）[②]从"汗水公平"的概念出发，围绕无偿性质工作与自愿性环境行动展开讨论，表明相关部门关注的重点应转向以更加富有成效的方式来组织志愿活动和培训更多的年轻人加入志愿组织。

简评之，不论是在环境保护、农业可持续性和生物多样性方面，还是在有关农村社区发展方面，西方学术界都强调首先需要清楚农民的内在需求、内生动机、行为意识、想法观念，才能够

---

① H. Nørgaard, A. T. Aagaard, "Rural Community Development through Competitions, Prizes, and Campaigns: The Villagers' Perspective", *Journal of Rural Studies* 87, 2021, pp. 465 - 473.

② M. Leyshon et al., "More Than Aweat Equity: Young People as Volunteers in Conservation Work", *Journal of Rural Studies* 81, 2021, pp. 78 - 88.

更好地理解农民实施的行为和做出的决定。就其学术研究的主题和成果而言，与我国农村、农民所面临的现象具有较大的相似性，从中我们可以得到以下几点启示和经验借鉴。其一，不仅是在西方，在我国，大部分传统农民并非不愿采取可持续性做法，而是出于知识和经验的匮乏，他们无从得知该如何做，也就无从下手。因此，除了要加大对农民的培训教育力度，相关主体可以创建农民可适应的创新型农业生态推广服务，以促进农民对于农业生态相关知识和专业化技能的学习。其二，农民对土地所实施的管理措施是否更加有利于农业生态的可持续性和多种多样性，很大部分取决于其对环境问题的重视程度和是否具有环保意识。因此，相关主体有必要采取措施提高农民及公众的环保意识，这将在改善我国农业生态环境、健全粮食生产体系和保护生物多样性方面发挥重要作用。其三，针对在我国还未广泛普及的前端型农业生产，要考虑到农民获取资源的稀缺性和认知的匮乏性，对于该种类型的农业活动，有关部门应引起足够重视，扩大对农民的农业教育和培训机会，改善技术援助服务，为未来此类农业生产在我国大规模部署做好准备。其四，农村社区的发展离不开村民的参与，通过竞争以获取奖励的方式激励村民提供志愿者服务和改善物质环境，为农村社区发展做出贡献。

三　廓清政策的迷雾：在政策的嬗变之下

政策嬗变固然会对政策接受者和行动者产生不同程度的影响，在这种情况下，政策接受者和行动者往往面临一个对政策嬗变适应和接受的过程。因此，政策制定者不仅会在政策制定的过程中考虑政策接受者和行动者的想法、偏好和态度等因素，在新政策推行后，也会采取一些措施以促进政策接受者更快、更好地适应新政策。围绕上述逻辑，我们对西方学术界有关政策嬗变影响、政策适应及政策制定的学术思想展开评述。

政治稳定是社会全面稳定发展的前提保证。在某些情况下，基于政治需求和国家利益所做的政治决策，极有可能不仅会造成国际政治局势的动荡，国内社会稳定也可能会因此被波及而受到牵连，英国脱欧即便如此。就英国脱欧决定而言，对其与移民劳动力可持续供应领域的相关行业造成了巨大冲击。通过分析英国关于移民工人的全国性调查数据，米尔伯恩和库尔森（Milbourne and Coulson）基于对英国70多家农业食品组织的采访资料，对移民劳工在英国农业食品体系中的定位和作用进行探讨，以确定英国脱欧对英国农业食品产生的影响。研究结果表明，因为移民劳工在农业食品部门中的中心地位已被制度化和正常化，所以，英国农业食品部门的可持续运转受到了英国脱欧决定的威胁。随着欧盟的不断扩张，不同于传统移民模式，大量欧盟移民选择绕过城市直接来到农村地区，在农业食品部门寻求就业并定居于农村，逐渐被乡村化，这也意味着移民政治所特有的竞争与紧张关系将被根植于农村地区。因此，尼尔等人（Neal et al.）① 则围绕英国脱欧与农村经济之间的关系展开了新的论述。如其所述，通过对来自威尔士、英格兰和苏格兰农村地区的政策参与者进行访谈，尼尔等人重新审视了英国脱欧与农村经济之间的复杂关系，以及脱欧后的英国对农村地区和移民劳工的依赖性所造成的影响。简而言之，与脱欧后接壤的关于限制英国农村移民的政策决定将会破坏和影响农村的宜居性。

为了顺应时代变迁、推进经济发展、解决某项固有或新生社

---

① S. Neal et al., "Rural Brexit? The Ambivalent Politics of Rural Community, Migration and Dependency", *Journal of Rural Studies* 82, 2021, pp. 176 – 183.

会问题，决策者往往会通过推进政策的嬗变来推动事件的阶段性发展。众所周知，政策的嬗变往往意味着几年来甚至几十年来一直执行的旧有决策将被一项新的政策所代替。那么，基于这一前提，政策接受者是否可以适应、支持并较好地执行这一政策将是决策者所需解决的问题。围绕上述议题，阿诺特等人（Arnott et al.）①基于对英国不同地区和类型农民的访谈资料，就农民接受未来农业政策的意愿与社会资本水平之间的关系展开研究。他们关注到，个人的社会网络是农民是否采纳新想法、支持新政策的一个重要决定因素，而社会网络就是社会资本的组成部分。社会资本再进一步细分，可以分为黏合性（排他性）社会资本［Bonding（exclusive）social capital］、连接性社会资本（Linking social capital）和桥接性（兼容性）社会资本［Bridging（inclusive）social capital］，其中，黏合性社会资本将人与人之间的团结关系作为研究重点，连接性社会资本更关注在个体互动中所创造的各种形式的权力与影响力，而桥接性社会资本则是指个体之间相互的横向信任及互惠关系②。研究发现，与那些接受并采用公共产品方法对土地进行管理的农民相比，未参与过农业环境计划和目前在政府管理计划中的传统农民拥有较高的债权资本和较低的桥接性社会资本与连接性社会资本，并且，前者更有可能开展合作，适应政策变化。因此，农村社会倘若能够获得政府的支持或是两者及其他利益相关者之间的关系能够得到鼓励和维护，农民才更有可能提高接受和适应新政策的意愿和能力。

---

① D. Arnott et al. ，"Importance of Building Bridging and Linking Social Capital in Adapting to Changes in UK Agricultural Policy"，*Journal of Rural Studies* 83，2021，pp. 1 - 10.

② D. Heenan，"Social Capital and Older People in Farming Communities"，*Journal of Aging Studies* 24，2010，pp. 40 - 46.

跳出英国脱欧后其政策嬗变对农业食品行业和农村社区产生的影响及农民接纳新政策的意愿与社会资本的关系，穆伊诺维奇等人（Mujčinović et al.）[1] 将研究视角转向了身处农村地区的"啃老"青年人对农业农村区域发展政策的需求与适应性的动态状况。"啃老族"这一异质群体虽然具有脆弱性，但就其作为劳动力而为社会经济做出贡献的能力而言，潜力巨大。因此，若能够通过政策驱动这一群体回到应然位置并使其为农业农村的发展积极贡献自身力量的话，对农村社区经济的拉动效果不言而喻。然而，在后转型经济体的背景下，许多因素阻碍或削弱了农村"啃老"青年放弃或摆脱这一标签以获得个人发展、发挥创新思维的能力和积极性。穆伊诺维奇等人的研究结果证明，以青年人为聚焦点的创新型方案对农村"啃老"弱势群体摆脱"啃老族"这一标签十分关键，可以说，它在农村经济转型的过程中，扮演着包容性驱动力的角色。因此，穆伊诺维奇等人认为，可以有针对性地采取农业农村发展政策来为青年人提供表达自我的机会，满足其发展的需求以及提高其对农业部门的参与度。

面对复杂的现实情况和困境挑战，政策的抉择和制定既困难又具体。就应对土地废弃的政策而言，西方学者展开了深入研究。不同于大多数学者对于土地废弃对环境影响和相应设计政策计划的关注，多尔顿·桑顿（Nathaniel Dolton‐Thornton）[2] 认为，土地废弃可能会导致四种政策的极端：生产力、新自由主义、多功能主义和生态系统恢复，而政策制定者则应至少在概念上远离这些目标，促进农业农村政策的多样化和适当性。也就是

① A. Mujčinović et al.，"Is It Possible to Tackle Youth Needs with Agricultural and Rural Development Policies?"，*Sustainability* 13（15），2021，pp. 8410.

② N. Dolton‐Thornton，"Viewpoint：How Should Policy Respond to Land Abandonment in Europe?"，*Land Use Policy* 102，2021.

说，欧洲在制定政策以应对土地废弃这一问题时，必须超越共同农业政策（CAP）范围内以农业政策为导向的计划，将一系列独立而全面的农村发展计划纳入其中。跳出上述主题，戴蒙德（Diamond）[1] 从美国农村居民身份的核心方面出发，研究其是如何影响美国农村地区的环境政策制定偏好的，其研究结果对政策制定者如何以更好的方式沟通、制定和实施环境政策使农村居民积极参与其中具有重要意义。同时，戴蒙德强调，政策制定者在制定与环境保护相关的政策时，专注于他们所针对的地区和受众采取合作治理的方式最为有效，且制定总体限制但允许农民灵活自主调整的政策会更受欢迎。

简评之，对政策制定而言，考虑政策嬗变对政策接受者和行动者以及涉及区域的社会、经济、政治等产生的影响是无法回避的问题，也是西方学术界有关政策研究绕不开的话题情境。然而，在农村地区，政策执行不尽如人意的情况和政策受众对政策尚难以适应的情况仍时有发生。那么，我们是否能够通过解构不同类型政策受众的偏好和态度、重新定义与问题导向易混淆的目标概念，并采取相应措施来避免政策走向极端，在减少政策嬗变产生负面影响的同时，促使政策受众更快地适应新政策并参与其中呢？认识和反思这一点，可为我国在新时期关于调动农民响应新政策号召的积极性提供有益思考。比如，对于传统农民而言，为了能够在变化面前具备更好、更快地适应政策嬗变的能力，政府可以从适应即将到来的变化所需的社会资本入手，通过鼓励、培训和指导，引入并管理新的社会网络关系，持续性地为他们提供在政策嬗变面前保持生存的知识和建议。再比如，与老一辈相

---

① E. P. Diamond，"Understanding Rural Identities and Environmental Policy Attitudes in America"，*Perspectives on Politics* 19，2021，pp. 1 - 17.

比，年轻人往往更愿意接受新想法，更具创新生产力和承担风险的勇气。针对青年群体的这一特性，决策者可从适配的角度出发，关注农村青年人的自身需求和基础条件，采取更加协调一致的方法，通过制定和推行具有年轻特质的创新型农业农村发展政策以促进青年人的发展，满足青年对发展的需求。

四　数字乡村的建设：创新与数字化转型

在西方的话语体系中，学者们将利用信息化技术促进产业变革的时代被称作工业 4.0（Industry 4.0），与之相对应，在农业方面，以新一轮互联网技术为基础和变革手段的时代被称作农业 4.0（Agriculture 4.0）。现阶段，创新与数字化转型被许多人认为是解决农业产业和农村地区所面临挑战，向农业 4.0 平稳过渡的手段。[1] 但是，从过去技术革命的经验来看，任何一项新型技术的问世都要经过谨慎的思考和反思，因为数字革命和社会技术捆绑极有可能会产生某些不尽如人意的、未知的影响。[2] 因此，西方学者越来越强调用一种负责任的研究与创新来实现农业农村现代化及数字化转型。基于这一逻辑，里杰斯威克等人（Rijswijk et al.）[3] 制定了社会—网络—物理（Socio-Cyber-Physical）的系统框架，该框架将 SCP 的三个领域与数字成功转换条件相互关联，以预测和凸显隐藏在数字化背后的问题，为

---

① L. Klerkx，D. Rose，"Dealing with the Game-changing Technologies of Agriculture 4.0：How do We Manage Diversity and Responsibility in Food System Transition Pathways?"，*Global Food Security* 24，2020.

② C. B. Barrett et al.，"Bundling Innovations to Transform Agri-food Systems"，*Nature Sustainability* 3，2020，pp. 974 – 976.

③ K. Rijswijk et al.，"Digital Transformation of Agriculture and Rural Areas：A Socio-cyber-physical System Framework to Supp. ort Responsibilisation"，*Journal of Rural Studies* 85，2021，pp. 79 – 90.

更加负责任的参与式评估、规划与数字化转型过程提供支持。诚然，农业数字化固然有其益处，尤其是在提高农业精准度方面，可以通过精准的数据化操作实现"少花钱，多办事"的优势。但在学术界，有关这一"精准度"的审查却鲜有关注。对此，维瑟等人（Visser et al.）[①] 将视角转向基于大数据的社会科学研究，探讨在这一叙述中数字农业的精准度及其影响。

通过对产量图的各个组成部分的日常功能进行审查，维瑟等人发现微弱的 GPS 接收、传感器误差等情况都有可能导致数据的不精确，此外，许多人还将大数据的可视化数据与粒度错误的准确度画上了等号。因此，数字农业存在"精确但不准确"这一问题。"超精密"的数字化技术则有可能会使人陷入"精度陷阱"（*precision trap*），也就是说，如果要校准、证实和解释那些高容量的精细化数据往往要付出加倍的努力对其进行二次审查。这也就意味着，当农民越来越远离田间、与数据分析相关的农业人员从实时测量和建议转向预测或是算法不透明时，"精度陷阱"可能会变得更加普遍。因此，如何将数字农业真正转化为精准农业是技术研发相关人员需继续考虑的。

创新与数字化技术对于身处农业 4.0 的农民而言，面临的将是如何更好地处理三方关系（人类、技术与动物）和适应并应用新技术的问题。围绕这一主题，芬斯塔德等人（Finstad et al.）[②] 以自动挤奶系统为例，探讨了人类、动物与技术之间的相互塑造。在挪威的奶牛场中，应用了一种叫作"自动挤奶系统"

---

① O. Visser et al. , "Imprecision Farming? Examining the (in) accuracy and Risks of Digital Agriculture", *Journal of Rural Studies* 86，2021，pp. 623 - 632.

② T. Finstad et al. , "The Domestication Triangle: How Humans, Animals and Technology Shape Each Other - The Case of Automated Milking Systems", *Journal of Rural Studies* 84，2021，pp. 211 - 220.

（AMS）的挤奶机器人。AMS 的制造商会在通过指导和帮助农民，让他们适应和掌握这项技术，使他们成为"AMS 农民"。但研究发现，即使 AMS 技术似乎已经完成集成，但学习如何与 AMS 相处是农民在与之互动的过程中需不断持续的。也就是说，在机器人工作的过程中，农民和奶牛不仅需要适应机器，机器也需要"学习"如何在农场中良好运作。因此，芬斯塔德等人强调，创新技术研究中"驯化"的概念需要转向后人类，并聚焦人、动物与人的驯化三角（domestication triangle）。与 AMS 系统类似，虚拟放牧与数字围栏也是向数字农业过渡的一部分。围绕挪威的山羊虚拟放牧和数字围栏的实施，安德烈和维克（Andre and Vik）① 对数字领域中家畜的电子化展开案例研究。在数字领域，通过运用电子围栏技术可以实现对山羊的虚拟放牧，安德烈和维克利用"边界对象"（boundary object）这一理论概念来对这一现象进行分析。他们认为，数字化技术能够使处于谈判地位的新型动物成为边界对象，在改变动物习性使之适应现代化技术的同时，也在改变人类的农业行为实践。

在农业 4.0 时代，除了面临着人、动物与技术的驯化三角，不同类型的农民对于创新与数字化转型的适应也是西方学者颇为关注的话题。亚历山大等人（Alexandru et al.）② 强调，针对罗马尼亚农村面临的人口与社会问题，政府应通过数字工具来发现阻碍地区发展的因素，准确地针对这些阻碍制定解决方案并采取行动。就互联网接入农村家庭对学生的影响而言，汉普顿等人

---

① R. S. Andre, J. Vik, "Boundaryless Boundary-objects: Digital Fencing of the CyborGoat in Rural Norway", *Journal of Rural Studies* 87, 2021, pp. 23-31.

② E. D. Alexandru et al., "Sustainable Development of the Rural Areas from Romania: Development of a Digital Tool to Generate Adapted Solutions at Local Level", *Sustainability* 13 (21), 2021, pp. 1-18.

(Hampton et al.)① 探讨了密歇根州8～11年级农村学生的SAT成绩、运动能力及数字技能与固定家庭宽带互联网是否接入之间的不平等关系是如何使不平等永久化的。就农村青年人而言，通过对集中在欧洲三个国家的情况，尼古等人（Neagu et al. ）② 基于数字鸿沟理论、数字包容以及虚拟移动等多维分析视角，探讨了信息化社会中农村"啃老族"的数字技能水平及其在个人发展中发挥的作用之间的关系。就农村老年人而言，斯切利什与沃尔特（Schelisch and Walter）③ 旨在确保良好的家庭护理与支持，针对老年人群体开发了数字解决方案，并指出为了确保数字解决方案的可持续性，需要考虑到受众群体的数字技能，寻找适当的空间维度部署网络，让人们意识到的问题得到支持并固定在合适的结构中。尽管市面上有很多针对老年人开发的数字化家庭护理与支持，但仍然存在农村老年人不愿意接受与使用的情况。针对上述现象，朗格伦和卡詹德（Landgren and Cajander)④ 的研究确定了农村老年人不适用健康咨询的原因，并分析了健康咨询在未来可能遇到的机遇和挑战。

简评之，西方学术界强调，相较于技术驱动，农村地区的数字化转型应以问题驱动为导向来实现农业农村现代化。在基于问题驱动的农村数字化转型中，越来越多的西方学者主张采用负责

---

① K. N. Hampton et al. ，"How Variation in Internet Access, Digital Skills, and Media Use are Related to Rural Student Outcomes: GPA, SAT, and Educational Aspirations"，*Telematics and Informatics* 63 (11)，2021.

② Neagu G. et al. ， "How Digital Inclusion Increase Opp. ortunities for Young People: Case of NEETs from Bulgaria, Romania and Turkey" *Sustainability* 13 (14)，2021, pp. 1 - 17.

③ Schelisch L. , Walter R. ， "Digital Networking in Home - Based Supp. ort of Older Adults in Rural Areas: Requirements for Digital Solutions " *Sustainability* 13 (4)，2021, pp. 1 - 18.

④ Landgren S. , Cajander S. ， "Non-use of Digital Health Consultations Among Swedish Elderly Living in the Countryside" *Public Health* 10，2021.

任的研究与创新方法推动农业农村的数字化转型。因为创新不是一个固有的良性过程，它承载着拥有不同世界观的相关利益者的各种愿景。在这一背景下，面向不同的发展方向，每一项新技术的问世最后都会产生不同的赢家和输家。所以，从道德情感出发，他们强调研究与创新的责任化。跳出道德层面，将视线转向农业领域创新性和数据化技术的应用上来。西方学术界在早期发现，农民对于获取和使用新技术存在不平等的障碍，西方学者将其称为"数据鸿沟"（digital divide）。但随着通信技术的发达和网络的普及，新型技术的应用变得唾手可得，但需要注意的是，在农民便利的过程中，存在人、动物与技术之间的相互塑造，通过新型技术的嵌入，使自然得到增强的同时又反作用于人类与非人类行为者的农业实践。不过，总体而言，创新与数字化转型给农民带来了诸多益处。然而，精度差距（precision divide）的出现超越了数据鸿沟的界限，让农民成功获取和使用到新技术的同时，也让他们面临一个挑战：数字农业精确而不准确。因此，思考如何避免农民身处数字农业既不准确又不平等的尴尬窘境，将是今后创新与数字化转型所需要继续解决的问题。

五　挖掘乡村的特质：乡村性与文化遗产

在西方学术界，乡村性一直是有关乡村研究内容的核心。可以看出，在农业农村现代化的发展进程中，西方学者对乡村的研究呈现出一种自省性转向。从西方学者聚焦的宏观视角来看，他们越来越强调在保护乡村性的同时，充分挖掘乡村在发展演变过程中形成的潜力特质，以提高乡村发展的可持续性，为经济社会的发展做出贡献。通过研读西方学者有关乡村性的前沿研究成果，我们从中归纳出以下四个主题：构建乡村情感的认同、重塑乡村的在地性资源、保护乡村文化遗产以及延续乡村地域历史文化，接下来我们将围绕这四个主题展开评述。

从构建乡村情感认同的视角来看，农村作为农村居民集体活动的场域，必然会在地域的基础上构筑起属于当地居民的集体联系和社会文化建设。事实上，农村居民通过特定的物理空间互动，早已建立起了区别于其他地域的意义、价值与结构，并在这个基础上衍生出自我效能感、象征性联系和自我身份的定义。为了增强农村社区居民与社区情感上的联系，当地往往会通过举办活动的方式使居民参与其中，加深人与人之间建立的关系，铸刻属于当地居民记忆中的符号联系。基于此，阿奎利诺等人（Aquilino et al.）[1] 在他们的研究中呈现了一个发挥着社区发展和维护功能的场域——世界另类运动会（WAG），并向我们展示了农村社区是如何基于对空间的理解来设置场所和举办特定活动以激发社区居民参与和促进当地旅游业发展的。研究表明，举办灵活组合的活动有助于培养社区居民强烈的认同感。因为在居民参与活动的期间，他们共同开展的行为和共同创造的事物会在特定空间内被赋予不寻常的意义。在乡村精神的无形影响下，乡村认同感会由此内生，他们也会更倾向于共同参与乡村社区构建。与上述内生的乡村感不同，阿纳尔（Arnall）[2] 探讨了英国土地安置协会（LSA）在计划实施过程中是如何将田园诗般乡村住宅的概念付诸实践的。LSA 是英国于 1934 年设立的旨在将城市失业工人从萧条的工业城市重新安置于农村地区的一项计划。

---

① Aquilino L. et al. , "A Sense of Rurality: Events, Placemaking and Community Participation in a Small Welsh Town" *Journal of Rural Studies* 83, 2021, pp. 138 - 145.

② Arnall A. , "Presenting Rurality: The Land Settlement Association in Interwar England" *Journal of Rural Studies* 83, 2021, pp. 177 - 186.

当时的 LSA 抓住了想象，借鉴乡村田园诗的气概来打造乡村田园住宅。在这一过程中，农村的物理空间被作为一种可以凝聚居民力量的生产环境，定居者的精神和劳动与土地实现了重新联结。阿纳尔的研究结果表明，乡村田园诗在产生特定形式的社会性、归属感方面具有一定效用，直至现在，许多支撑 LSA 的思想至今仍在产生共鸣。

就重塑乡村的在地性资源而言，目前，西方学者更多地将注意力放在了乡村景观上，因为其与乡村的可持续发展、生物多样性保护以及文化价值保护等目标相关。但如今，欧洲国家的景观随着农村的衰退渐渐被影响。由于乡村经济社会的需求具有不断变化的特性，在内在与外在的驱动因素下，乡村景观也呈现出了动态、连续和不间断的变化特征。① 因此，西方学者认为有必要在保护和维护传统乡村性的同时，采取措施重建乡村景观。为此，艾马尔等人（Aimar et al.）② 以意大利的蒙加迪诺为例，提出利用一种通过观察 17 世纪至今的动态农业镶嵌图以了解土地利用变化的综合方法，来实现蒙加迪诺市乡村景观的重建。不同于上述乡村景观重构与土地利用关系的研究，巴林托斯等人（Barrientos et al.）③ 对计算方法（CMs）在乡村文化和自然遗产（CNH）中的建模应用进行了深入研究，探讨了 CMs 是如何发挥其效能，将乡村文化与自然遗产进行推广与价值化，从而提高其遗产的独特潜力和实现可持续发展的。通过对匈牙利两个乡

---

① T. Van der Sluis et al. , "The Impact of European Landscape Transitions on the Provision of Landscape Services: An Explorative Study Using Six Cases of Rural Land Change" *Landscape Ecology* 34, 2019, pp. 307 - 323.

② F. Aimar et al. , "Towards Reconstructing Rural Landscapes: A Case Study of Italian Mongardino" *Journal of Rural Studies* 88, 2021, pp. 446 - 461.

③ F. Barrientos et al. , "Computational Methods and Rural Cultural and Natural Heritage: A Review" *Journal of Cultural Heritage* 49, 2021, pp. 250 - 259.

村景观利益相关者进行深入访谈，苏尔戈和史密斯（Csurgó and Smith）[①] 重点探讨了乡村景观中文化生态系统服务的价值。他们注意到，乡村景观对农村当地社区具有强烈的社会价值和象征价值，从中体现的地方感和渗透出的文化遗产对休闲旅游业的发展至关重要。

乡村文化遗产是一个乡村地域有关其领土和文化的基本表达，也是世界文化多样性的表达。对于农村地区存在的乡土遗产而言，农村历史建筑、传统手工艺（品）、农业活动等无一不在展现该地区过去生活的痕迹和存在的证据。过去的农民将这些事物用于多种用途，譬如作为人类和动物的庇护所又或是收获仓库。然而，近几十年来，农村地区留有他们生活痕迹的历史性建筑大多被抛弃，因为这些物品不再满足于当代人类的生活需求。根据《欧洲建筑遗产保护公约》与《欧洲景观公约》，历史乡村建筑被视为乡村文化景观的组成部分给予保护。[②] 在这一前提背景下，由此产生的利益促进了特定政治团体和利益集团对历史乡村建筑作为盈利性产品以产生附加值的关注。鉴于以上思考，为了帮助决策者制定合适的保护策略，萨尔达罗等人（Sardaro et al.）[③] 通过对马塞利亚历史乡村建筑进行实验研究，以调查不同利益相关者购买该地区土地的意愿和为保护该地文化遗产支付补贴的意愿。研究结果表明，在马塞利亚的密集型和欠发达地区，

---

① B. Csurgó, M. K. Smith, "The Value of Cultural Ecosystem Services in a Rural Landscape Context", *Journal of Rural Studies* 86, 2021, pp. 76 - 86.

② D. Torreggiani, P. Tassinari, "Landscape Quality of Farm Buildings: The Evolution of the Design App. roach in Italy", *Journal of Cultural Heritage* 13, 2012, pp. 59 - 68.

③ R. Sardaro et al. "The Conservation of Cultural Heritage in Rural Areas: Stakeholder Preferences Regarding Historical Rural Buildings in Apulia, Southern Italy", *Land Use Policy* 109 (C), 2021.

这些历史文化遗产受到严重威胁，要么被遗忘，要么可能被在后续的结构性修复中被破坏。此外，农村社区对于这些历史文化遗产的保护和修复表示支持，旅游运营商也有与历史文化遗产所有者建立合资企业的意愿。从经验汲取的层面出发，埃古斯基萨等人（Egusquiza et al.）① 则通过对从 20 个以遗产引导的方式成功实现乡村振兴的榜样案例中所收集的数据进行分析，旨在通过这种方式为改善农村社区居民生活质量，促进社会、环境和产业可持续发展以及经济增长做出贡献。值得一提的是，埃古斯基萨等人开发了一种可以识别共同特征、资本动员机制和所需资源的"多层次最佳做法库"，这一框架的使用有助于加强与确认文化和自然遗产作为可持续发展第四支柱的作用。

近些年来，节日不仅在城市，在乡村也变得越来越受社区居民的欢迎，西方学者将这种现象称为"节日化"。对于延续历史文化而言，节日化形式可以说是一个比较好的延续方式。随着节日化的兴起，各种不同类型的文化产品也以节日化的方式在大众之间流行，依托于节日化在时间、空间和内容上扩展开来。显然，文化产品的节日化不仅意味着节日对于当地文化的发展和传播，也表明了节日对于社会经济的发展具有一定的带动作用。因此，西方学者将注意力放在了节日所带来的文化利益以及农村节日究竟可以在多大程度上产生个人文化成功的探究上。基于上述逻辑，罗塞蒂和奎因（Rossetti and Quinn）② 通过利用布迪厄的文化资本（*cultural capital*）概念，旨在了解农村节日的文化价

---

① Egusquiza A. et al. , "Systemic Innovation Areas for Heritage – Led Rural Regeneration: A Multilevel Repository of Best Practices" *Sustainability* 13 (9), 2021, pp. 5069 – 5069.

② Rossetti G. , Quinn B. , "Understanding the Cultural Potential of Rural Festivals: A Conceptual Framework of Cultural Capital Development", *Journal of Rural Studies* 86, 2021, pp. 46 – 53.

值以及其是否能够为促进参与者文化资本的发展做出贡献。就文化资本而言，其是指个人所拥有的知识素养、专业技能、文化产品水平，这些都会影响个人对于不同类型文化的品鉴和行为。研究结果表明，乡村节日就是个人文化资本获取和农村地区文化发展的舞台，其通过使参与者获得有益而充实体验的方式来促进文化资本的发展，而个人文化资本水平的上升又会反过来增强社会内部的文化活力。①

简评之，以保护乡村价值为视角，总体而言，西方学术界是从构建乡村情感、重塑乡村自然景观、保护乡村文化遗产以及延续乡村地域历史文化这四个方面来审视乡村性的。首先，从构建乡村情感认同出发，我们发现，随着农村社区活动的灵活组合开展，基于社区居民在参与活动时所展现出的身份感和乡村形象塑造，一种超越传统空间的乡村感会在这些居民自身实现内生而慢慢显现。也正是在活动和事件的参与中，实现了农村居民的共同创造和行为意义的被赋予，人们才会更加倾向于贡献自身来共同构建社区。其次，就重塑乡村的自然景观而言，西方学者考虑到其并不是简单的"因地制宜"，而是将自然景观、文化遗产、产业发展等因素融合考虑在内来发挥乡村性价值，使乡村成为真正的发展主体，实现由自发向自觉的转变。再次，对于乡村历史文化遗产而言，这世上并没有一条由遗产引导的成功通往乡村振兴的预定之路。但在农业农村现代化发展和推进乡村振兴的进程中，只要拥有适应和应对外部挑战的能力，对有形或无形的自然、文化遗产以不同方式进行利用，乡村就能够在时代进程中抓住适配于农村地区的机遇，为乡村的可持续发展和经济增长做出

---

① C. Gibson, A. Gordon, "Rural Cultural Resourcefulness: How Community Music Enterprises Sustain Cultural Vitality", *Journal of Rural Study* 63, 2018. pp. 259 - 270.

贡献。最后，就延续历史文化而言，节日化有助于提高农村地区文化的可持续性，因为这些节日的举办让游客或参与者能够有机会了解当地的历史文化与价值观，这对我国农村历史文化的传播和延续也有一定的启示意义。

六　生活在边缘地带：人口的移出与移入

现阶段的农村地区正在面临农村空心化和地区废弃的风险，这种情况往往是由城市工业经济慢慢占据主导地位所导致的。[①]尽管农村生活在某些方面是吸引人的，例如生活的慢节奏和安逸感。但近些年来，农村人口外流的现象已经达到了令人担忧的程度，在外流人口的年龄组成部分中，农村青年人更为普遍。不可否认，这种人口外流现象非常令人不安，因为其往往会导致农村地区生育率的下降和更严重的人口老龄化。

科宁等人（Koning et al.）[②]也关注到了这一问题，因为西班牙农村空心化的现象严重到以至于被冠以"empty Spain"的名号。科宁等人的研究以南欧人口最稀少的地区之———塞尔提巴高地为例，探究了导致农村年轻人离开农村的因素，以及当地可以采取何种措施来避免当地年轻人外流。他们发现，导致当地年轻人外流的主要因素之一是农村现有的工作机会与他们的学历不匹配。为此，他们强调，创造符合农村当地年轻人学历的就业机会是当地应采取的主要教育举措之一。虽然在关于提高认识和

---

①　M. M. Brooks, "Countering Depopulation in Kansas: An Assessment of the Rural Opp. ortunity Zone Program", *Population Research and Policy Review* 40 (2), 2021, pp. 137 - 148.

②　J. D. Koning et al., "Vacating Place, Vacated Space? A Research Agenda for Places Where People Leave", *Journal of Rural Studies* 82, 2021, pp. 271 - 278.

教育方面，学校无法避免农村青年人的外流，但他们可以采取以下措施来减少上述问题。包括：加强当地社区与农村年轻人的联系，强化年轻人对农村地区的归属感；让年轻人充分意识到该地区在创造就业机会上的能力与潜力；打造农村地区的正面形象，降低年轻人在城市中产生的无根感与自卑感；优先考虑那些真正想在农村当地工作的人。同样地，加西亚－阿里亚斯等人（García-Arias et al.）[1] 也对上述现象展开关注。加西亚-阿里亚斯等人通过循环和累积因果关系理论（CCC）的运用来解释几十年来导致年轻人离开"被倒空的西班牙"的原因，并描述了这一现象与人力资本、社会资本和创新能力之间的关联。研究发现，留在农村的意愿与性别、父辈的受教育程度和对家族史的兴趣等因素有关，但与社会资本没有显著关系。

当人们离开后，农村地区会发生什么？对于这一问题，科宁等人（Koning et al.）[2] 就有关人口流失是如何改变地方感这一主题展开探讨。在洛伦特等人的研究中，他们提出了一个研究框架，旨在从"关于谁——一个地方的居民被替换""为谁说话——地方的治理安排与机构合并会稀释地方感""谁从中受益以及这个地方有何价值——空间的物理变化变得更适宜人类居住"这三个层面来探究政治、经济和环境变化对有着人口外流的农村地区有什么影响。在公开的讨论中，大部分学者会将关注点放在农村人口外流之上，但很少人去关注和研究为什么还有大部分人愿意留在农村，特别是在社会经济较弱的农村地区，那些村

---

[1] M. A. García-Arias et al. , "The Out-migration of Young People from a Region of the 'Empty Spain': Between a Constant Slump Cycle and a Pending Innovation spiral", *Journal of Rural Studies* 87, 2021, pp. 314-326.

[2] J. D. Koning et al. , "Vacating Place, Vacated Space? A Research Agenda for Places Where People Leave", *Journal of Rural Studies* 82, 2021, pp. 271-278.

民还愿意留在原地的原因尚未得到充分解答。因此，达夫胡斯等人（Dufhues et al.）[1] 从这一视角出发，旨在解答为什么农村人口不顾别的地方的福利仍然留在原地。基于计划行为理论（TPB），达夫胡斯等人的研究解释了留下与离开障碍之间的相互作用，即任何减少城乡之间流动壁垒的政策都会产生倍增效应（*multiplier effect*）。也就是说，当人们认为离开变得越容易时，留下来就会变得越困难。他们强调，减少城乡之间不平等的政策可能是减少农村人口外流的最有效方式，特别是增加农村地区高质量的中等和高等教育机会。

如前所述，农村地区正面临着人口外流、空心化和人口老龄化的严峻挑战，大量年轻人离开农村去城市寻求更好的工作和接受高等教育的机会。但与此同时，在许多西方国家，由于移民接收政策，农村地区正在逐渐被"占为他有"。对西方国家而言，它们将接收移民看作为乡村未来发展带来希望的机会，因为大量人口的移入往往能够为当地服务和增加税收提供基础。[2] 在这种情况下，移民融合与乡村治理便成了西方学术界关注的热点话题。面对难民的涌入，在瑞典农村地区呈现两种趋势：一是当前的融合政策越来越注重移民在教育、就业以及住房方面的需求；二是对于农村地区的治理逐渐由国家管控转变为非国家行为者的合作安排，这使得公民社会越来越广泛地参与农村地区移民的接收与融合。针对上述现象，阿罗拉和拉松（Arora and Larsson）[3]

---

[1] T. Dufhues et al. , "Why Villagers Stay Put – A structural Equation Model on Staying Intentions", *Journal of Rural Studies* 81, 2021, pp. 345 – 357.

[2] S. Stenbacka, "You Won't Find Us at Home During the Summer – International Migrants with Refugee Background on Living in the Country", *The Dilemma of Diversity*：*Housing Segregation and Territorial Policy* 1, 2016, pp. 75 – 94.

[3] S. J. Arora, O. Larsson, "Lives in Limbo：Migrant Integration and Rural Governance in Sweden", *Journal of Rural Studies* 82, 2021, pp. 19 – 28.

探讨了关于移民融合相关的乡村合作治理的新格局。他们注意到，针对移民的乡村治理政策忽视了群体和种族归属，这可能会使他们面临未知的、非正式的新制度环境的随意摆布，最终导致他们置身来自同种族网络及当地社会"双重孤立"的局面。因此，引导移民与当地行动者共同参与乡村发展和融合实践是农村当地社区所需践行之事。赫斯隆德（Herslund）① 则以地方感和归属感的创造为切入点，对移民关于定居所的归属感进行了深入探讨。基于对难民、社区成员以及主要利益相关者的 43 次访谈，赫斯隆德发现，难民与当地社区的联系基本是通过与其他移民和热心的当地志愿者之间的互动来实现的，倘若想要难民永久性居住在农村当地社区，就必须解决诸如住房缺失等结构性问题，但这却是当地社区无法做到的。

简评之，不仅是西方国家，人口外流和空心化严重也是我国农村现代化建设面临的主要问题之一。留在农村地区的人发现，他们似乎已经陷入社会经济恶化的旋涡，因为每经历一次挫折，似乎都会促使更多的年轻人离开。通过对西方学者有关农村人口外流和村民愿意留守当地原因的研究，我们发现，对于年轻人来说，农村地区缺乏与之学历相匹配的工作机会是促使其离开乡村的原因，而对于学生或是拥有处在求学阶段孩子的父母而言，他们离开农村的原因主要与儿童的未来前景有关，尤其是接受高质量教育的机会。也就是说，减缓农村人口外流的最大因素与农村经济无关，在形成停留决策时，相比于经济因素，非经济因素更为重要，了解其对于我国推进乡村振兴而言，具有一定的启示意义。那么，对于人口的移入问题来说，虽然我国国际移民数量逐年

---

① L. Herslund, "Everyday Life as a Refugee in a Rural Setting – What Determines a Sense of Belonging and What Role Can the Local Community Play in Generating It?", *Journal of Rural Studies* 82, 2021, pp. 233 – 241.

都在稳步增长，但外来移民绝大比例选择定居于国际化程度较高的如北京、上海、广州等类似的大都市。就我国农村地区而言，还尚未形成如西方国家那样大规模移民造成的挑战，但不排除随着国际化的推进和现代化的发展，外来人口会选择在我国农村地区定居。因此，如何充分挖掘和利用国际移民红利，消解当地社群与移民群体之间的矛盾，建立并完善适合农村地区的外来移民治理体系等，都是我国农村地区在现代化推进的过程当中需要思虑和亟待解决的问题。

结　语

总的来说，2021年度西方乡村建设与发展研究形成了以人与自然的互动、农民行为的解构、政策嬗变的反思、数字乡村的建设、乡村性与文化遗产、人口的移入和移出等诸多命题交织的复杂镜像。在这些研究中，西方学者多采用定量和定性相结合的研究方法，以跨国别和大容量的数据库做支撑，在对现有矛盾进行反思和分析的同时，又以前瞻性的视角阐明了未来可能面临的挑战以及亟待解决的问题。

反观2021年西方乡村建设与发展的学术研究，我们发现，在消解人与自然互动的冲突中，不应撇开农民对于自然变化的感知力和适应性而直接向新兴技术进行过渡。只有在理解农民的内在需求、内生动机、观念意识的前提下，才能够更好地理解农民所做出的决定和实施的行为。同样的，也只有在这一前提下，才能够有助于决策制定者制定出农民易于接受和适应的新政策，也才能够帮助决策制定者采取适配于农民的举措以促进行动者更快、更好地适应新政策。

现阶段，全球都处于加快推进农业农村现代化的发展进程之中，农业 4.0 时代的发展使得各类创新网络与资源源源不断地向农村地区流入。在此过程中，农村地区的创新与数字化转型应以问题为驱动，使未来的智慧农业和农业农村科技赋能更加精准化与责任化。不过，值得注意的是，在向农业农村现代化过渡的同时，我们还需向后观望，以保护我国千年以来形成的历史遗产，重塑乡村自然景观，延续乡村地域文化，强化农村居民的乡村情感。最后，反观我国乡村地区，与西方国家一样都面临着农村人口老龄化和年轻人外流的严峻现实，而造成该局面较为主要的原因是农村缺乏符合年轻人学历的工作机会以及学生接受高质量教育的机会，了解这些原因有助于我国行动者在推进乡村振兴的过程中对症下药、精准发力。

对我国而言，实现乡村振兴路漫漫其修远兮，在这过程中，要及时吸取西方乡村建设与发展的经验教训，不断掌握农业农村现代化和可持续发展的学术前沿，在本土化的基础上学习借鉴成功的创新做法和有益成果，就会少走许多弯路，助力乡村振兴战略扬帆远航。

图书在版编目（CIP）数据

乡村振兴学术观察. 2021-2022 / 刘祖云，杜焱强编
著. --北京：社会科学文献出版社，2022.10
　　ISBN 978-7-5228-0702-7

　　Ⅰ.①乡…　Ⅱ.①刘…②杜…　Ⅲ.①农村-社会主
义建设-研究-中国-2021-2022　Ⅳ.①F320.3

　　中国版本图书馆 CIP 数据核字（2022）第 170542 号

乡村振兴学术观察（2021~2022）

编　　著 / 刘祖云　杜焱强

出 版 人 / 王利民
组稿编辑 / 任文武
责任编辑 / 郭　峰
文稿编辑 / 吴尚昀
责任印制 / 王京美

出　　版 / 社会科学文献出版社·城市和绿色发展分社（010）59367143
　　　　　　地址：北京市北三环中路甲 29 号院华龙大厦　邮编：100029
　　　　　　网址：www. ssap. com. cn
发　　行 / 社会科学文献出版社（010）59367028
印　　装 / 三河市东方印刷有限公司

规　　格 / 开本：787mm×1092mm　1/16
　　　　　　印 张：17　字 数：210 千字
版　　次 / 2022 年 10 月第 1 版　2022 年 10 月第 1 次印刷
书　　号 / ISBN 978-7-5228-0702-7
定　　价 / 88.00 元

读者服务电话：4008918866